北京农业的历史性演化

张一帆　赵永志　主编

中国农业出版社

图书在版编目（CIP）数据

北京农业的历史性演化 / 张一帆，赵永志主编 .—
北京：中国农业出版社，2016.11
ISBN 978-7-109-22278-6

Ⅰ.①北… Ⅱ.①张… ②赵… Ⅲ.①农业史—研究
—北京 Ⅳ.①F329.1

中国版本图书馆 CIP 数据核字（2016）第 255910 号

中国农业出版社出版
（北京市朝阳区麦子店街 18 号楼）
（邮政编码 100125）
责任编辑 肖 邦 黄向阳

北京中兴印刷有限公司印刷 新华书店北京发行所发行
2016 年 11 月第 1 版 2016 年 11 月北京第 1 次印刷

开本：700mm×1000mm 1/16 印张：17.75
字数：320 千字
定价：55.00 元
（凡本版图书出现印刷、装订错误，请向出版社发行部调换）

余生之梦

张一帆

“春蚕到死丝方尽”，人不西归智成瀛。
“人生自古谁无死”，知识流芳永济世。
生在福中多思念，勿让余生化作泥。
乘梦执着再一拼，《三部曲》成“照汗青”。
留得农史万年迹，何须魂灵化蝶情。
幸慰朋辈同张扬，梦想成真读华章。

作 者 简 介

赵永志：现任北京市土肥工作站站长，研究员，兼农业部耕地质量建设与管理专家指导组成员，海峡两岸科技合作创新联盟专家委员会委员，国家农业科技项目、科技成果、高级职称评审专家。北京土壤学会、北京农学会、北京农技推广协会、中国高科技产业协会副会长及中国土壤学会、中国农技推广协会、中国科学家协会等多个国家级社会学术团体常务理事。

赵永志同志始终以“农业增效、农民增收和农业可持续发展”为己任，创新性地提出“耕地质量也要确定红线”“生态文明建设农业是基础，土肥是关键”“生态土肥”“数字土肥”“智慧土肥”等多项现代农业发展理念并加以探索实践，形成生态、高效、安全、低碳等多种现代农业发展模式，研究开发和推广了大量高效、实用型土肥技术，为北京都市型现代农业健康可持续发展做出了重要贡献。2015年应联合国粮农组织邀请以专家学者身份赴罗马参加“国际土壤年”活动并作主题报告，受到与会者高度赞赏。他还多次接受新华社、中央电视台、北京电视台及《人民日报》《科技日报》《经济日报》《农民日报》《创新时代》《科学中国人》《中华儿女》《祖国》等国家级新闻媒体的采访报道，充分展现了一名科技工作者的极大创新力、贡献力和影响力。

先后主持国家、部市级重点科技项目50余项，获国家、部市级科技成果奖26项，实用发明专利10项，发表论文70多篇，出版技术专著14部。先后被授予北京市先进工作者，北京市有突出贡献的专家，全国产学研合作创新促进奖先进个人，中国农村新闻人物，中国土壤肥料60年具有影响人物，中国科学家，全国粮食生产有突出贡献的科技人员，国务院政府特殊津贴专家，全国先进工作者等多项荣誉。

本书编写人员

主　　编　张一帆　赵永志

副 主 编　李旭军

编　　委　赵青春　廖　洪　贾小红

王维瑞　李昌伟　韩亚钦

农业是北京建设有中国特色世界城市的基石

（代前言）

北京市社会科学院阎崇年先生读了谢灵运《山居赋》所云："拂青林而激波，挥白沙而生涟"，引发了他"漫漫思绪，激起了层层涟漪"。他觉得作为祖孙四代世居北京的学者，有责任把世界文明史上一个最美丽的文化奇观——"中国古都北京"结集成书奉献给读者。榜样的力量是无穷的。读阎先生的《中国古都北京》使我和合作伙伴们对中国古都北京也激起了"涟漪"的共鸣——"向中国，向世界，介绍中国古都北京"也有我们可尽的一份天责。余钊先生在《北京旧事》中写道："最初的城市，都是从农业文明的土壤中萌发出来的"；"城市本身仿佛是一个扩大了的农村"；"老北京确实是一座具有田园风光的古都"。作家老舍在总结这座古城的特点时指出，"……不在有好些美丽的建筑，而在建筑的四周都有空闲的地方，使它们成为美景。……它紧连着园林、菜圃与农村。采菊东篱下，在这里，确是可以悠然见南山的。"

健在的老北京人都会记得，在 20 世纪 30 年代的北京城，田园景色仍然随处可见，外城靠近城墙的地带有成片的菜地，什刹海、后海和前海是一片"水乡"，有着吃草的牛羊、啄食的鸡鸭，还有小狗，完全是一副乡间农村的景致。老舍先生在《老张的哲学》中还描写这里："一片荷塘，岸际围着青青的芦苇。几只白鹭，静静地立在绿荷丛中。岸上一片绿瓦高阁，……"。今天的北京仍保留着"南菜园"、西直门的"御桃园"、广安门内的"枣林街"等地名。直至 2010 年前，北京城还有 56 个"城中村"，在城市化的进程中它们被列入规划进行"城乡一体化"改造——农民变居民，农村变社区。从 2007 年以来，在发展都市型现代农业规划中，首次把北京的城市园林和农业会展纳入农业范畴，并提出发展"城市农业"的概念，倡导发展市民家庭的"阳台农业"，社区"体验农业"等。

人类创造的社会文明已历经农业文明——工业文明——知识文明等阶段。现今的中国社会是这三种文明并存，它们的进步全在于科学技术的进步。在这三种文明中，就北京而言，农业文明已演进了一万年以上，历经了原始农业、传统农业、近代农业三个历史阶段，从20世纪50～60年代开始进入现代农业发展阶段。北京真正进入以大机器生产为标志、以工业为主导的工业文明阶段不到一百年，直至新中国成立之前，全市上下公认北京是一个“消费城市”，工业总产值不过1亿元。之后，才百废俱兴地发展起现代工业。据北京市统计局编写的《欣欣向荣的北京》（北京出版社，1984年）表明，1949年，全市工业总产值仅有16 951万元，到新中国成立之后开始大办工业，1952年工业总产值达83 160万元，到1957年则提高到230 895万元。之后，工业在全市地方经济中迅速成为主导产业，并走向现代工业文明；1996年10月8日，经济合作与发展组织（OECD）在《科学、技术和产业展望报告》中首次提出和使用了“知识经济”这个概念，其内涵本质是一种独立的经济形态（北京市委组织部等《知识经济与首都经济发展》，科学普及出版社，1999年）。1998年5月4日，江泽民同志在庆祝北京大学建校100周年大会上的讲话中说：“当今世界科学技术突飞猛进，知识经济已见端倪，国力竞争日趋激烈”。1999年，北京市委组织部会同有关部门编写出版了《知识经济与首都经济发展》一书，其《序》中指出，“在人类饱尝资源短缺、环境污染和生态破坏后果的今天，世界各国都在加快政策调整和建设步伐，以迎接知识经济的到来”；并明确指出“首都经济的发展战略与知识经济的内涵基本一致，其本质就是知识经济”。可见，北京作为国际化、现代化的大城市从20世纪末即进入知识经济时代，跨入知识文明阶段。但与发达国家的国际化城市相比，有人说北京农业文明、工业文明、知识文明的特征与符号像一杯鸡尾酒一样，叠加在一起。笔者以为这种见解颇有见地。我们实体经济的主体就是农业和工业，是知识转化为经济的主体，当然也有它独特的经济领域。首都经济的本质是知识经济，核心是高技术产业。这就是新经济时代的新的文明走向。

历史和当代世界知识经济发达的国家的经验都表明，整个原始公社及奴隶社会的国计民生靠农业；封建社会的国计民生百分之八十至九十靠农业；就北京而言，到了工业文明、知识经济时代，农业总产值在地方经济总额中虽然只占1%左右，但它仍事关百分之百市民的生计。这是颠扑不破的真理。美国的工业发达、知识经济居世界领先，但其农业亦发达，并紧跟知识经济的步伐。世界城市——纽约的城市农业亦走在我们前面——不只注重其经济问题，亦注重其在城市文明中的生态问题。

中国自古坚持以农兴国不懈，依靠农业涵养资本发展工业，进而使知识经济初见端倪，并成为世界第二大实体经济国家。其历史经验之一就是始终坚持“农业是国民经济的基础”，在工业时代也“必须把农业工作摆到重中之重来抓”。

综观纽约、伦敦、东京和巴黎四大国际化城市的共同特点之一，就是注重农业在城市建设中的科学配置。中国一直以农业为本，直至进入工业文明阶段，以农为业的农民仍占全国总人口的1/2左右；农业总产值占国民经济总产值的1/5左右。农业文化、农业文明仍然滋养着大河上下、大江南北，令世人张目。

北京作为国家首都，自然就成为国家对外的窗口。如今要建设有中国特色的国际化城市，继古开今、欣欣向荣的农业文明当成为“特色”中的基石之一，与工业文明、知识文明相伴。这里所说的基石不是指农业经济的量——即经济份额，而在于农业文化在世界城市建设中的价值。农业经济的量与农田占有面积大小成正相关，而城市的发展更多体现在非农基础设施的扩建，非农经济扩张用地等使农地锐减虽已成趋势，但农业文化、农业文明的传承及其影响力与可塑性是无限的。

纵观古今，北京农业的历史是悠久的（上下一万年），印迹是灿烂的。

这里有被称为人类文化起源东方源头的可上溯距今200万年前的“京西大峡谷”。至2000年，中国发现上百万年以上的古人类活动遗迹共25处，这里就集中有21处。

北京地区原始人类创造了最早的人类文明，掀开了人类历史的第一页（金元浦《北京走向世界城市》）。

琉璃河西周古城的发掘与发现翻开了北京城“是从农业文明的土壤中萌发出来的”第一章。由此，学界经考证认定北京城史至今

(2016年)已有3062年。

在京西大峡谷中，门头沟区东胡林村遗址在一万年前就用新石器从事农业生产，成为“中国北方农业起源的源头之一”(王东，王放语)。

北京地区是“家畜驯养的重要源头”(王东，王放语)。

“新石器技术(切、钻、琢、磨)创新的重要源头”(王东，王放语)。

“制陶(万年陶)技术创新的重要源头”(王东，王放语)。学界认为陶器是伴随着农业的出现而生产的。

北京市是中原(仰韶)文化、东北(红山)文化、西北(游牧)文化的交汇地。“北京文化的最大特点就是多元文化共融共存。”

北京地区是“黄帝邑于涿鹿”立国后的活动中心，也是神农“教种五谷”的要地。

北京平谷刘家河出土商代中期铁刃、铜钺——是目前发现的我国最早铁器(陨铁)。

这里已发掘出旧石器早、中、晚三期，新石器早、中、晚三期连续而完整、分布广泛的遗址与遗迹。

这里有从魏晋以来一系列以农业灌溉为主的水利工程——戾陵堰、车厢渠，大运河源头及无定河(浑河)、永定河(清水河)；有曾为华北最大的密云水库等。

有丰富多彩的农业非物质文化遗产——祈年殿(是皇帝祈祷五谷丰登的殿堂)，先农坛(是皇帝按规定祭祀先农神、亲耕，带头在试验田上耕地种田)，还有社稷坛和先蚕坛及颐和园外的耕织图等。到现代建有中国农业历史博物馆、全国农业展览馆、中国农业出版社、中国农业大学、中国农业科学院图书馆等一批与农业有关的科研院所、农业院校都有农业图书收藏。

这里聚集着大量国内外农林牧渔以及微生物农用优良品种或种质资源，仅中国农业科学院就搜集农业种质资源40多万份；有非洲的热带鱼、有欧洲的鲟鱼、美国的匙吻鲟、德国的镜鲤、日本的池沼公鱼、朝鲜的虹鳟鱼等；有汇集国内外奇花异草上千种的“世界花卉大观园”、汇集葡萄优良品种上百种的“北京葡萄大观园”和“百里葡萄走廊”；有集纳国内外数千种林木花果的北京植物园；有集纳国内外数百种名特优瓜果蔬菜的“特菜大观园”“西洋梨园”；有传承数百年的历史上的“贡品”果园数十个；有引进国外优良奶牛种牛、种猪繁育场等。

这里自古以来有着山、水、平原相依，自然生态价值高，可溯性强的物华天宝、人杰地灵的环境。全市现有117个A级景区，其中70%坐落在京郊，“燕京八景”中有四景（居庸叠翠、西山积雪、卢沟晓月、玉泉垂虹）在京郊。这里既是农业物产宝地，也是旅游休闲、回归自然、返璞归真的圣地——观光休闲农业兴旺发达，民俗、风光跃然纷呈。

这里有异国他乡的人们创办的具有异国风情的农庄（场），吸引着他乡人们思乡之情。

这里是我国农业科研、教学的制高点，科技创新的集结点，国内外交流的热点和传播的辐射点。

这里作为国家的首都是国家农业先声的策源地，是展示我国农业现代化的窗口，是国际间农业交往的第一“海关”。

这里在城市（镇）化进程中，农田、农业劳动力在锐减，农业总量在收缩，但质量与效益与时俱进，在大幅提升。都市型现代农业的基本格局已经形成——农业增长方式由粗放到集约，农产品由粗到细，既由生产口粮——籽种；又生产大路（宗）菜果——精品、特色果菜；又生产耐储性农产品——鲜嫩活农产品，开辟外埠农业不可替代或难以替代和应急性的农业路径，把握首都市场脉搏，冲向中高档，突出唯一性。

就宏观而言，这里的农业一直承担着生产、生活、生态三大功能，呵护着首都的宜居环境。作家老舍曾有一段文字可略见一斑，他写道，“北平是一个都城，而能有好多自己产生的花、菜、水果，这就使人更接近了自然。从它里面说，它没有像伦敦的那些成天冒烟的工厂；从外面说，它紧连着园林、菜圃与农村。”“这里集中体现了中华民族的核心理念……天人合一的宇宙观，人与自然的和谐统一”（《老舍讲北京》，北京出版社，2005年）。

这里有世人欲尝的北京烤鸭、糖炒栗子、红螺寺的“京八件”，盼顾的国宝大熊猫、重归故里的“四不像”“北京人”的故乡——周口店猿人洞等。

以上所列可以说是古代的晏（燕）、蓟演化为今日北京城的“基石”（当然，偌大的北京哪能靠这么点基石建成?），虽为数不多，但确是北京历史演化中的点金之石。它们犹如琉璃瓦、汉白玉、大理石一样，虽古，如今天安门、中南海红墙等地的修缮仍离不开它们。今日北京之所以会令世人向往，就因为她具有既古老又现代的双重特色……这就是鲁迅先生所指出的“继古开今”。

北京建设有中国特色世界城市，传统农业或现代农业岿然不动，建设世界城市缺乏农业地盘，北京就很难融入现代气息；如果丧失农业，北京走向世界城市势必失去历史的风韵、底气，或许坐落在绿树、花草之中，但它失去了农业中人与作物朝夕相偎的灵气、失去可溯性很强的生态环境、失去了这块土地上天人合一铸就的名特产品与乡土民俗，古老而新生的北京就将失去“继古开今”的田园风光。那时的“世界城市”可真的就成为由现代北京人缔造的或保留有古香古色古典建筑及“老字号”商标店铺的“地球村”了。

北京在建设世界城市过程中，难免有人认为可以不考虑农业。可是现实在提醒他们：眼前市井内“古董”还很多，市井文化丰富、底蕴十足，为什么人们偏要花钱、花时间去农村观光、旅游、休闲?因为那里不仅有更宽阔的空间、领略不完的风光、吸不完的清新空气，全方位的阳光浴和尝不够的“第一口食”等，更神奇的是人们观察到“天时、地利、人和”三者合拍营造五谷丰登、六畜兴旺的生机，给人以“万物土中生”“万物生长靠太阳”，人凭着自身的智慧在协调着天时、地利，哺育万物生长的灵气。游客在农业园中还看到城里人在画中、诗文中所需表达的农业动、植物神奇——山巅青松的苍劲，路旁河道杨柳随境而生；种在温室里的瓜果蔬菜，一年到头生生不息；看着挂满枝头的柿子，就觉“事事如意”；看到泥塘里抽出的荷花是那样洁净无瑕，真切感悟到“出淤泥而不染”的高贵。真是“农业无语胜有语”。农业凭借自身性格让人类领悟其精神、文化。孔子从对松柏性格观察中悟出教弟子做人的道理，“岁寒然后知松柏”。这是在城市“热岛”中所难以领悟到的哲理。

农业文化、农业文明古往今来具有连续性和叠加性，农业的演化是渐进的，又是自然再生产与经济再生产的结合，它的演进是由简到繁，繁中有简。毛泽东同志提出的“古为今用”在农业经营过程中是普遍存在的。例如，用犁耕，镐、锹挖，在用不上机器的地方，如今还不失为有效的生产手段。古代用有机肥培养地力，在化肥盛行的现代它又重回田园。农业文化与文明是人类社会兴旺发达中不可或缺的。

北京农业源远流长，历史留下的农业“基石”片片，分散零落，如何进得“北京走向世界城市”的建设者的视野？又如何在未来偌大的世界城市里让人们除在“袖珍”的农田上看到现代农业外，还可翻阅到北京农业的历史奇观？这就成了本书作者们共同的梦！

环顾世界、瞭望未来，务农者是少数，观农（以农业观光回归自然为目的）者则是多数。北京要建设有中国特色的世界城市，当应充分考虑到城市人群休闲心理的需要。保留一定的空间，“继古开今”发展都市型现代农业，北京有国内外国际化大城市无可比拟的优势（没有一个具有一万年以上的农业历迹）。

在深入开展“中国梦，我的梦”的学习与实践中，我和同伴们“史海钩沉”“精心梳理”“积沙成塔”，先后写成《北京农业上下一万年追踪》《北京农业的星光神韵》和《北京农业的历史演进》，合称《我的梦》，笔耕《北京农业三部曲》。

第一部厘清了农业的孕育与发展历史，以平谷上宅遗址为起点（距今 6 500 年以上）延伸到门头沟“东胡林遗址”（距今一万年以前），并提出农业演化中的十大拐点及重大科技事件、都市型现代农业的景气与影响力等。

第二部从“史海钩沉”中凝练出北京农业发展中的星光亮点与深沉的农业文化底蕴，以及数说当今的“京郊”、数说北京现代农业。展现出古老而又现代的农业文明。

第三部对北京农业的历史性演进作了精心的考量，在“史海钩沉”中精心搜索。

第三部是基于前两部所搜集到的历史资料和研究理念，对农业的渊源及其一些基本概念进行了梳理，重点是考量北京农业的历史演进，首先把握住农业阶段性拐点，在此基础上就每个历史阶段生产工具、土地制度、劳动者素质、农业科技、主要生产要素及农业发展的演进分别进行评述；对农、林、牧、渔及花卉等方面的生产品种在不同历史阶段及其在同类生产品种结构中历史地位的变化进行追踪，以验证农业经济价值随着社会的进步而提升。例如，小麦、水稻自古以来都被称为“细粮”，经济价值比较高。但在社会生产力低下的时代，广大百姓为了温饱只得种植耐瘠的杂粮，又称“粗粮”。随着社会生产力的不断提高，百姓生活不断改善，小麦、水稻种植面积扩大，在五谷中的排序不断提前，直至明代小麦生产排在五谷的第一位。

北京农业《三部曲》在北京走向世界城市过程中算不上田园风光，但她犹如先农坛里的“一亩三分地”一样，成为北京——这个新兴世界城市中永不磨灭的农业文明的“记忆”！因为她是从一万多年的“史海淘金”的结晶。我和同伴们愿将《我的梦》真迹奉献给北京建设有中国特色世界城市的伟大进程。

张一帆

2013 年 7 月于北京

目　录

第一章　农业的渊源

农业是民生之业，是立国之本。马克思有过地道的阐述："人们为了能够'创造历史'，必须能够生活。但是为了生活，首先就需要衣、食、住以及其他东西。因此第一历史活动就是生产满足这些需要的资料，即生产物质生活本身"（《德意志意识形态》）。恩格斯说："农业是整个古代世界的决定性的生产部门。"（《家庭、私有制和国家的起源》引自《马克思恩格斯选集》第四卷）。由此可见，农业既是人类生存与发展的首先需要，也是人类创造文明的源头，伴随着人类进步而生，不断开拓发展。农业的发生是劳动者实践的结果，对农业的认识与揭示则是"士"的理想。

第一节　农业实践的演化

实践是人类做事的本能。从猿到人的第一实践就是打制石器用以采集植物和渔猎动物，以便"食草木之实、鸟兽之肉，饮其血，茹其毛，衣其羽皮"（《礼记·礼运》）。这种实践经历了一二百万年之久。据人类学家研究推断，旧石器（即打制石器）时代末期，地球上人口总数不到300万，中石器时代已繁衍到1 000万，到新石器时代多达5 000万（《世界上古史纲（上册）》，人民出版社1979年版）。采猎所得和人类生活需求之间发生了日益尖锐的矛盾。这一矛盾是由人口的增长使自然再生产的食物日益紧缺所引起的。

大约距今一万年前，原始人类在长期的打制石器实践中发明了磨制石器——即新石器。新石器的问世进一步提高人类干预自然、创造财富的能力，他们就用新石器砍伐草、木，用火烧荒，并用石器掘土播种谷物。这就是农业史上所称的"刀耕火种"农业；自公元前770年到公元1840年，劳动人民在实践中发明了铁制农具和牛耕，开创了精耕细作的传统（经验）农业。"在近代农业出现以前，我国农业在世界上一直处于领先地位，对人类做出巨大贡献。"（陈文华《中国古代农业科技史讲稿》，1980）。之后，虽然有"士"的劳心智慧介入，但铁器与牛耕为主的经验农业仍在延续。直到20世纪50年代后期，就北京地区来说，才进入以科学技术为"第一生产力"的现代农业的初始阶段。这一阶段的显著特点就是引进、推广现代农业机械（器），选用和推广新的动植物优良品种，引进推广化学肥料和化学农药；对农作物实行遇旱引水灌溉，遇洪排涝等；并在逐渐实现农业机械化、农田水利化、用肥化学化、动力电气化的基础上，探索并进入精准、可持续发展的现代农业阶段（图1）。

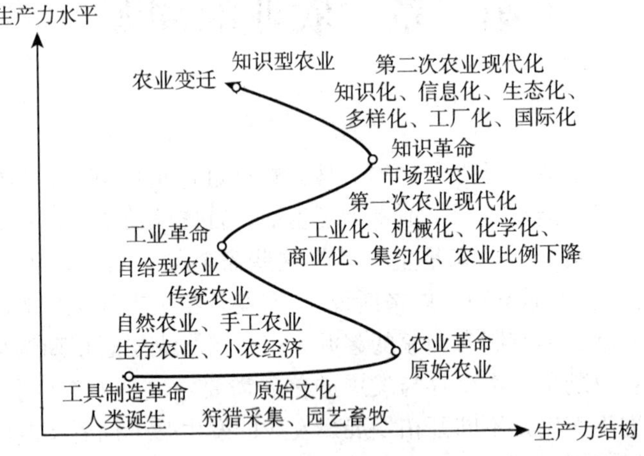

图1　农业历史变迁路线

资料来源：引自何传启《中国现代化报告2012：农业现代化研究》，北京大学出版社2012年版，有改动。

第二节　农业概念的演化

农业从无到有，由原始农业到传统（经验）农业到现代农业经历了不断演进与提升，人们对其认识也由浅入深、由表及里，并由俗语到概念化。

农业生产实践者（农民）把从事农业生产叫做“种田”“种地”，还有叫“种庄稼”，把农业理解为耕作和栽培的；古代有识者称农业为“稼穑”；学者称为“辟土殖谷曰农”（《汉书·食货志上》）。美国科罗拉多大学戈登.W.休斯指出，“农业，是在人类管理下，对各种有用的植物进行栽培”。这是我们现在常说的“小农业”即种植业。他还讲到“广义的‘农业’常常包括牲畜饲养，这是由于它与作物种植密切相关”。现代学界称农业是“培育动植物以取得产品的社会部门”。一般包括植物栽培和动物饲养《经济大辞典·农业经济卷》(上海辞书出版社，1983)。进入现代农业发展阶段则扩展到包括产品再加工及营销增值环节。与工业再生产相比较，人们对农业的认识比上面的表述更加深刻与理性化，认为农业是自然再生产与经济再生产的复合大系统。农业栽培的植物、饲养的动物原本都是自然界的产物，它们在自然法则下优胜劣汰，顺其自然繁衍生息，除因突变并适应环境而获新生外，一般只是“种瓜得瓜”“种豆得豆”，能得多少是多少。而农业是在人类需求下所从事的植物栽培与动物饲养，不仅希望它们能抵御自然灾害而生长发育传宗接代，更给予辛勤的栽培与饲养管理，改善它们的生长环境和营养供给，而获得更好的产品、更高的收成。

恩格斯说："农业是全部古代世界的一个决定性的生产部门"（《家庭、私有制和国家的起源》引自《马克思恩格斯选集》第四卷）。

第三节　农业产生的因缘

人类是从动物界解放出来的，在其初始阶段面对洪荒或蒙昧世界，必然因袭动物的一些习性，从自然界觅取自己的食物，并且保持着和他们的直接祖先猿类一样的杂食性生活习惯，既吃植物，又吃其他动物。远古的原始人类就靠着采集和渔猎向自然再生产的动植物索取了一两百万年。在这漫长的人类演化中，人类不仅个体的智力、技能在提升，体力在增强，而且繁衍力与生存力也空前提升。这样不仅对自然界干预力加强，而且对自然食物的消费量也大增。以至于自然再生产逐渐满足不了人类的消费需求。自然界现成的食物日趋缺乏，就逼着人类把农业的产生提上历史日程。人口不断增加，要求人类必须改变以采集、渔猎为主的生产方式，以取得比较多、比较稳定的食物来源，农业则是可在同等数量的土地上，获得较多而较稳定的食物来源的生产方式。因此，由采集、渔猎生产方式转变为农业经济为主的生产方式是人类发展的迫切需要。

原始人类在经历上百万年的采集、渔猎实践中，从上千种植物的尝食中慢慢缩小到为数不多的易得、好吃、无毒的野生果品和禾谷类、豆类、麻类等植物及野生马、牛、羊、狗、猪、鸡等动物。这为采集、渔猎业向种、养业过渡创造了重要条件。

生产工具的创新与改进——即由打制石器到磨制产生的新石器，石器工具形态多变、功能多样、效能大增，既有适合锄、铲、挖、刨、砍的工具，又有适合割、磨、臼的工具等。此外，人们在长期的采集、渔猎实践中观察、掌握一些可食植物、动物的生育习性与生长发育过程，如发现有些可食植物的种子在土壤、水分、季节等条件适宜的情况下，能够发芽、开花、结果。于是他们就把食剩的植物种子用于人工种植——即用于新石器开荒、用火开荒，把植物种子埋到土里任其生长、发育，直至开花、结果、收获。这就是史称的"刀耕火种"农业，亦称原始农业……出现了人类历史上第一次革命。

第四节　农业发生的地缘说

关于农业产生的地缘亦是仁者见仁，智者见智，各执其说。农业发源于一处还是多处？对这个问题的回答是一致的，学界都认为农业的起源是多中心的。究其理由如下。

（1）天下之大、地域广阔，不仅仅只容纳个别或少数人类集群或群（部）落培育某些适宜的植物或饲养相适的动物。适宜农业生产的自然环境不是个别的，而是广泛的，但不同的地理经纬自然的、人文的条件又是不同的。生物界的多样性既有物种的天然多样性，也有不同生态环境塑造的多样性。例如，水稻原产于南方的多为籼稻，原产于北方的多为粳稻。

（2）原始时代，人类的活动，特别是迁徙因自然环境的障碍制约困囿难行，只能活动在一个不大的天地内。不同天地内的人们因其对农业的启蒙程度不同或有先后之分，创业可能存在时差，但在老死难以往来的时代，有少数先知先觉的人们亦可各自独立地从当地实际出发发明农业。目前，学界大多数专家认为，世界农业发源中心有三：西亚、东亚、南美洲的墨西哥和秘鲁。也有认为有更多的中心的观点。

中国是世界农业起源中心之一。在中国这个世界农业起源中心之一中，北京地区远古时期的原始农业的出现居于什么地位呢？所见包括 20 世纪及以前的农史与涉农史书中未见有此类表述，只见有“我国目前发现最早的农业遗址”中有河北省武安市磁山遗迹距今 8 000 年，出土遗迹有粟、猪；河南省新郑市裴李岗遗址，距今 8 000 年，出土遗迹有石斧、石刀、石铲、石镰、石磨盘；陕西省西安市半坡遗址，距今 6 000～7 000 年，出土遗迹有粟、菜籽；浙江省余姚市河姆渡遗址，距今 7 000 年，出土遗迹有水稻、葫芦、骨耜、猪、羊、狗。没有北京地区的遗址究其原因可能有二。

①被疏忽。1984 年发掘出的京郊平谷区的上宅新石器时代早中遗址距今 6 500～7 500 年，出土遗迹有板栗、榛及禾本科植物孢子花粉及陶猪头、猪嘴式支架；还有当年的村落遗迹等。这里出的石器有狩猎用的尖状器、掷球、弹丸、石镞，有用于农业和采集的石斧、石凿、石锄、石铲等；有用于加工的石磨盘、石磨棒等；还有柳叶形石刀。陶器是考古学界认定伴随农业的产生而出现的。上宅遗址中出土的陶器量很大，可复原的器皿就有 800 余件。1987 年，在这里还发现陶窑一座，附近有 7 000 米^2 以陶器、石器为主的堆积层，厚达 4 米。出土陶器 1 000 余件，有碗、罐、钵、鬲、猪等（章永俊《北京手工业史》人民出版社，2011 年）。上宅人依山面河而居，遗址中发现有山草搭成的半地穴式马架子窝棚。这应是原始人类伴随农业的产生而定居的村落。无论是从上宅遗址考证的历史年代，还是出土的与农业有关的遗址均不亚于史料上言必到的上述几个典型史例。

②因考证的时间晚未被人们认知。北京大学专家先后于 1966 年、2003 年和 2005 年三次对京郊门头沟区斋堂镇东胡林遗址进行发掘，发掘到三具东胡

林人遗体，工具，直肢葬遗骨。经年代测定在距今 1 万年，新石器时代早期。2001 年做了孢粉分析，证实这里当时已有了原始农业的最初起源。并证实在“一万年前北京东胡林人的新石器技术创新（切、钻、琢、磨），已有了石磨棒、石磨盘、石制刀斧，石容器”（王东等《北京魅力》，北京大学出版社 2008 年版）。

“一万年前，北京怀柔区宝山寺镇转年遗址，新石器技术创新：已发现了磨制石斧、石磨盘、石磨棒、石容器”。呈现出从旧石器时代向新石器时代发展的典型特点：打制石器、丰富多样的细石器、新式磨制石器共存，陶器与石器共存。该遗址出土“遗物 18 000 件，其中包括标志着新石器磨制技术的磨光石器。特别是石磨盘、石磨棒，堪称是农业起源的重要标志”（王东等《北京魅力》）。鉴于以上考证，王东等先生认为“1 万年前东胡林、转年、北京所在的 Y 形地带是中国北方农业源头”。

关于农业产生的适宜地缘论有：一谓“大河论”，认为河流泛滥平原是导致农业生产的关键；二谓“干燥理论”“气候高潮理论”等，把农业的出现与气候的变化联系起来。1962 年美国考古学家 R. J. 布雷伍德和 G. R. 韦利提出农耕不是起源于大河平原地区，而是发生于半干燥的高原或丘陵地区。这是与传统的大河理论是相悖的。苏联生物学家瓦维洛夫认为作物起源的中心和文明发展中心有紧密联系，所以大河流域是古代文明的发展中心，那么按照演绎法，农业也应是起源于大河流域（E. S. 喜格斯《史前经济论文集》）。20 世纪 50 年代末，R. J. 布雷伍德即认为西亚农业最早起源于托罗斯山和扎格罗斯山所构成的新月形肥沃的丘陵地带的半干燥区，即从伊朗的德・卢兰平原的山地侧翼，通过土耳其东南部，到达约旦高地南部。这伞形地区平均海拔在 1 000 米左右，全靠雨水灌溉。其中著名的遗址如阿姆格、姆列比特、拉曼德、马拉哈、曼哈达、耶利哥、克里木・萨希尔、帕列加拉・萨拉布、阿西阿布、阿里・克什等均发现在“伞形地区”之内。中美洲的农耕也是起源于半干燥的丘陵地区，如坦马利帕斯地区和瓦哈卡河谷的农耕起源遗址均位于海拔 900～1 000米的地区。墨西哥另一个农耕起源中心，也是在海拔 2 000 米以上的墨西哥盆地。埃及早期的原始农耕遗址，也均分布在努比亚高地。（《农业考古》农业出版社，1986 年，第一期）。三谓“山前理论”，指出平原与山脉过渡的山间地带，既无沼泽与草地，又无茂密的森林，最有利于原始农业的开垦，是采集向栽培过渡最适宜的自然环境（严文明《黄河流域新石器时代早期文化的新发现》载《考古》1979 年第 1 期：49）。四谓“自然选择”的继续［加尔曼（H. N. Jarman）《小麦与大麦栽培的起源》］。

那么，北京地区原始农业作为“中国北方农业源头”，其产地环境特征符合上述哪种产地理论？据史料记载，旧石器时代的周口店“北京猿人”及“新洞人”“山顶洞人”是生活在平原与山脉过渡的山前丘陵地带。北京猿人时代周口店地区的地貌与现在大体相似，只是山脉高度低了数十米，坡地较陡而已。新石器早期的东胡林遗址处于山区河谷第二阶地的马兰黄土台地上，高出河床约 25 米，其地理位置具有新石器时代居住址的典型特征；怀柔区宝山寺镇转年遗址位于汤河台地，亦为新石器早期；早、晚期的上宅、北埝头遗址分别位于山前地带和山前平原的河岸台地，燕落寨遗址位于山前丘陵地带、河岸沙丘上。上宅遗址南临泃河，高出河床 10～13 米（《文物》1989 年第 8 期）；北埝头遗址位于错河南岸黄土台地上，高出河床约 7 米（《文物》1989 年第 8 期）。属于新石器较晚期的北京密云县燕落寨遗址位于燕落寨村南沙丘上，南临潮河（古鲍丘水）与白河交汇处；房山区镇江营遗址位于拒马河（古桃水）西岸的台地上，高出河床 10 米；昌平区雪山遗址位于山前冲积平原古河道以西的雪山缓坡上。从以上遗址的地理环境的归纳、分类、比较及农史学界判断：北京地区旧石器时代人类主要活动于山前丘陵地带的岩洞内；新石器时代早期的人类则活动于山前河谷台地上，中期则大多活动于山前地带或山前平原的河岸台地上，晚期遗址除具有中期遗址相同的地理特征外，个别则向平陆发展，深入到洪冲积平原的河畔，如昌平区的曹碾、燕丹，海淀区清河镇等处（于德源，《北京农业经济史》，京华出版社 1998 年版）。

基于以上史实，可进一步判定：北京地区新石器时代早期、中期出土的遗址“主要分布在山麓（前）坡地和河流冲积扇台地上”（于德源《北京农业经济史》，京华出版社 1998 年版），属于“山前理论”范畴。而到了新石器时代晚期，可能因人口的增长、环境的变化和人们对自然干预的能力增强开始向洪积平原扩展，这既体现了人类的进步，却也应对了“大河理论”。但就北京地区而言，新石器时代早期的两个遗址（东胡林、转年）符合“山前理论”是中国北方农业的源头，其他中、晚期遗址及其农业遗迹（如新石器等），似可审慎判定是遵循本地域环境的基本特征和历史性演变呈现出渐进性由“山前”到“平原”的扩展（是“流”不是“源”）。

至于前面提到的“干燥理论”，就北京地区古代气候特点，可以说是与其基本相适的。于德源先生在《北京经济史》中写道，“根据对‘北京人’遗址中的土壤进行的化学分析，可以判断在距今 23 万～70 万年的‘北京人’生活期间，北京地区的气候总的说来比现在略为温暖，其间虽经历短暂的干凉期，但温暖期间大致相当于现代淮河流域的气候。这对于‘北京人’的生活、繁衍有重大意义。”“根据对‘新洞人’遗址中动物化石种类及孢子花粉的分析，当时北京地区气候温暖，林木茂盛，有灌木草原。”“根据对‘山顶洞人’遗址中动物化石的分析……当时北京地区的气候由温暖向干寒转变。当时气温可能比现代低 5℃，这对‘山顶洞人’的生活是不利的。”“根据对房山区坟庄村（周口店以南 12 千米）钻孔取得的孢子花粉进行的分析，可知在距今 11 000～10 000年的新、旧石器时代转变之际，今北京地区气候由暖干转为暖湿，湖泊增加，森林减少，草原扩大。距今 10 000 年以后，今北京地区植被进入草原和森林兼而有之的类型。距今 10 000～8 000 年期间，气候比现代略为低、湿。距今 8 000～2 000 年期间，气候又转温暖，但其间有短暂的气温下降”。

根据考古学者对平谷区上宅遗址各文化层木炭、孢子花粉、器物进行的测定和分析：第一期（第八层）年代距今约 7 500 年，气候偏凉湿；第二期（第七层至第四层）距今 7 000～6 500 年，气候温和、湿润；第三期（第三层）距今约 6 000 年，气候凉干。而上宅遗址中发现禾本科作物花粉的正是在气候温和、湿润的第二期中的第五文化层。这进一步说明北京地区的原始农业最迟在距今 6 000 多年以前已存在。就适宜的气候条件来说，上面已讲到距今 11 000～10 000年，北京地区气候由暖干转为暖湿。这是无灌溉农业比较适宜的自然条件，而经考古发掘东胡林、转年两遗址所在地已出现原始农业，应是确实的。但就总体来说，不论是古代还是现代与南方相比较，北京地区属温带半湿润季风大陆性气候区。从总的趋势看，冬、春干旱，夏、秋雨涝是北京地区气候的主要特点。也可说是半干燥地区。因此，用 R.J. 布雷伍德和 G.R. 韦利提出的农耕“发生于半干旱的高原或丘陵地区”的理论来认定上列两地是北方农耕的源头也是适当的。

第五节 农业的派生语汇

1. 农业生产 农业生产就是在一定的生产关系范围内，具有一定的科学技术知识、生产经验和劳动技能的人们，运用生产工具为主的劳动资料从事培育动植物以取得产品的过程性劳作活动。就种植业来说，原始农业与传统农业的生产，就是耕、种、管、收的全过程活动。而现代农业生产过程则由耕、种、管、收的田间过程和产品贮运和再加工的商品化生产过程的结合，形成现代农业的增值性生产，亦可称之为产业化再生产。

就对资源利用来说，有开放式农业生产：土地经过垦殖、翻耕培育成耕地，水、矿质营养、阳光、空气、温度、农业生物，以及人力与智慧、生产资料等的投入，经过生物的和人工的转化，生产出人类所需要的产品，同时排放出废弃物（包括农业原生态废弃物如秸秆、粪便及农业次生态废弃物如农产品加工排放物等）。这种生产过程是资源-产品（包括粮食、棉花、蔬菜、果品、花卉、纤维、肉、蛋、奶、鱼等，以至农产品加工品及动植物生产、加工后废弃物排放）的单向线性运行方式。这种生产方式既生产物质财富，同时又浪费资源、产生对环境的污染，是一种资源利用效率较低的生产方式。再就是封闭型农业生产方式，即由“资源-产品-再生资源”的闭环反馈式循环过程替代传统的“资源-产品-废弃物排放”的单向线性开放式生产过程，称循环农业生产，是现代农业可续发展的生产方式，已成为世界性农业生产面向未来的主流。

2. 农业经济 《经济大辞典·农业经济卷》对“农业经济”的注释为“农业中经济关系和经济活动的总和。包括生产、交换、分配、消费等方面的农业经济活动和经济关系”。农业经济的发展有其自身的规律性，既受自然再生产规律的制约，遵从因地制宜、因时制宜，也受到市场规律的制约，遵从社会需要规律。例如，在社会追求温饱时期，什么作物或品种产量高、来得快，农民就种这种作物或品种。例如，一度杂交玉米产量高，尽管它们“做窝头不甜”“熬粥不黏”，农民还是要种，国家也照样收购。为了保证人们冬、春吃上菜，农民们长期种植白菜、萝卜、土豆等“大路菜”，因为它们比较好种、易贮，可保人们冬、春（半年）有菜可吃的需求。而当人们生活总体进入“小康”社会时，生活品位高了，不仅讲究吃到菜，更讲究吃好菜——花色品种多样，营养保健皆宜。农民们就发展集聚国内外各具特色风味的名特优菜品，不仅能赢得市场，亦能取得高额利润。在古代、近代社会（包括原始社会、奴隶社会和封建社会）中，农业经济是整个社会经济中的主体，约占80%以上。在现代社会中，尽管农业经济在整个国民经济中只占百分之几（北京市为1%左右），但它们事关百分之百人民的生活需求，是国民经济中稳定大局的基础。

3. 农业资源 农业资源即农业生产可以利用的自然环境因素，如土地资源、水资源、气候资源及生物资源［包括动物、植（作）物、微生物］资源等和农业经济资源，如直接或间接对农业生产发生作用的社会经济因素和社会生产成果，包括人口，劳动力数量、质量、组成和增减变化及物质技术装备——农业机械、水利设施、动力、化肥、农药、种子、农艺技术以及基础设施、物流等的总称。农业生产就是人类按照自身和社会发展需要，利用自身的技能和智慧合理开放利用农业自然资源，并与农业经济资源综合形成优化、高效的生产力，创造出源源不断的农业物质财富，以满足人们日益增长的需要。

4. 农业系统 农业是在自然环境、生物和人类的社会活动等因素的共同作用下存在和发展的，这些因素相互联系、相互制约，交织在一起并相互影响而组成一个不可分割的有机整体。人们通过长期的农业生产实践认识到这个有机整体的存在，明白发展农业生产，不仅要分别研究制约农业生产的各个因素，而且还要将农业视作多种因素相互作用下的整体来进行研究。进入近代以来，科学技术已成为农业生产中的“第一生产力”，就尤其要着力于研究科技进步在提升农业综合生产能力中的作用与贡献。实践证明，科技创新与应用是推动农业可持续发展的强大动力。凭借科学技术，人类认识农业、把握农业演进规律、对要素的要求，并采取具有前瞻性的技术引领农业技术改造，促进农业系统更新和更加有效化。科学技术不仅本身就是直接的生产力要素，如新品种、新型化肥、农药、新型生产工具等物化技术，它还可渗透到生产力诸因素之中，如提高劳动者科学素质，使劳动力资源转化为劳动资本；促进物化因素的更新换代，如动植（作）物品种的更新换代可使产量提高10%以上，使产品品质出现明显的提升和突破；采用科学管理可使农业生产过程中各因素之间衔接更有效、互补性更强。

5. 农业功能　原始农业的功能就是解决人类的吃、穿、住问题。在采集、渔猎时代，原始人类过的游荡生活。《白虎通·号》中写道，“古之时……民人……饥即求食，饱即弃余，茹毛饮血，而衣皮苇”；《淮南子·修务训》中写道，“古者，民茹草饮水，采树木之实……”；《韩非子·五蠹》中写道，“古者，丈夫不耕，草木之实足食也；妇人不织，禽兽之皮足衣也”。这里记载和描述的大概是旧石器时代人们的生活写照。“至于神农，人民众多，禽兽不足，于是神农因天之时，分地之利，制耒耜，教民农耕”。在整个原始农业阶段，农业主要功能就是提供人类的吃、穿、住。到传统农业阶段，农业功能已由解决人们的吃、穿、住问题，扩展到财富蓄积功能，整个封建社会的国家财富来自农业的份额占到80%以上。进入现代农业阶段，在北京郊区已由单纯生产与经济功能拓展到生活（供人们回归自然、观光、休闲与愉悦）、生态（绿色覆盖，防风沙、涵养水源、净化空气，呵护良好的生态环境），即“三生”功能，发挥“三种效益”——经济效益、社会效益、生态效益，维护着社会、经济、环境的良性循环。

6. 大农业与小农业　有两种内涵式称谓：①经营规模较大的农业企业组成的农业体系。这是相对封建社会长期存在的小农经济的农业规模而言。②覆盖整个生物性产业，即农、林、牧、副、渔五业俱全的农业。与大农业相对，即“小农业”，它只限于大农业中的某一业，如种植业或林业或畜牧业或限于大农业中的农、牧、渔三业。古代农业基本上属于小农业，一般农户或一个地区虽有家庭养殖畜禽或房前屋后植树，多不成业。直到现代，农、林、牧、副、渔既有综合成业，亦有专项成业和分户成业。这就是当代农产品丰富多彩、农民丰衣足食、市场繁荣昌盛之源。其实大农业和小农业都不是农业自身的天性，而是因行政管理职责而定。如新中国成立后北京市农业局一局管五业，即谓大农业，之后一度分为农业局、林业局、畜牧局、水产局，一局一业。这时农业局只管种植业，俗称小农业。

第六节　农业的历史起点与拐点

早在距今一万年前的东胡林人和转年人就发明了新石器——石刀、石铲、石斧、石镐等农具，并承继先民的用火技术，即开创了“刀耕火种”的掠夺式原始农业，成为中国北方农业源头的开拓者之一，掀开了北京农业史的第一篇章。由此，北京地区连续书写了传统农业、近代农业和现代农业的完整篇章，展现了古代“北京人”和现代北京人的聪明才智和创造精神。其间经历了三大历史拐点：①从 2 300 多年前以铁制农具和牛耕为标志，以经验为支撑进入精耕细作的传统农业；②100 多年前开始在“西学东渐”中引入试验技术的近代农业，促进了农业的产业性发展；③五六十年前进入以引进、推广农业机械化为开端的现代农业发展阶段，推进农业逐步实现集约化与精准可持续发展。北京农业历经三次历史性转折，到 2010 年，北京农业已完成第一次现代化，并进入第二次现代化（何传启，《中国现代化报告·2012 农业现代化研究》，北京大学出版社，2012 年）。京郊农民由长期不得温饱欣喜进入“小康”，成为“有文化，懂技术，会经营”的新型农民。

综上所述，北京农业历史悠久，源远流长；渊源宽广，文明曙光；人杰地灵，物华天宝；内涵深沉，长足发展；人民幸福，社会安康！

第二章　北京农业的历史性演进

人说历史是面镜子。一点不假，正是考古及史书显示出中国人的老祖宗——远古的“北京人”（开始称“中国猿人”）及其后裔们在劳动中进化自己——由猿到人→早期智人（新洞人，约 20 万年以前）→晚期智人（山顶洞人，约 2 万年前）→现代人（若以发明并从事农业为准，则约在 1 万年前），并在劳动实践中发明了新石器，创造了原始农业。

在 2 300 多年前，在生产劳动实践中创造了铁器和牛耕及一系列“稼穑”经验与手工操作用于种、管、收、加（工）的器具，使历经七八千年的原始农业跨入以经验为支撑的传统农业；100 多年前，在“东学西渐”中引入西方试验技术，“洋为中用”，将传统农业推向近代农业，在国家陷入半封建半殖民地的动荡影响下，虽无大的进展，但农业科学试验已在中国大地上萌发、成长，更明显的是促进了产业性农业（主要是棉花、蔬菜、花卉、染料植物等）的兴旺发展；近 60 年来，以机械化为标志并配置现代科学技术，使延续了两千多年的传统农业跨入了现代农业……这是在历史这面镜子中呈现出的“北京人”到现代北京人劳动、智慧与创造的结晶，并构成一条完整的原生态农业发展链条。

第一节　北京的农业环境

北京地区位于华北大平原的西北端，地理坐标为北纬 39°28′～41°05′，东经 115°25′～117°30′。现行地域南北长 176 公里，东西宽约 160 公里，总面积 16 800 平方千米，山地约占 62%，平原约占 38%。山地分布在西部、北部和东北部。西部统称为西山属太行山脉，由一系列东北-西南走向岭谷相间的褶皱山地组成。北部山地称为北山，通称军都山，属燕山山脉，由镶嵌着若干山间盆地的断块山地组成，山势朝西北向呈阶梯状逐渐上升，最后进入内蒙古高原。

北京地区的山地、河流、平原俱全，山地地势及地质比较复杂，有中山、低山、丘陵、山地河谷及沟谷四类。从西、北、东三面呈群山环绕，形成北京湾，成为北京地区抵御冬、春季风沙的天然屏障。

两三百万年前的北京地区还是一个山与海睦邻形成的海湾，湛蓝的海水在这里荡漾，与北边的燕山山脉、西边的太行山山脉接邻。“在最近的一二百万年前的第四纪时期，由于构造运动和气候变迁发生过一系列重大环境变化”，新生代以来，在北京北面及近东西向构造的控制下，由于地壳的差异性升降运动，引起了地面大幅度分异，燕山太行山地区处于总体上升，构成海拔1 000～2 000米的山地和海拔1 000米以下的低山丘陵，局部地段陷成为盆地。于300万年前形成的永定河（浑河，又因其经常决口改道称为无定河，到清朝康熙年间经疏浚加固后被康熙帝赐称“永定河”）其分支多多，“北京人”所在的龙骨山畔的拒马河即是其一。自古以来除了部分石质山脉外，多数山体及山间盆地、丘陵为原始森林和草场。直到辽金、元明清在北京大搞城市及宫殿建设使其遭到滥伐而毁灭，大片山场除局部出现次生林外，多呈荒山秃岭。到1949年，森林覆盖率只有1.3%。草地也因长期过度放牧而退化。

山川平原构成“地理形胜”：“龙盘虎踞，形势雄伟。左环沧海，右拥太行，南控江淮，北连溯漠”。永定河的不断泛滥和潮白河、温榆河等共同铸就了“北京湾”内广阔的“北京小平原”，并与华北大平原相连，其地势平缓，水甘土厚，土地肥沃。

这里的气候属于暖温带半湿润、半干旱季风型大陆性气候。据考古资料记载，在距今300万年前的旱冰期，华北平原为暗针叶林-草甸植被，当时的年平均气温比现在低8℃左右。在距今210万～150万年的狮子山冰缘期，华北平原为暗针叶林景观，北京延庆地区以草本植物为主，年平均气温比现在低10℃左右，直到距今12万～1万年的大理冰期，北京西山清水河谷的沉积物中有大量云杉花粉，积水潭孔深16米处的孢子花粉组合中针叶林占80%～90%，说明当年平均气温比现在低7～10℃。

距今2万～3万年前的晚更新世最后一次寒冰期（冰期）结束，气温开始回升变暖。在7 500～2 500年的全新世中期达到了最温暖的程度，比晚更新世最后一次寒冷期年平均气温升高了8～10℃。纵观北京5 000年来的气温，冷暖交替，年平均气温平原地区在11～12℃，山区年平均气温8℃；全年无霜期190～195天。其中，山前平原地区在195天以上。海拔每增高100米，无霜期减少3～4天。平原地区全年≥10℃，积温4 100～4 200度·日；阳光充足，日照长，全年日照时数2 600～2 800小时，总辐射量为468.9～569.4千焦/厘米^2。历史上水源比较丰沛。距今1 300～11 000年末次冰川消融，气候转暖回温。河流解冰。到“距今2 000多年前泽地千里”（周昆叔）；“当时北京平原一带必然是个河流纵横，池沼广布的水泽之乡”（贾兰坡）。

就前面引入的农业产生适宜地缘的理论在古代北京地区都有相应的实迹相应：“大河论”——有着被人们称之为“母亲河”的永定河以及其支流、亚支流汤河、潮河、白河等，由其引起的洪积总面积达1 443.8平方千米，主要分布在西山和北山山前、延庆盆地和平谷盆地周围。洪积平原总面积达 4 539.86 平方千米；“干燥论”——自古以来是半干旱区，历史上年均降（水）雨量多为 500～700 毫米，且多集中在夏季；“山前理论”——北京地区依山临水由平原区隆升的山前台地总面积 129.05 平方千米。从考古发掘已出土的与农业有关的遗址看，产生在一万年前的新石器时代早期遗址——东胡林遗址和转年遗址都分别发生在门头沟区永定河畔的斋堂镇东胡林村的山前台地和怀柔区宝山寺镇转年村西汤河畔的山前台地。之后，中早期的原始农业也都在依山傍水的山前台（或高）地上或山前地带的河岸台地上或山前冲积平原山坡上等；直至新石器时代晚期，原始农业扩展到平原地区，如昌平区的曹碾、燕丹及海淀区的清河遗址分别位于洪冲积平原上温榆河和清河河岸。

综上所述，可以说在北京古老的大地上有着天然的天时、地利、人和，对于原始农业的发生无疑是适宜的风水宝地。“北京人”的后裔们确也不负京华的天时、地利而创造了“中国北方农业的源头”，并以创新促发展，一路走向传统农业、近代农业和现代农业。

人类产业发展的历史表明人类已经经历了蒙昧时代、野蛮时代和文明时代这三大发展时期。用恩格斯的话说，“蒙昧时代，是以采集现成的天然产物为主的时期”；“野蛮时代是学会经营畜牧业和农业的时期，是学会靠人类的活动来增加天然产物生产的方法的时期”；“文明时代是学会对天然产物进一步加工的时期，是真正的工业和艺术产生的时期”（《马克思恩格斯全集》卷二十一）。北京地区的农业发展也同样经历着这样三个时期。

第二节　采集与渔猎——原始农业的前夜

采集与渔猎是古猿与猿人同样的生活手段，但猿人与古猿区别的标志在劳动。马克思说：“一当人们自己开始生产他们所必需的生活资料的时候，他们就开始把自己与动物区别开来”（马克思、恩格斯《德意志意识形态》）。猿人已能够从事劳动能够制造工具——打制石器和使用石器，向大自然索取，获得他们所必需的生活资料。这一阶段在考古学上称作旧石器时代。而古猿只能靠前面两爪采摘和猎取一些小型、温和的动物，效率低下。人类学家通过研究考证，人类最直接的祖先是生活在距今 1 400 万年前的拉玛古猿。在我国云南省的开远市禄丰县发现了拉玛古猿化石。据考证，拉玛古猿已能直立行走，使用天然棍棒和石块来采集和渔猎食物，但不会制造工具（石器）。到距今 200 万～300万年以前，才出现了会制造（打制）石器工具的猿人。在我国已发现的猿人化石出于云南省元谋县，距今约 170 万年以前的“元谋人”。之后，又发现属于元谋人迁徙繁衍的后代：陕西的“蓝田人”，距今约 80 万年；“北京人”（居于房山区周口店龙骨山），距今50万年以上。据徐自强研究，“‘北京人’很可能就是从我国中原地带来的，他们到北京以后，以周口店一带为家，逐渐地开发着华北平原，并留下了‘新洞人’‘山顶洞人’‘东胡林人’等后代，使其成为北京新石器时代‘雪山文化’等的创造者。”学界认为“北京人”只是原始人类发展过程中的一个中间环节。不过经我国科学家考证，“北京人”的体质和外貌已同现代人差不多。他们直立行走用手劳动（主要是右手），但脑量只约为现代人的80%，而比古猿发达得多。他们已有了简单的思维能力和初始的语言，奠定了后来人类社会更高发展的最早基础。因此，恩格斯说：“这个‘太古时代’在一切情况下，对一切未来的世代来说，总还是一个最有趣的历史时代，因为它建立了全部以后的更高的发展基础，因为它以人从动物界分离出来的出发点，并且以克服将来联合起来的人们永远不会再遇到的那些困难为内容”（恩格斯《反杜林论》）。

原始公社前期是母系氏族公社［由旧石器的末期，人类发展到新人阶段时起。这一时期的典型代表是北京周口店的山顶洞人、广西的柳江人、四川的资阳人、山西朔县（今朔州市朔城区）的峙峪人等］时期，妇女是氏族公社的组织者和领导者。在氏族公社里，已按年龄、性别进行分工。一般讲，男子外出狩猎、捕鱼；女子则从事采集植物，看守住所，烤炙食物，加工、缝制衣服，养老育幼多种事情。《白虎通·卷一》：“古之时，未有三纲六纪，民人但知其母，不知其父”。

在氏族公社中，无私有财产。他们的财产是其取食的场所——自然界及其中可供采集、渔猎的自然、再生产产品。直至发明了原始农业后，其财产才具有一定份额的自创性——经济再生产的份额。公社中的活动仍是集体劳动，只有依靠集体的力量才有可能获得足够的食物和保障人类的安全。

先期原始人类为了自身安全，本能地结群劳作，但有分工：男人主要从事渔猎，女人负责采集。他们的谋生方法就是掠夺自然再生产的物品，过着不定居的游荡生活，共享劳动成果（平均分配）。从“北京人”居住过的周口店遗址已发掘到遗存印迹看，“北京人”“新洞人”，以至“山顶洞人”的食物主要是植物根、茎、果实及鸵鸟蛋及鹿、马、牛、羊、鼠类等温和动物，亦有一些鱼类化石。据史料显示，旧石器时期采集性食物占采猎物的60%～80%（李根蟠《再论我国原始农业的起源》，发表于《中国历史》1981年第1期）。

这时人们使用的工具是打制的石器——考古学称之“旧石器”，时有刮削器、砍砸器、尖状器等，还有打制石器的石器——石锤、石钻。在“北京人”的洞穴中存有大量的遗迹，迄今已发现的石片和石器近10万件。原始人类制造这些石器的作用，一是用于采集和渔猎以提高劳动效率，多获取食物；二是用以对付猛兽的侵害。《吕氏春秋·恃君览》中讲到，“凡人之性，爪平不足以自守卫，肌肤不足以捍寒暑，筋骨不足以从利辟害，勇敢不足以却猛禁捍”。对此，太古人类亦生其道，就是结群劳作，相互协作、共同劳动，并以石器来提高采集、渔猎效率和对付猛兽伤害。“北京人”破天荒地在亚洲大陆上燃起熊熊篝火，宣告人类黎明时代的来临。在周口店“北京人”居住的洞穴外面发现有用火烧过的灰层和兽骨；在洞穴里面，也发现有一堆堆很厚的灰烬、木炭、烧骨和朴树籽，这些都是“北京人”用火的遗迹。《韩非子·五蠹》曰：“上古之世，人民少而禽兽众，人民不受禽兽蛇虫……民食瓜果、蚌、蛤，腥臊恶臭而伤害腹胃，民多病；有圣人作，钻燧取火，以化腥臊，而民悦之，使王天下，号之曰燧人氏”。恩格斯说：火的使用，“第一次使人支配了一种自然力，从而最终把人和动物界分开”（恩格斯《家庭、私有制和国家的起源》引自《马克思恩格斯选集》第四卷）。

正是发明用火，“北京人”摆脱了漫长的茹毛饮血、生吞活剥的野蛮时代，变生食为熟食，并为战胜大自然中严寒的冬天和防止野兽侵袭，提供了物质条件。

旧石器的发明提高了太古人类觅食防患的能力；火的发明与应用，揭开了人类历史的序幕。那么如何应对狩猎凶猛的大兽，晚期的“北京人”又发明了石球和投石索，把石球装在投石索里即可远距离击猎猛兽或赶走猛兽保护自己。到了“山顶洞人”时代还发明了长矛——就是在石制的或骨制的利刃尖峰后面，加一根木质的柄，用以刺杀猎兽。

“北京人”在周口店遗址住到距今20万年前，他们的体质特征及脑量发生了显著变化，由猿人进化到早期智人——“新洞人”。他们的牙齿形态比“北京人”进步。在烧骨中出现了最大的象骨，草食性动物遗骨多于肉食性动物。在“新洞人”遗址还发现有磨制的石器，说明其制作技术较“北京人”有了很大进步。

在距今大约2万年前，北京出现了新的人类——“山顶洞人”，属于晚期智人，他们的体质特征已与现代人没有什么差别，他们的脑量已接近现代人，具有相当发达的智力。“山顶洞人”居住在“北京人”的“猿人洞”所在的龙骨山顶部之上。在发掘中至今发现的“山顶洞人”的石器共25件；发现除鱼类和两栖动物之外，共有48件哺乳动物化石；发现了各种式样和质料制成的装饰品，制作都很精致、美观。出土最多的是串孔的兽牙，共120枚。还有制作精美的钻孔小石珠，共7枚。最值得注意的是在遗址中发现了一根骨针。骨针的出现，一是说明“山顶洞人”高超的制作技术——能把骨切成细条，磨细、磨出针尖、磨光和钻孔；二是表明当时的人类已经能够用针缝制兽皮之类为原料的衣服以防寒。

考古学者从骨针和装饰品的制作技术水平中，了解到山顶洞人已创造了切、刮、挖、磨等技术。不过山顶洞人的生活来源仍靠采集和渔猎，采集产品有茎叶、果实、块根等；猎物有兔、鹿、野牛、野羊、虎、豹、熊等50多种。从出土的动物遗骨看，其中兔的头骨和下颌骨记有千件，鼠类骨有200多件。这反映了狩猎技术的进步。

山顶洞人开始了劳动的自然分工。男子主要从事狩猎，女子从事采集和缝制衣物、制作一些精巧的装饰品。这表明，山顶洞人比先辈们——“北京人”“新洞人”具有更强的创新能力。据北京大学王东、王放两位先生研究指出，“山顶洞人”已开始了对野猪的驯化过程。

山顶洞人在采集实践中，由于自身智力提升，劳动工具的进步，到后来采集效率提高，采集物食用后还有剩余，特别是一些剩余的果实，其种子落地后又能长出植物来。经过长期反复观察，逐渐了解一些可食物的生活习性和生长发育过程，为后来发明农业奠定了一定的基础。

第三节　新石器时代的原始农业

山顶洞人进化到距今一万年前，北京地区的“东胡林人”和“转年人”继承前辈制造石器技术，发明了“切，钻，琢，磨”技术，并用以制造出适于不同农业劳作需要的石器工具，如石刀、石斧、石锄、石铲、石镐、石镰以至用于加工的石磨、石臼等。所谓新石器时代出现了农业，就是出现了种植业。那么以上两遗址在一万年前都种的什么植物呢？史书上没有记录。但据2001年对“东胡林人”遗址出土的孢粉分析，是与农业起源直接相关的禾本科、藜科花粉比重显著增加。同时又发现9件石磨盘、石磨棒——这是农业起源的重要标志。在距今6 500～7 000年的上宅遗址中发现有禾本科植物的花粉。在出土石容器表面残留物上提取出淀粉粒，经鉴定是粟、黍和豆科植物的淀粉粒。可见在新石器时代、北京地区已种植粟、黍、豆类作物。之后在房山区丁家洼遗址（属春秋时期）出土有粟、黍、大豆、荞麦、麻等农作物。其中碳化的粟粒占出土作物籽粒总数的86％。后世人们认识到粟是由狗尾草经人工培育而成。北京地区野生狗尾草至今尚存，百花山还存有野生大豆、野生燕麦草等。

从世界各地的考古资料来看，农业出现在新石器时代。在西亚的伊拉克、叙利亚一带地方，发现了到目前为止世界上年代最早的农业遗址中，主要有小麦、大麦、山羊、蔬菜等遗存。这些农业遗存距今有一万年左右的历史。另外在中国发现最早农业遗址是河北武安市的磁山遗址（距今8 000年），出土了粟、猪遗迹。浙江余姚河姆渡遗址距今7 000年，出土了水稻、葫芦、猪、羊、狗等遗迹。在以上农业遗址中都发掘出有农业生物遗存，而一万年前的“东胡林”遗址发掘出土见诸资料的只是新石器和禾谷类植物遗迹，而未见具体作物资讯。《周书》载，“神农之时，天雨粟，神农耕而种之，始作陶冶斤斧，为耒耜以垦草莽，然后五谷兴，此农事之始也。”《淮南子·修务训》：“神农乃始教民播种五谷”。可神农与黄帝是近乎同时代的部落首领，曾于北京地区的阪泉相斗，黄帝取胜后“邑于涿鹿”。黄帝立国至今五千年。可见东胡林人发明新石器从事原始农耕并非神农氏为教。如今我们对东胡林遗址是“中国北方农业的源头”的认可，还得从两位伟人有关论断中领略：

马克思：“各种经济时代的区别，不在生产什么，而在于怎样生产，用什么劳动资料生产”。

斯大林：“生产的变更和发展始终是从生产力的变更和发展，首先是从生产工具的变更和发展上开始的”（斯大林《辩证唯物主义与历史唯物主义》）。

原始农业与磨制石器为主的农具十分简陋，人力是主要的动力，生产过程简单、粗放，一般只是耕种与收获两个环节，产量很低。有学者统计，单位面积的产量只相当于播种量的三、四倍，后期也很少超过十倍。但在人类社会发展史上出现了“第一次革命”。从此人类摆脱了完全依赖于自然再生产的被动局面，由消极地适应自然转向积极地改造自然，由自然的奴隶走向自然的主人。从一定意义上说，有了农业才真正揭开了人类社会发展的历史。因为只有农业产生后，人类才开始有了比较可靠的生活保障，才能够彻底定居下来，从而使氏族部落较快发展起来。

农业产生后，生产力不断得到提高。农业的产生使可食的和其他用途的植物、动物由单纯的自然再生产或生生繁衍走向自然再生产（繁衍）与经济再生产相结合，极大地提升了生物（动、植物）产品的生产能力。由于物质较前丰富和生产、生活的需要，促进了原始手工业和商品交换的产生和发展及原始城镇的出现；而且因生产力的提高出现了剩余产品，引起了因财富的部分人（主要是部落首领）的强势占有而产生阶级分化和脑力劳动与体力劳动的分离，以致人类进入“劳心者治人，劳力者治于人”的少数人压迫与剥削多数人的阶级社会，导致生产关系的根本变革和社会分工的日益发展，为社会的进化开辟了道路。

农业的产生为科学的发生与发展奠定了基础。正如恩格斯所指出的“科学的发生和发展一开始就是由生产决定的”（恩格斯《自然辩证法》）。社会发展和科学发展的历史实践都雄辩地证明，生产发展需要是推动自然科学以至社会科学不断前进的最根本、最持久、最强大的力量；是生产的需要给科学研究提出了多方面需要解决的课题，需要越是迫切，越是能够促使国家和社会集中投入大量人力、物力和财力进行研究。因而也促进科学取得进展和重大突破，并转化为现实生产力支撑农业生产发展，以致出现新的跨越。

农业的出现为农村经济活动揭开序幕，使人类从蒙昧走向了文明，从掠夺为生走向创业发展。

北京原始农业活动是原生态的，即有自己的发源地，但也具有世界原始农业活动的全貌。

1. 北京农业的发源地 据北京大学王东、王放两位先生研究考证，北京原始农业源头是门头沟区斋堂镇“东胡林人”遗址所在地东胡林村的腹地——山前河（永定河）谷台地和怀柔区宝山寺镇转年村所在的山前河（汤河）谷台地。经发掘考证，这两遗址均出于一万年前的新石器时期，出土的新石器不仅有生产用的工具，如刀、斧、锄等；还有产后加工用的石磨盘、石磨棒、石臼、石容器等。虽未见有谷物遗存，就凭这些石器工具的进步与配套便可审慎认定这里是中国北方地区已发现的农业遗迹中址龄最长者（在出土农业遗址中被认定为距今时间最长的是河北武安市磁山文化 8 000 年）。尽管磁山遗址和西安半坡遗址（距今 6 500～7 000 年）中有粟以及菜籽的遗存也不妨碍东胡林遗址所在地是北方农业的源头这一判定。科学研究已经揭示出“粟”是由野生狗尾草经长期驯化、培育而来。而原始农业起始是基于采集可食植物果实吃剩的种子，如狗尾草种子等（可能也包括可扦插繁殖的枝芽、块根、块茎等）从事种植，并在种植中不断选优汰劣，经过漫长岁月培育（生产）驯化和选择，逐渐培育成粟——这是中国北方地区从原始农业到传统农业中长期而普遍种植的作物，是传说中神农“教民稼穑”的首推作物。

北京地区原始农业的传播是与新、旧石器传播轨迹相一致的。北京社会科学院的于德源先生对本地区新、旧石器的不同时期遗址的地域分布做了富有规律的陈述：旧石器时代的周口店北京猿人及新洞人、山顶洞人是生活在平原与山脉过渡的山前丘陵地带，这里有山有水有平原，丛林密布、野兽出没、鸟语长鸣，有着宜于原始人类生存与繁衍的自然环境（表 1）。

表 1 北京地区新、旧石器时代分期及遗址分布

时代	时期	遗址名称	距今时间
旧石器时代	初期	周口店“北京人”	50 多万年
	中期	周口店“新洞人”	20 万年
	晚期	王府井“王府井人”（1996 年发现）	2.5 万年
	晚期	周口店“山顶洞人”	1.8 万年
新石器时代	初期	东胡林、北埝头、上宅、镇江营	7 000～10 000 年
	中期	雪山一期、马坊、邓庄、燕落寨、河槽、前吉山、丁家洼	5 000～7 000 年
	晚期	雪山二期、三期，曹碾，燕丹，上甸子，坑子地，刘家河，大东宫	4 000～5 000 年

新石器早期的东胡林人生活于山区河谷台地，这里是北京原始农业的发源地。随着自然环境的变迁、社会的进步及人们生产经验的不断积累，原始农业也就随着人类的迁徙而传播。传播留下的遗迹主要是随葬品的新石器、陶器等。新石器时代中期新石器的遗迹地有平谷上宅、北埝头遗址，它们分别处在山前地带和山前平原的河岸台地；密云区燕落寨遗址位于山前丘陵地带河岸沙丘上；房山区镇江营遗址位于山前地带的河岸台地上；昌平区雪山遗址位于山前冲积平原古河道畔的雪山缓坡上；新石器晚期的坑子地遗址位于山区河岸山梁；丁家洼遗址位于山前地带丁家洼河西岸等；昌平燕丹、曹碾、海淀清河等遗址则已进入洪积平原的河畔。由上述可见北京地区的原始农业从源到面（传播）都是"北京人"的后裔所为，是原生态的。其中可能存在有外来因素，如某种作物或其品种等，这是就种植业而言。农业中动物养殖从"山顶洞人"遗址中即已发现有驯化狗、猪等的史迹。

2. 农业的生产方式　原始人类的思维能力、生产手段、劳动条件都很简单，在农业生产活动中所能做到的只能是"刀耕火种""撂荒轮作"。先用刀、斧、铲、锄等砍伐林木，再放火烧荒，用石镐、石铲松土、播种植（作）物，整个农业生产过程就是"种与收"，未见史料中"管"的记载。一地种上两三年后即撂（抛）荒（客观上）养地，另辟新地耕种。

农产品加工、贮藏：说来人类的聪明才智是与时俱进的。从考古发掘出土的新石器看，不仅有生产工具，还同时出现有加工工具如石磨、石臼、石碾等，还有石容器、陶器，如陶罐、陶钵、陶盆等用于农产品的收藏。

在京郊新石器早期遗址中发现了石磨盘、石磨棒。在粮食收获后，人们就把谷压石磨盘上，手执石磨棒反复碾磨，既可脱壳，又可磨碎。在一些古代典籍中就有粮食加工的记载。《周易·系辞下》载，"断木为杵，掘地为臼"。杵、臼就是古代用以粮食加工的原始工具。在新石器时代早期的东胡林和转年两遗址中都出土有石容——用于加工品或收获的粮食的盛装。在新石器时代中期的遗址中都出现有陶器。如上宅遗址第 8 层出土有黄褐色夹砂深腹罐；第 7 层出土有陶罐、陶钵等。学术界一般认为"陶器的产生是和农业经济的发展联系在一起的。一般是先有了农业，然后才出现陶器"（《中国陶瓷史》，文物出版社，1987 年）。这是农业发生、发展及人们以熟食为生的需要。大的陶罐可用于收藏粮食或其加工品；陶罐可用于做饭菜；陶碗、陶钵可用作盛饭、菜供人们分食；当然还可做成装饰品。可见陶器的出现是古代农业发展的象征（图 2）。

3. 原始农业的领头人　据专家研究，农业的发明是妇女的功绩。在旧石器时代，妇女主要从事采集植物产品和操持家务，男人主要从事渔猎获取动物性产品。妇女在长期的采集实践中，经历了反复观察，对被采集的植物之可食性和它们的生长发育的习性和过程与条件有着比较熟悉的了解。当人口增加到

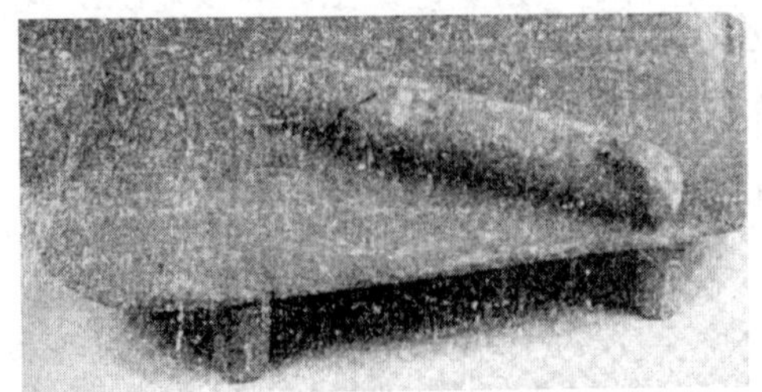

石磨盘与石磨棒

石臼、石容器

石磨

京北怀柔转年发现的“万年陶”——
平底直壁黑陶盂

图 2　加工工具

只凭采集难以维济的时候，迫使人们自己动手进行种植可食植物，以增加食物稳定来源的时候，妇女们凭着自己采集实践中积累的知识、经验和对可食植物的识别而责无旁贷地经过多次试种终于把可食野生植物栽培成农作物。在试种过程中，又以实际需要创造了适于从事农业生产的各种工具，并首先向大自然开战砍伐树木，待晒干后放火烧荒，用灰烬做肥料，然后用尖木棒挖穴点种。在原始社会的前期是母系氏族公社——以妇女为中心的社会组织，氏族成员的血缘纽带牢固地连接在一起。他们的一切活动都是和氏族不可分的。他们共同占有一定的土地和其他的自然产物，共同劳动、共同消费、互相协作、一起作息，过着以农业为基础的平等生活。

大约从 5 000 年前起进入父系氏族公社时期。这一时期男子取代妇女，在社会中居于主导地位。史学界认为这是社会生产力发展的结果。进入父系氏族公社后，男女分工是“男耕女织”。生产力水平较母系氏族公社时期有新的发展。主要表现在种植技术不断改进，改革旧工具，创造新工具，扩大耕地面积，开始田间管理，增加作物种类，使农业生产比母系氏族公社更为发达、繁荣，并成为当时社会的经济基础。这时的农业可能进入《淮南子·修务训》中所讲的“神农乃始教民播种五谷，相土地，宜燥湿，肥膏下”的农业发展期。“五谷”这个词的最早记录，见于《论语》。孔子带着学生出远门，子路掉队在后面，遇见一位用杖挑着竹框的老农，问他：“你看见夫子吗?”老农说：“四肢不劳动，五谷分不清，谁是夫子?”据农史学者万国鼎研究，“五谷这一名词在当初创造的时候，究竟指的是什么，没有留下记录来，我们现在能够看到的最早的解释，是汉朝人写的。汉人和汉以后人的解释主要有两种：一种说是稻、黍、稷、麦、菽（即大豆）；另一种说法是麻（大麻）、黍、稷、麦、菽”。（万国鼎《五谷史话》，载于《古代经济专题史话》中华书局，1983 年）。至于神农氏始教的五谷所指是啥？其中粟在史书中有记载，《周书·考德篇》中讲到“神农之时，天雨粟，神农耕而种之”。同句中还提到“始作陶冶斤斧，为耒耜以垦草莽，然后五谷兴，此农事之始也”。这里没点名其他四谷是什么。从北京地区古代（原始）农业延续的情况看，《北京史》（北京大学历史系编著，北京出版社，1985 年）写道：“从西周初年开始，燕国（周朝的属国）人民已经在这里开垦了大面积土地，种植黍、稷、豆和麻等作物”。这些作物是否起源于本地尚有研究考证的余地。因据《房山自然资源与环境》中记载有百花山的野生大豆（属国家二级保护野生植物）、野生豌豆、狗尾草、野燕麦等至今仍有生存。而游子良主编的《京畿古镇长沟》（续集，燕山出版社，2007 年）中记载道，“早在西周时期，长沟地区即已种植水稻”。纵观北京地区的天时、地利及人们的生活习惯及“男耕女织”的分工，和“女织”对纤维品的需求来评估，北京原始农业的后期，种植的作物可能是粟，稷，菽（现在百花山还有野生大豆资源存在）、麻（纤维用作物），之后到周时引入水稻——本地区尚没有发现野生稻资源。

4. 农业村落的兴起　在旧石器时代的“北京人”“新洞人”及“山顶洞人”栖居的是洞穴，还不是“聚落”而是“结群”。因为他们没有发明农业，全靠游荡式的采集与渔猎为生。在游荡中抵御自然灾害和猛兽攻击需要依靠集体的力量；再就是靠采猎为生会因各种原因造成收获不多或遇到的洞穴不大，“聚落”的人比较多，规模大了难以保证找到合适的容身洞穴和食物供给。而“结群每群人数可多可少，既便于迁徙，又能比较容易采猎到需要的食物。考古工作者从山顶洞人居住的洞穴空间结构及职能分区布局中方依稀看到了原始聚落的曙光”（尹钧科《北京郊区村落发展史》，北京大学出版社，2001 年）。

农业定点生产人们所需要的食物及其他产品。有了农业，人类才摆脱采集渔猎经济中所受自然条件的限制而存在的不稳定、无保障的状况。有了农业，便可用人工的方法，把一些可食的需用的植物再生产出来，这样，人们可以稳定地获得较多的食物来源，生活有了保障。再就是农业使人们有了固定的生产、劳作基地，不用再为生活奔波游荡，可以定居生活。定居生活就使人类有条件男女婚配形成家庭。在父系氏族制度下，家庭的出现便开始有了家庭手工业——妇女操持家务、饲养牲畜——当时主要饲养狗、猪及牛、羊等，从事纺织等。人们的家庭有地种、有固定的生活来源保障，又可养殖、做手工业，过着定居的家庭生活，并有了私有财产。这样就使人们由族群相居变成氏族家庭相集居，形成了村落。北京市社会科学院尹钧科先生在《北京郊区村落发展史》中写道："在距今四五千年至一万年前的新石器时代……今北京地区也已经出现了原始村落，并不断缓慢发展着"。村落既是聚众集群的社会、生产管理单位，又是以农业为基础发展经济的组织。因此，随着村的出现也就伴随着出现了村域经济。

村域经济大致包括两个方面：①种植业生产。在原始公社阶段，把土地划分整齐的方块，且是相同等分，由分社分配给公社社员耕种，并定期轮换。这是公共组织的经济活动。②家庭手工业和养殖业。据史料记载，氏族公社后期，最早出现的私有财产是牲畜。当时大量饲养的是猪，所以猪也就成了一项重要的私有财产。再就是家庭手工业，有的纺织以为衣；有的制作陶器生活用具等。列宁曾指出："私有制则随着交换的出现而产生的"（《列宁全集》卷一，人民出版社，1955 年）。事实也是如此，《淮南子·齐谷》中说："尧之治天下也……水处者渔，山处者木，谷处者收，陆处者农……得以所有易所天，所工易所拙"。这表明，在氏族社会氏族之间即开始互通有无式的交换。在交换中既有农产品，亦有手工业品，这就是原始态的二元经济结构的出现。展现出当时北京地区的居民已经走到了历史文明的入口处了。

大约在公元前两千年初期，北京地区已沿着历史的道路，从原始社会逐渐过渡到奴隶社会，即夏、商、周时期或青铜文化时代，这是人类社会历史的进步。恩格斯在论述欧洲古代奴隶制社会时说："没有奴隶制，就没有希腊国家，就没有希腊的艺术和科学；没有奴隶制，就没有罗马帝国。没有希腊文化和罗马帝国所奠定的基础，也就没有现代的欧洲。我们永远不应忘记，我们的全部经济、政治和智慧的发展，是以奴隶制既为人所公认，同样又为人所必需这种状况为前提的。在这个意义上，我们有理由说：没有古人的奴隶制，就没有现代的社会主义。"（恩格斯《反杜林论》）。中国的历史学家们讲到中国的历史和文化，总离不开夏、商、周三代。这是因为他们对后代的历史和文化有着深远的影响。夏代是奴隶社会的初期阶段，商代和西周前期是奴隶社会的发展阶段，西周后期奴隶社会开始走向衰落。三代共历时 1 400 年左右。

夏代是我国历史上第一个奴隶制王朝。它从公元前 21 世纪到公元前 17 世纪，大约经历了 500 年。以大禹传子为标志，结束了原始公社制度。北京地区亦同期进入奴隶社会。

从文献记载和考古资料可知，夏代本地区也已进入青铜时代，社会生产力比原始公社时期有了新的提高，农业等社会经济有了新的发展。商朝在我国历史上是存在时间最长的一个王朝，有六百年之久，即从公元前17世纪至公元前11世纪期间。周代是公元前1027年，周武王灭商，建立起领主封建社会，实现农奴剥削制度。

由原始公社制演进入奴隶制社会，社会在前进，而人与人之间的关系由平等转化少数有权势的人奴化多数民人，出现了阶级压迫、剥削与被压迫、被剥削的关系。由公社共创、共享的劳动者转化为多数人为少数的奴隶与农奴。广大劳动人民在奴隶主的剥削与压迫下从事农业生产劳动、创造社会财富。

农业生产土地是基础，到奴隶制社会从原来的村社共有变为奴隶主国家所有，由原始公社时的分配制变为井田制。《诗经·小雅·北山》中写道："普天之下，莫非王土；率土之滨，莫非王臣"是这一时期根本的土地制度。井田制的格式如《孟子》所云："方里而井，井九百亩*，其中百亩为公田，八家皆私百亩，同养公田"。《汉书·食货志》云："民年二十受田，大十归田"。夏商奴隶主贵族强迫原来村社成员——"众"或"众人"在井田上用劦田的形式进行集体耕作，并无偿的剥削他们的劳动成果。

夏、商、周三代的农业生产技术水平较原始农业阶段有了飞跃式发展。原始农业是靠天吃饭，刀耕火种及收即罢，而夏商时代：在生产工具上尽管仍以新石器为主，但已出现了青铜器。北京地区已出土的有昌平"雪山文化遗址"第三期，有昌平下苑、丰台榆树庄，有房山琉璃河、密云燕落寨、平谷刘家河等文化遗址或墓葬中都有出土；出现了农田沟洫体系，以清除水患；出现了耦耕、垄作法、由点播变为条播，出现了中耕、除草、田间治虫或选种；休闲耕作制已逐渐替代了撂荒耕作制或"游耕制"，孕育着由掠夺式经营向精耕细作的经验农业转变。由于生产技术的进步，农业生产也呈现崭新的面貌与跨越：《汉书·食货志》中讲道："种谷必杂五种，以备灾害。田中不得有树，用妨五谷"。"还（环）庐树桑，菜茹有畦，果蔬殖于疆易，鸡豚狗彘毋失其时，女修蚕织"。井田制把农家聚落即村落都坐落在"井田"的中央，即如《诗经》所云："中田有庐，疆场有瓜"。其时农业生产有所发展，并别开生面：村坐落井田中，村落周围载桑养蚕，各家都有菜园，井畦里种有各种蔬菜；家家都按时喂养鸡猪狗羊；妇女养蚕抽丝织绢为业。这时的乡村：村外稼穑，屋头园圃，男耕女织，鸡鸣狗吠；农业生产已跨出了种植业而扩展到农、林、牧、副、渔五业，养殖业方面是马、牛、羊、鸡、犬、豕六畜俱全，而且以其数量十分惊人而著称。

周代，生产工具虽仍以新石器为主，但石器的制作更为精巧，如石刀、石

* 亩为非法定计量单位。1亩=1/15公顷。——编者注

镰的刃部都有一定的弯向背部弧度，蚌镰的刃则制成锯齿状，使割刈能力明显增强。青铜农具比前二代增多，有斧、锛、凿、削、锥和针等。到周代后期还出现对铁器有所涉及与尝试，出现了带铁刃的铜钺，但未成气候。在周武王的分封中，北京地区古时成为燕国的都城，燕国人民在这里大面积开垦土地，种植的作物有黍、稷、豆、麻等。据游子良主编的《京畿古镇长沟》（续集）记载："在西周时期长沟地区即已种植水稻，并盛产于明、清至今"。养殖也很发达，有牛、羊、马、猪、狗、鸡等。农牧业较前有更大发展，据史料显示，奴隶主从广阔的"甫田"中，每年可以获得（剥削）到成千上万的收获物。《诗经·小雅·甫田》诗云：

倬彼甫田（大田广阔无边），
岁取十千（每年收获万万千），
我取其陈（只要取些陈年谷），
食我农人（就够农夫作口粮），
自古有年（历来都是大丰年）。
今适南亩（我到南亩去察看），
或耘或耔（有的锄草有的壅根），
黍稷薿薿（黍稷茂盛喜心间）。

总之，周代燕地劳动者已由奴隶转为井田制下拥有百亩份地的农奴，比起奴隶有了自耕份田，并以自耕为主，表明生产力有了新的发展；农作物种类增多，产量提高，出现了园圃和蔬菜生产；采用了"易田休耕"的方法来恢复地力，使农业生产能够在固定的地区维持下去。在《诗经》中有关于"菑、新、畬"的记载。《尔雅·释地》解释说，"田，一岁曰菑，二岁曰新田，三岁曰畬"。《说文》释曰："菑，不耕地也"。"新，取木也，从新声"。"畬，三岁治田也"。近现代有的学者认为"菑，新，畬"是一年撂荒、两年耕种的耕作制；也有认为是两年撂荒，一年耕种的耕作制。内涵都是撂荒地与种植地定期轮作使用的易田休耕制。

第四节　铁器时代的传统农业

一、铁器与牛耕

铁器与牛耕的发明与应用是由原始农业向传统农业转变的拐点，在中国支撑了两千三百多年的传统农业，相继养活了四亿多人。

铁器农具在农业生产发展中一直发挥至关重要的作用。在现代，毛泽东曾有至理名言："农业的根本出路在于机械化"。美国的农业发达，只有占全国人口的2%～3%从事农业生产，经营着全国15亿亩在耕地，其出路就在于全面实现机械化作业。我国古代农具的变革是各个时代农业生产力发展程度的"测量器”，也是当时生产关系的“指示物”。因此，研究了解古代农具演变对于认识农业生产发展具有重要意义。

我国大约在春秋初期即已发明冶铁及制造农用铁器。《国语·齐语》载管仲语：“美金以铸剑戟，试诸狗马；恶金以铸鉏、夷、斤、劚，试诸壤土”。这里所指的美金是铜，恶金是铁。用铁制作成鉏，即锄；夷指削草平地之器，当是铲或锄；斤是斧；诸，“之于”之意。即是讲，用铁做成的各种器具，用于土壤耕作，当然这些器具必是农具了。

战国时期铁制农具使用已很普遍。《管子·海王》载：“今铁官之数曰……耕者必有一耒、一耜、一铫，若（然后）其事立”。这反映出铁制农具已成为农家必备之农器，铁农具的使用遍及每个农家。北京古为幽、蓟，曾为燕国都会。《北京通史》记载道，“经考古发掘，在燕国境内发现铁器的地点共有四十一处”；“古代蓟城及其附近地区已广泛使用铁器，其时间大约是从战国的中晚期开始的”（李晓东《战国时期燕国铁器略说》）。属于生产工具类的有锄、镰、斧、镬、凿、锤、削、刮刀等。在顺义区兰家营出土的农具有镐头、铁裤铲等。当时炼铁的方法叫“块炼法”，即用较低的温度将铁矿石加热还原，成疏松的海绵状金属体，再经多次锻打，获得金属组织不太纯净的锻铁。炼铁和铁器的应用，显示着一种新的生产力登上了人类历史的舞台。由此，“铁器（虽有各种形态与性能的创新）＋牲畜动力”便成为整个封建社会传统农业的主要标志，支撑着传统农业的运作与进步。正如恩格斯所指出的“铁已经为人类服务，这是在历史上起了革命作用的各种原料当中的最后者（直至马铃薯的出现为止）和最重要者。铁使广大面积的田野耕作，开垦广大的森林地域成为可能。它给了手工业者以坚牢而锐利的器具，不论任何石头或当时所知道的任何金属，没有一种能与之相抗。”（恩格斯《家庭、私有制和国家的起源》见《马克思恩格斯选集》第四卷）。正是铁器的出现与使用，使农业生产领域和农村经济领域发生了革命性的深刻变化。在整个封建社会的传统农业演进中虽然没有出现动力机械用于农业生产过程，但就人与畜力农具来看，还是随着社会的发展、人们在农业生产实践中经验的累积和创造力的提升，农具不断有所改进和创新。

1. 在今北京地区的清河镇米房乡古城遗址中发掘出汉代冶铁迹，并采集到铁器 40 余件，出现了铁犁铧及耧足、锄、镬、铲等，且都为铸件。其中耧足就表明当时已经出现了播种用的耧具。这是历史上所没有的创新农具。与当时西汉搜粟都尉赵过创造的播种用“三角耧”是相呼应的。崔寔在《政论》中写道：赵过“教民耕殖，其做法：三犁共一牛（即一牛拉着三角耧），一人将之，下种輓耧，皆取备焉，日种一顷，至今三辅犹赖其利”。还引制了由赵过创造的一种便于开沟起垄的耦犁。《汉书·食货志》评论道：“其耕耘下种田器，皆有便巧，率十二夫为田一井一屋，故晦五顷*，周耦犁，二牛三人，一岁之收过常缦田晦一斛以上，善者倍之”。耦犁的应用促进了赵过创造的代田法（图）的推广，进一步优化西周时推广的垄耕法（图 3）。

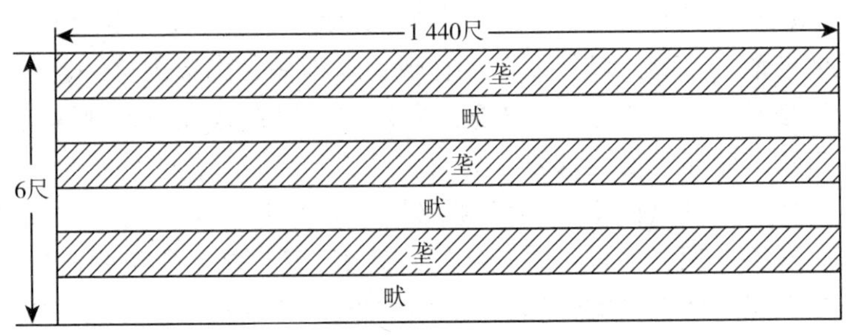

图 3 代田法的田间示意图

代田法要求：一亩三个甽（沟），三个垄。沟深一尺**，宽一尺，长度与亩的长度相同（1 440 尺），垄与甽同宽度、深度一样（各一尺），垄长亦为 1 440尺。

在耕作中垄与沟每年易位。《汉书·食货志》记载，“过能为代田，一亩三甽，岁代处，故曰代田”。这里的“代”易的意思，即沟、垄每年都相互换位置，轮番使用地力，既可连种，又可使地力得以恢复。庄稼种在沟里。在苗长到高出沟后，可把垄上中耕除草的土填到沟里起壅根作用，既可抗旱防洪还防倒。

代田法是在战国时期垄种的基础上发展起来的新式田法，其优点是：抗旱、抗倒伏，既能连种，又能维持地力“常新壮”，提高单位面积的产量。

2. 魏晋南北朝时，在铁器农具方面未见有创新纪录。但在农业工具上则有很大改进，种类很多，并按作业工序配套。整地农具有犁、耙、耱等，播种工具有耧、窍瓠、挞等，中耕农具有锄、耧锄等，收获农具有镰、枷、杖、铣（扬场专用）等，加工农具有磨、杵臼、碾等。农史学者评论：这套农具中有继承，有创造，一是制作精巧，铁质好；二是用于耕、种、管、收、加功能配套。符合贾思勰在《齐民要术》中提出的“精耕细作”要求。

3. 隋唐时期农具变革最显耀的是犁的创新——发明了曲辕犁。据《耒耜经》记载，唐代的曲辕犁由十一个部件构成。犁辕以直辕变曲辕，更符合力学原理，在操作上更为方便灵活、省力，从而大大提高耕作功效和劳动生产率。据考证，我国耕犁（畜力）至此已经定型。这是耕犁史上的重大成就。北京地区当年是否有此犁创新尚不得而知，但生产上的确有使用。

在农具上出现了噼礡和砺石。主要用于入冬后镇压麦田泥缝，防止麦苗根

---

* 顷为非法定计量单位。1 顷＝20/3 公顷。

** 尺为非法定计量单位。1 尺＝1/3 米。

系因地裂漏风受冻害。

4. 金元时期在农具中除了上述农具外，又出现了滴水器、长锄、手铲、耪、钩镰、杈、铡刀等。就连由以往传承下来的农具，其制作更为精细，且同一种工具往往是形式、大小都有区别，更加顺手适用。经学者考证，北京地区出土的辽代铁器与金、元相差不大，有的甚至与现代北方农具都极相似。

5. 明清时期一些传统农具无大变化。只见明朝成化年间发明出代耕架，用人绞动绳索牵引耕犁。时年北京地区是否有用尚未见着资料。但出现利用风力水车提水灌溉的史实。据农史家们评论：风力水车的发明，在农业机械史上有重大意义。

6. 清朝后期和民国时期在“东学西渐”的影响下和“戊戌变法”的推动下，从国外引进农机具 40 多台套，经考察《中国近代农业科技史稿》所列表报中未见有北京市的名录。但在近郊区出现了马拉胶轮大车，其主要用途：一是送菜进城；二是用作粪车，从城里拉大粪。还有管状水车、机压水井等，以提高工作效率。

7. 新中国的北京。1949 年 4 月 11 日，华北第一个机械化农具厂——华北农业机械总厂在北京建成。

1951 年，北京市建立新式农具推广站，专门负责推广新式农具——7 吋*步犁、马拉播种机、解放式水车和手摇喷雾器等。这些都是本市历史上所没有的。

1952 年 10 月 31 日，北京市农业机器拖拉机站在南苑建立。这一年北京农业机械化学院成立，专门培养农业机械化人才队伍。

1954 年秋，1 个农场和 8 个农业生产合作社在本市第一次采用机耕、机播 10 624 亩，开创了本市农业机械作业的先河。

1955 年 1 月，北京农业机械厂生产的马拉摇臂收割机、双轮双铧犁等四种农具先后在莱比锡国际博览会和巴基斯坦国际工业展览会展出。这一年 4 月 15 日，北京农业机械厂生产出我国第一台牵引式谷物联合收割机。当年首次出现机械收获小麦。到 1990 年，平原地区小麦生产基本实现耕、种、管、收机械化。到 1995 年，农业机械化率达 88.3%，机播率达到 62.1%，机收率为 47.1%。小麦生产实现全过程机械化；玉米耕、种、管全部机械化，收获机械率达 50%～60%。

1959 年 4 月 5 日，本市首次由农垦部派出“安-2”飞机在红星农场6 000 亩麦田喷洒石硫合剂，防治小麦锈病。从此飞机在京郊农业、林业上广泛应用。1966 年 1 月 29 日，中共北京市工业生产委员会提出“应采用机械化、半

* 吋（英寸）为非法定计量单位，1 英寸＝2.54 厘米。

机械化同时并举……加快郊区农业技术改造的步伐，促进农业生产的稳产、高产”。

从1974年起开始创办机械化、半机械化养鸡、养猪、养牛场。当年12月22日，市革委会决定在红星公社等三处兴建100万只鸡的机械化养殖场；1975年，北京市在中央支持下，开始兴建万头试验猪场，半机械化养猪试点工作开展起来。到1979年10月，全市郊区建成半机械化母猪舍2 113栋，建筑面积74.2万米^2，可养母猪8.8万头，已养母猪4.4万头。建成半机械化商品猪舍982栋。1980年，全市交、售商品猪突破200万头，达到228.3万头，比1975年增长75%。1985—1988年养猪回落，1988年交、售商品猪下降到174.8万头。1984—1987年，市、县（区）、乡共筹资5亿多元，再次兴建规模猪场1 254个，规模养猪水平明显提高。1990年，全市交、售商品猪272.9万头，比1985年提高36.9%。到1992年，全市养猪生产创全市历史最高水平，交、售商品猪365.3万头。到1995年，规模猪场年交、售商品瘦肉型猪261万头，占全市交、售总量的77.7%。

1977年，市革委会决定在全市有条件的社队普遍推广建立半机械化养鸡场，由国家每只鸡补贴8.75元建场费，每个养鸡场建场规模为5 000～10 000只。1978年，从全市集体鸡场收购鸡蛋298.65万千克，比1976年的7.65万千克增长了38倍。到1980年上半年，全市共建成172个半机械化规模鸡场。到1985年，全市共建有半机械化鸡场656个，饲养商品蛋鸡250万只。

在水利机械方面：传说在五六千年以前的原始社会，人民已懂得用水浇灌庄稼。其做法是《淮南子》卷十三《氾论训》说：“古者……抱瓮而汲”。相传一个人抱着一个瓦罐，将水从河里一罐一罐地抱到田里去浇灌庄稼。到春秋时代或更早一点时候人们发明了桔槔，《庄子·天地篇》里记载了桔槔的结构，“凿木为机，后重前轻，挈水若抽，数如泆汤，其名为槔”。《庄子·天运篇》讲到桔槔的用法，“……引之则俯，舍之则仰”。这桔槔的构造与使用是采用物理学上的杠杆原理。据《物原》记载，周朝初期的史官史佚做辘轳。《王祯农书·农器图谱集之十三》记载：“辘轳，缠绠械也……汲水木也。井上立架置轴，贯以长毂，其顶嵌以曲木；人乃用手掉转，缠绠于毂，引取汲器”。明代《物原》记载：“公刘作戽斗”。公刘是西周文王的祖先，这戽斗该有三四千年的历史。戽斗是两边系绳的一个小桶或树条编的斗。两个人各自拉着绳一头，一起用力，将河水或水渠中的水，用戽斗舀起，甩到岸上的田中，或甩到岸上通到田中的渠中再漫向田中。

用风车、筒车等提水器具只有水乡人家可用，如房山区的长沟镇因其地沟河纵横，水源充足，在古代即用。新中国的北京地区从20世纪50年代初即开始推广“解放式水车”由人或牲畜推动从井中抽水浇地。之后就陆续推广抽水机——既可从井中抽水，亦可从河道、沟渠中抽水进地浇灌庄稼。到70年代前期，即由水利部门从国外引进喷灌、滴灌机具试用成功后逐渐推广开来，进入21世纪便成为本市农业节水灌溉的主导机具。历史上农业工具的改进与创新都推动着农业生产的变更和发展。斯大林在《辩证唯物主义与历史唯物主义》中曾科学地指出："生产的变更和发展始终是从生产力的变更和发展，首先是从生产工具的变更和发展上开始的"。正是一些重大生产工具的创新与突破，并进入生产中应用，使农业生产力实现四次历史性跨越——新石器的发明与应用，使人类摆脱了一两百万年靠采集渔猎为生，过着游荡生活，而进入原始的"刀耕火种"的农耕时代，过上了定居生活；冶铁与铁器工具的发明及牛耕的应用，使人类又结束了历经一万多年的以掠夺为主的原始农业而跨入的以铁制工具为主要标志的传统农业——即经验农业阶段；农业机械的发明和电力的应用又使延续了两千多年的传统农业让位于现代农业。这是因为工具延长了人类手的功能、凝聚着人类先进的智慧、物化入与时俱进的科技创新成果，新一代工具总是比前代工具更具灵性。工具的演化是人类聪明才智物化的升华，使人类更省力而工效更高、效果更好、成效更快、收效更大。它在人的干预下可干人手干不了的活（事）、可冒人冒不了的险，能耐人受不了的苦，能抢人力难以奏效的农时，能做人工做不到的细活、精活……

当然在任一个历史时代，农业生产的发展与跨越也离不开土地制度，劳动者、动植物，以及科学技术的演进和介入与渗透，而且这些因素也会随着工具的进步而更替。

二、土地制度的演变

土地制度是每个朝代国家的大政，地域性的行政只能执行，一般不会出现大的异样。

农业土地制度属于生产关系范畴，在苛政下它约束生产力，在清政下它可解放生产力。从历史长河看，农业土地制度总的趋势是解放生产力。但在封建社会的历史长河中，每个朝代都有清政期，也有苛（庸）政期。一般而言，新朝前期多为新政。因为他们明知前朝后期的衰落根在苛政，逼得民不聊生。考证封建王朝的衰败，土地制度丧失民心的诱因是主要的，而每代王朝兴起无不在土地制度上来诱导民人休养生息。这就是农业土地制度演进的动力。夏商周时期实行的奴隶主国家所有制的"井田制"。《诗经·小雅·北山》云："普天之下，莫非王土；率土之滨，莫非王臣"。这是这一时期的根本土地制度。"井田制"把奴隶或农奴固着在土地上，"八家皆私百亩，同养公田，公田事毕，然后敢治私事，所以别野人也"（《孟子·滕文公上》）。农奴从领主那里领到百亩私田，但必须世世代代无偿地为领主提供劳役，替领主来耕种公田，且只有把公田种好了，才能在自家私地上耕种。这种土地制度使农奴对领主存在着依附关系，接受领主的劳役剥削。苛刻的剥削导致农奴们怠工逃亡，造成“田在草间”和“公田不治”，至西周末年周宣王不得不宣布“不籍千亩”的王畿内的井田制崩溃。

到春秋战国时期井田制崩溃，土地私有制建立。诸侯各国对土地制度进行变法改革，“废井田”“开阡陌”，大量垦荒和利用撂荒地而不断增加私地。战国时期实行“授田制”即把国有的农田划出来授予个体农民和有功人员，以县为单位规划授田后子孙传袭，可为世业，其结果是土地私有。在“授田制”下农民虽获得土地私有，但要承受田租——“粟米之征”（什一之税）；户口税——“布帛之征”；与兵役、劳役——“力役之征”的三项沉重负担。

秦汉时实行国有与私有土地制度——即“官田”与“私田”。土地私有制后，农民可得到一份“农田”了，但土地兼并加剧出现了“富者田连阡陌，贫者无立锥之地”的贫富分化。

魏晋南北朝时期，魏孝文帝于485年发布“均田令”，实行均田制度，即把“官田”实行按农户人口“计口授田”，农民享有土地使用权而没有所有权。这样农民有地可种就调动起发展农业生产的积极，也解决了战乱引发的农民流离颠沛的社会不稳定，并可增加国家财政收入。

隋唐时期都实行国家土地“均田制”，分三种情况授田：其一，“口分田”，农民只有使用权用于种植谷物，没有所有权；其二，“永业田”——有世袭权的土地；其三，“宅地”——有世袭权的土地。受田为宅地的土地为农户私有。因此，唐代农民从事农业生产的积极比较高，国家农业形势比较好。

宋朝实行授田、限田制，授田，即“计丁授田”，实际上没有实行。对豪强者实行“限田”，以抑制他兼并土地，但其效果甚微。

元代的官田与民田的土地制度，但实际上民田主要集中在大地主手中。赵天麟《太平金镜筹略》中说：富豪“广占农地，驱役佃户”“贫家乐岁终身苦，凶年不免于死亡”。

明代承袭元代官田与民田土地制度，清朝又承袭明代的土地制度。

民国时期孙中山先生提出“平均地权”与“耕者有其田”的土地制度。由于受军阀混战，帝国主义的侵占，实难实行。

新中国成立之初，土地改革实行土地国有，“耕者有其田”，在合作化中归集体公有，农民在合作社中集体耕种。从1978年开始的改革开放之后，先是农户“联产承包责任制”，后为“家庭承包经营”，一定15年→30年→更长时间内不变；进而农民对承包土地拥有使用权，可以有偿转让或以土地入股等形式进行土地流转，在得红利的同时，亦可在土地集聚的合作农场从事务农就业，或可转岗非农就业。中共中央、国务院在2013年《关于加快发展现代农

业 进一步增强农村发展活力的若干意见》中提出："坚持依法自愿有偿原则，引导农村土地承包经营权有序流转，鼓励和支持承包土地向专业大户、家庭农场、农民合作社流转，发展多种形式的适度规模经营"。并指出"结合农田基本建设，鼓励农民采取互利互换方式，解决承包地块细碎化问题。土地流转不得搞强迫化命令，确保不损害农民权益、不改变土地用途、不破坏农业综合生产能力"。

应该说在社会主义制度下，虽然土地属于国有，但农民具有使用权，并是土地经营的主人翁。中国农民在经历了两千多年的农业税后于21世纪前十年中期免交了农业税，并在采用良种、装备农业机械、治理裸露农田、维护生态环境等方面给予补贴或补偿，彰显了社会主义制度下土地制度的优越。

三、劳动者素质的提升

农业劳动者——农民是人类进化中的启蒙者。从古猿到猿人是劳动创造了人类。而劳动的初始就是古猿用前肢与爪打制石器，并用石器来提高采集与渔猎的成效及用其抵御猛兽侵害。就今天来说，采集野生植物（俗称"小秋收"）、渔猎野生动物（俗称"捕猎"）都归在农业范畴，只是这种物产的获取是从单纯的自然再生产而来。而农业则是自然再生产与（人为的）经济再生产的复合产业。前者是纯天然产物，后者则是天然造物与人工造物融为一体，其产出则远远高出"纯天然"的产出。其诀窍就在后者融入了人类（农民）智慧的物化——这就是人类劳动创造世界的现实而又潜在的价值。不过古人类的智慧和技能是在实践中得来的，是实践经验的总结和提炼。在出现语言之时，人们就开始由单纯地从自己的实践中取得经验、增长知识，还可从言传身教中学到他人的实践经验和知识及技能。如原始农业的发明实践是妇女，而史书上记载是神农（男子）"教民稼穑"。不过这也顺理成章。他是部落首领，对农业有钻研，相传他"尝百草"，能"因天之时，分地之利，制耒耜，教民农耕"（《白虎通·卷一》）。直到距今五千年左右仓颉发明文字以后，识字者把农民的发明、创造及先进的实践经验有条理地记录下来，成为农民或其他文化形式在社会上、人际间进行传教（播）。就农书形式而言，据考察资料表明，我国最早出现的农书有《神农》《野老》两种，至少到西汉时代还在流传着，后来都失传了。但据沈镇昭等主编《中华农耕文化》一书显示"从春秋战国到近代西方农学传入以前，历史共刊刻了各种农业典籍600多种，现存300余（含辑佚），蔚为大观。几乎每个朝代都有政府倡导传授课农的主导农书外，还有有识之士自主著作的农业方面或涉农专著，其学识水平和应用价值也都随着时代的发展而与时俱进"，对当代具有传授指导意义，对后代有借鉴、促进攀登的意义。此外，在我国古代一些哲学类、艺文类、方志类、典籍类、诗词歌赋类、楹联绘画类等非农书中也渗透着农学思想，农业典籍，农业名言、警句，对农业的褒贬，甚至还对当代或未来的谋划等。如在《诗经》中蕴含有相当分量以农业为主旨的歌词。据阎万英等著《中国农业发展史》中介绍，《诗经》中，有19篇讲到粟，10篇讲稷，10篇讲到禾。诸如“今适南亩，或耘或耔，黍稷薿薿。”、“九月筑场圃，十月纳禾稼。黍稷重穋，禾麻菽麦。”连《本草纲目》中都讲到涉农知识，例如，“粟即粱也，穗大而毛长粒粗者为粱，穗小而毛短粒细者为粟”。《诗经·小雅·大田》：“雨我公田，遂及我私”。揭示了西周时土地是属于领主的公田，而农奴的份地是由领主分给的，所以农奴们不得不对领主承担着繁重的劳役、纳贡赋义务的剥削关系。同时还揭示出“井田制”的本质是领主剥削农民的桎梏，其剥削形式即如《孟子·滕文公上》记载：“惟助为有公田，由此观之，虽周亦助也”。怎么“助”？同书讲道：“八家私百亩，同养公田，公事毕，然后敢治私事”。说的是“井田”九百亩，其中有八户农奴，每户分得百亩作私田，他们共同为领主耕种余下的百亩公田。农奴们只有干光了领主公田的事后才能干自己的私田。《礼记·礼运》中揭示了远古人类的生活“昔者……未有火化，食草木之实、鸟兽之肉，饮其血，茹其毛；未有麻丝，衣其皮”。而《白虎通·号》则写道：“古之人民皆食禽兽肉，至于神农，人民众多，禽兽不足，于是神农因天之时，分地之利，制耒耜，教民农作”，揭示了农业的起源及因缘。当然这里确埋没了早在一万年前即发明了农业的先辈们的开创性史绩。

关于农民的概念，早期是《汉书·食货志》给出定义：“辟土殖谷曰农”。现代则由《辞海》定义：农民为“直接从事农业生产的劳动者”。关于农业的重要性，《周礼·王制》中写道：“国无九年之蓄，曰不足；无六年之蓄，曰急；无三年之蓄，曰国非国也”。《国语·周语》中记载有虢文公的劝文，农业是关系到国计民生的大事。祭神所需的祭品出自农业；人口繁殖基于农民；事业的供给来自农业；社会的安定有赖于农业；国家的财富增值源于农业；国家的强盛是靠农业。此语盛行于战国时期，开创了我国重农思想的先河。秦国政治家商鞅在变法中提出：“壹务（指壹于农）则国富”，“田荒则国贫”（《商君书·农战》）。齐相管仲曰：“仓廪实而知礼节，衣食足而知荣辱”；李悝为魏文侯作尽地力之教曰：“糴甚贵伤民，甚贱伤农。民伤则离散，农伤则国贫”。元世祖继位之初，在诏书中讲道：“国以民为本，民以衣食为本，衣食以农桑为本”（《元史·食货志》）。明太祖曰：“农为国本，百需皆所出，而苦辛若是”（徐光启《农政全书》卷三）。清代雍正皇帝（1727年）谕内阁曰：“朕观四民之业，士之外，农最为贵，凡士工商贾，皆赖食于农，故农为天下之本务，而工贾皆其末也”。关于“四民”者，《汉书·食货志》解释道：“士农工商，四民有业。学以居位曰士，辟土殖谷曰农，巧作成器曰工，通财鬻货曰商”。近代和当代伟人对农业的重要性论述更是入木三分，恩格斯说：“农业是整个古代世界的决定性的生产部门”。毛泽东说：“农业是国民经济的基础”。

关于农业生产的指导思想，孔子在《论语·颜渊篇》中说：“百姓足，君孰不足；百姓不足，君孰与足”。在《礼记·大学篇》中说：“财聚则民散，财散则民聚”。在《论语·季氏篇》中还说：“不患寡而患不均，不患贫而患不安”。孔子的这番话核心是说社会财富不能都归王者或统治阶级，只要老百姓（农民等）富足了，国家何不富足强大呢。如果把财富都集中在国家和官员手中，农民很穷，农业也会荒芜，国家和王朝就会失去民心，社会就不得安宁。老子提出应让农民休养生息，实现“甘其食，美其服，乐其俗”。这样农民才能精心经营农业，创造财富。《吕氏春秋·审时》曰：“夫稼（农业），为之者人也，生之者地也，养之者天也”。荀子称之为“三才论”，用现代理解可示意见图 4。

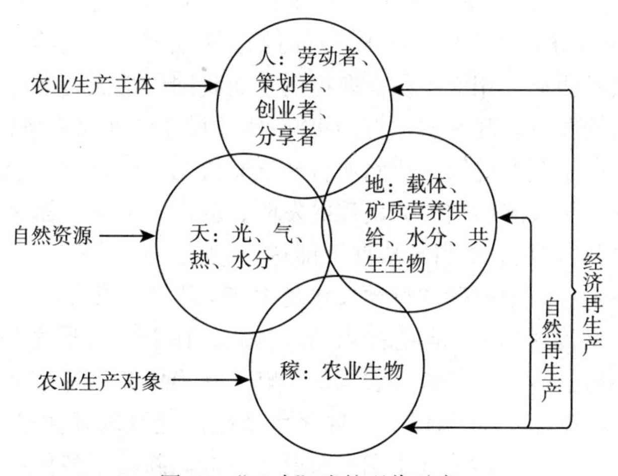

图 4　“三才”论的现代示意

按照生产力论，“三才（天时、地利、人和）”＋“稼（劳动对象）”即构成农业生产力，亦即马克思所指出的生产力三要素：劳动者——是社会生产力中起主导作用的最积极、最活跃的因素，人和物相比，人是主体，起着决定作用；劳动资料——包括光、气、热（天）、地（载体和营养）；生产工具——是物化的智力，是人类改造自然的重要武器，它把劳动者和劳动对象联结起来，起着传递劳动的作用，实现劳动生产过程。因此，生产工具的先进或落后是生产力发展程度的主要标志；劳动对象（农业生物），有两种情况：一是自然物，如土地、原始森林、水产资源等，另一种人工培育的动植物及微生物生产，以及它们产品的产后加工与物流等。劳动对象的多少、质地的好坏，在一定程度上都影响着生产力的发展和劳动效率的提高。

在科学试验成为独立的实践和应用活动之前，传统农业生产力中三要素的表述没有出现科学技术的因素。因为那时的科学技术活动是伴随在农业生产活动的全过程，是生产实践活动经验的积累与提炼。即如恩格斯所阐述的："科学的发生和发展一开始就是由生产决定的"（《自然辩证法》）。在古代，科学包罗在统一的哲学里，人们在直观的基础上笼统地把握自然现象。16 世纪以后，由于发展生产的需要，人类开始对自然界各个方面进行精密的研究，各门自然科学相继从统一的哲学里分化出来。随着生产和科学实践的发展，分化越来越迅速。同时，又走向综合，成为纵横交错的统一体系。19 世纪中叶以后，工农业生产先后进入现代化，离开科学技术已成为不可想象的。马克思指出："劳动生产力是随着科学技术的不断进步而不断发展的"。科学上"每一项发现都成了新的发明或生产方法的新的改进的基础"（马克思《机器，自然力和科学的应用》）。马克思最先提出"科学技术是生产力"的科学论断。从科学发展史来看，一般把 15 世纪下半叶开始到 19 世纪末叶称为近代科学发展时期；从 19 世纪末叶开始进入现代科学技术发展时期。西方近代科学是 15 世纪后期出现独立科学试验活动及相应手段而取得的。而我国科学试验活动独立于农业生产活动之外，较西方要晚许多，直到 1906 年才设立"北京农事试验场"，这是我国开天辟地以来开办的第一所农业科学试验机构。但是我国的经验科学及伴随着农业的发生与发展的需要而出现的发明、创造，从新石器时代到明清时代"走在世界前列的古代农业科技成就"即达 69 项之多。

但在农业生产力中明确"科学技术是生产力""是第一生产力"的论断还是 20 世纪 80 年代由邓小平同志提出的。从此，在中国农业发展战略决策中一直沿继着"靠科技"和"科教兴农"的策略。在当代北京都市型现代农业发展中科技进步贡献率已达 70%以上。现代科技已渗透到农业生产力的各种要素之中——农业生产中的传统技术和经验已逐渐被高新技术替代；农业生产工具中的手工工具已被各种形式的机械所替代；动力由人力或畜力被机械力、电力所替代，大田生产基本实现全过程机械化、水利化；信息技术、生物技术已逐渐成为现代农业中两大支撑；农民已由普通的劳动力转化为劳动资本，成为有文化、懂技术、会管理的新型农民；劳动对象中不论是自然资源，如土地、水域、山林等，还是人工培育应用的动植物及微生物，不论其生产效率、生产性能、生产水平（质量及产量）及其经济效益、社会效益、生态效益等都在不断攀升，朝着高端、高效、高辐方向发展。科学技术已成为都市型现代农业开拓与发展中的"第一生产力"。

古今各种重农思想在农民素质上的反映是："说一千道一万，农业丰收方可吃饱饭"——是与"民以食为天"的思想是一致的。可以说这是农民数千年的基本追求；在民间自古流行的另一句话就是“兵马未动，粮草先行”，这与“以农安邦”的思想是一致的。农民的大局思想故然是人民的本质体现，但与社会进步中的主体思想的影响也有一定关系。最清晰的实例，就是在封建社会里每遇新一代王朝的重农安民思想的提出与实施，广大农民的生产积极性总是为之一振，农业便有所发展；在社会主义时期，特别是在改革开放及党中央、国务院每出台一次“一号文件”时，农民都深受鼓舞，农业便出现新的形势与生机。

农民素质的提升还在于农业知识与技能的熏陶。在这方面，除了在实践中探索与积累、在实践中探索他人的身传言教外，就是接受社会上出现的农师与农书的教诲与传授。早在四千多年以前的尧舜时代，中华民族就产生了自己的农师，这就是长期以来一直为人们所传颂的“教民稼穑”的后稷。在古代，随着原始农业生产的发展，农业生产的规模越来越大，在社会中的地位也越来越重要。在部落联盟的分工中，也开始专门设立了主管和指导农业生产活动的农师或称农官。后稷就是我国原始农业高度发展阶段，出现在尧舜时代最早的农师或农官。相传弃（后稷的本名）儿时就好学当时的农业经验和方法，还通过摸索，创造积累了一些比较先进的农业技术和方法，懂得了“相地之宜”种植五谷。他已学会根据作物的成熟早晚、播种迟早以及外表的不同性状方面，区分一些作物的类型和选种。弃在农业生产中取得的成功，使他成了四方远近知名的人。人们佩服他的成就，都纷纷前来向他请教。尧帝闻知，便推举他担任部落联盟里的农师“教民稼穑”——指导部落群众进行农业生产，传播农业生产的方法和经验。据传，陕西武功县老城东门外原有一个高约丈余的石砌方台，称作“教稼台”，是后稷向群众传授农业生产技术的讲坛。可见，古代的后稷是世界上客观存在的第一位农业技师和农业技术推广工作者（员）。西汉搜粟都尉赵过在总结群众经验的基础上提出了“代田法”、创制出三脚播种耧、发明了“二牛三人”的耦犁耕种方法。《汉书·食货志》说这种耕种方法是“用力少而得谷多”。赵过在推广“代田法”、播种耧和耦犁耕种方法中还有两个创造：一是做试验作示范。即在推广新技术之前先在试验地作示范，通过产量比较，向人们证实新技术确实有效；二是邀请力田、官吏、老农等骨干分子进行培训，而后再派他们到各公田上作实习，再到群众中去推行。汉武帝很重视发展农业生产，设置了专门教导农业的官吏；推广新式农具耦犁和耧犁及“代田法”，命令各郡县派人到长安领取“田器”，学习农业技术。西汉时期另一位杰出农师就是氾胜之，他著有《氾胜之书》。书中所倡导的农业生产技术得到汉成帝的重视。不久，他被任命为“劝农使者”，负责“教田三辅”。《氾胜之书》继承了我国汉代以前农学家重视天时、地利、人和的思想提出了农耕的基本原则，即“凡耕之本，在于趣时，和土、务粪泽，早锄早获”。从西汉、唐、宋，一直到现代，这个原则及其所包括的一系列措施，仍是北方地区进行农业生产活动所沿用的重要原则。他还提出了田间穗选留种的方法，这是我国古代采用选穗留种的最早记载。据史料显示，汉代的其他农书都失传了，唯独《氾胜之书》因后人广泛摘引而保存下来了相当的部分，没有全部失传。据传，这部书一出现，就受到人们的重视，在农业生产中被各地广泛采用，成为当时声誉很高的一部农书。该书除了耕作原则外，还有禾、黍、稻、大豆、小豆、麻、枲、瓠、芋、稗、桑等十几种作物的栽培技术；有从选种、播种、管理、收获到贮藏的各个环节的技术措施的详细说明，是农民学了可用的技术。

东汉末期的农业经营家崔寔是早在我国公元2世纪就总结出比较系统完整的农家月令书——《四民月令》。崔寔出身于士大夫家庭，但坚持着“士、民、工、商”四民合一的经营。他将前人和自己多年积累下来的农业生产和以农业生产为基础的工、商业经营经验与知识撰写成一种家庭用的经营手册，把一年十二个月按上、中、下旬，将应做的农事操作和手工业、商业经营事项，作了细致合理的安排，取名《四民月令》。书中对耕种、整地、播种、移栽、耘锄、灌溉、管理、收获、贮藏，以及果树、林木经营等，逐月作了细致合理的安排，受到农家的推崇。

北魏农学家贾思勰精心钻研并总结了古代丰富的农业生产经验，撰写成一部十万多字的农学专著《齐民要术》被历代农学家尊为经典。全书共分十卷，九十二篇，被称为是人民群众谋生的主要方法，“从耕种操作到制醋造酱，都予以详细记载”。它包括了农艺、蔬菜、果树、林学、畜牧、养鱼以及农副产品加工等专业，可谓农、林、牧、副、渔五业俱全。《中国古代农业科学家小传》中讲道：“《齐民要术》总结和传播了传统的农业科学技术，推动了当时农业生产的发展，为隋朝的统一在经济上创造了有利条件”。

南宋时代的《陈旉农书》虽写的是江南“泽农”生产经验和技术的农书，但其所提出的土壤肥力是可以保持旺而不衰的，奠定了我国古代“地力常新壮”的理论基础；提出了“用粪得理”“用粪如用药”合理施肥的思想，总结了杂肥沤制、饼肥发酵、烧制大粪等一系列积制肥料及提高肥效的方法，为我国农业科学施肥作出了贡献。

元朝的《王祯农书》贯穿着作者王祯“农，天下之大本也。一夫不耕，或授之饥；一女不织，或授之寒。古先圣哲，教民事也，首重农”。在他任职（县尹）期间，奖励农耕，发展教育，为了发展蚕桑和推广种植棉花，派人到外地买回桑苗和棉籽，并亲自传授种植棉花和树木嫁接技术。同时代，元朝司农司还专门组织编写出《农桑辑要》并印发全国，广泛传授农耕和植桑养蚕技术。

明代徐光启的《农政全书》被称为我国古代一部农业百科全书。它集纳了我国 3 000 多年以来的农业生产经验，还吸取了西方农业技术成果。《全书》共 60 卷，约 70 万字，分为 12 个项目，包括：

①农本（经史典故、诸家杂论、《国朝重农考》）。

②田制（《田制考》和《王祯农书》的各种田制图）。

③农事（营制、开垦、授时、占侯，其中以屯垦为中心）。

④水利（水利工程、农田水利、《泰面水法》）。

⑤农器。

⑥树艺（谷物、蔬菜、果树）。

⑦蚕桑。

⑧蚕桑广（木棉、苎麻）。

⑨种植（经济作物）。

⑩收养。

⑪制造（食品、房屋）。

⑫救荒（备荒、附《救荒本草》及野菜谱）。

《农政全书》对明代农业的发展产生了深刻的影响和推动作用。

清代的《授时通考》是乾隆皇帝弘历亲召一班文人，编撰的一部分量很重的全国性整体农书。此书从农本观点出发，全书布局依次共分作天时、土宜、谷种、功作、劝课、蓄聚农桑 8 个门，并印发全国供技术传授。

我国古代农书中还有值得一提的有：唐代陆龟蒙的《耒耜经》、韩鄂的《四时纂要》；元代的农学家鲁明善的《农桑衣食撮要》；明代喻宗本的《种树书》、兽医大师喻仁、喻杰的《元亨疗马集》《疗牛集》《驼经》等；园艺学家王象晋的《群芳谱》；清初张履祥的《补农书》、陈淏子的《花镜》、崔藻的《马首农言》、杨秀元的《农言著实》等，都在民间传授农业中种养业的技术知识。苏联学者高尔基曾说过："书籍是人类进步的阶梯!"古农书确实成为古代农业生产技术传播、传承，提升农业生产者和农业管理者农业素质和技能的"阶梯"，并随着农书水平的提升而促进不同历史时期农业的发展水平。

四、农业的科技支撑

马克思说："科学是一种历史上起推动作用的、革命的力量"。

春秋战国时期的百家兴起、百家争鸣，特别是农家的出现，使战国时期农业技术空前繁荣，许多经验转化为技术，并上升为理论。《禹贡》把全国的土地按土壤肥力的优劣划分出九等，即上上、上中、上下、中上、中中、中下、下上、下中、下下。今日北京古为燕地，在《禹贡》中属冀州。而冀州的农田被列为"中中"。文云："厥土惟白壤，厥赋惟上上错，厥田为中中"。即是说，冀州的土壤为白壤，属于盐渍土，土中含有盐分，色泽泛白，肥力也差，因而其田属中中。针对盐碱地，燕地劳动人民采取引水灌溉压碱与洗碱和垄耕法来治理盐碱的危害；推广和采用铁器农具与牛耕，实行“深其耕而熟耰之，其禾繁以滋”；重视施肥，“积力于田畴，必且粪灌”；“判草殖谷多粪肥田”，“田肥以易，则出实百倍”；合理利用土地，“治田之事”，“相高下，视肥硗”。即低地要注意排水，旱地要保墒，水田要蓄水。引水不便的地方采用凿井灌地。子贡曾说过“有械于此，一日浸百畦”。

1. 秦汉时期的农业科技 铁器的进步：出现三角耧播种器、耦犁和铁犁铧，有效地提高了耕种能力和水平。《汉书·食货志》曰：“用耦犁，二牛三人，一岁之收常过缦田晦一斛以上，善者倍之”。《崔寔·政论》云：耧车“三犁共一牛，一人将之，下种帨耧，皆取备焉，日种一顷，至今三辅犹赖其利”。毕岚发明翻车，《魏略》云：“马钧居京都城内，有田地可为园，无水以灌溉之，乃作翻车，令儿童转之，而灌水自复”。汉代发明了水碓、水磨，用以加工稻米、麦面，桓谭《新论》曰：“役水而臼，其利而百倍”。孔融《肉刑论》：“水碓之巧，胜于断木掘地”。汉代的陶井灌溉园圃，发展了蓟城的蔬菜产业。代四法、区种法的推广应用，《汉书·食货志》曰：区田法“丁男长女治十亩，十亩收十石*，岁食三十六石，支二十六年”；引进“汗血马”良种，提高马的饲养质量。

2. 魏晋南北朝时期的农业科技 农业工具有很大改进，形成耕、种、管、收、加（工）功能配套的系列农具；提出了“耕锄不以水旱息功，必获丰年之收”的精耕细作的技术体系；推广轮作技术，“凡谷田，绿豆、小豆底为上，麻、黍、胡麻次之……”。可见北魏时，贾思勰即已提倡推广豆科植物与谷类作物轮作以养地；他还倡导“堆制肥料”，“凡人家秋收治田后，场上有穰、谷、积等，并需收贮一处，每日布牛脚下三寸**厚，每平旦收聚堆积之，还依前布之经缩，即堆聚。计经冬一具牛，踏成三十东粪，至十二月正月之间，即载粪粪地”。这样，就能保持“地力常新壮”。倡导选种和采用良种。《齐民要术》中讲道“凡谷成熟有早晚，亩秆有高下，收实有多少，质性有强弱，米味有美恶，粒实有息耗……”。这种千差万别的描述，意在指明良莠不齐会影响作物的产量和质量，由此倡导按好的性状，如抗病、穗大、粒多、品质好等进行穗选，并将种子单晒、单存、单揞，再供大田种植，就能收到“好种出好苗，好苗才丰收”的效果。书中还向农民推荐谷、粟良种 81 个，水稻良种 24 个，大、小麦良种 2 个，小豆良种 3 个，大豆良种 4 个，蔬菜良种 24 个。

在果树的快速繁殖方面，发明了果树扦插、压条、露根、嫁接及育苗移栽

* 石为非法定计量单位。1 石＝29.95 千克。

** 寸为非法定计量单位。1 寸＝1/30 米。

等技术。这些技术的推广，加速了优良果树苗木的繁殖和新品种的推广应用。

在畜牧方面，创造了圈养技术和阉割技术，提高了畜禽的养殖效率。

3. 隋唐时期的农业科技　隋唐时期对北京地区影响最大的莫过于开挖大运河，并以通州为源头，且为北京境内九河汇合区，沟通了大江南北的水上通道。促进了南北通商与物质交流。再就是唐代裴行方引卢沟水东入高粱河，在今紫竹院东西一带开辟水田种稻。并开发京北地区泉水，沿泉流、河川隈曲之处辟田种稻；在农具方面，唐代发明了曲辕犁。据考证，这是我国耕犁史上的重大成就，是耕犁的定型之作（限于畜力犁）；在沿用前期农具的基础上，又新增添了镇压农田用的磟碡和砺石，使农田耕作更加精细化；动植物引种又有新进展——从西域引入马的良种改良本地马，实现了“既杂胡种，马乃益壮”，呈现“秦汉以来，唐马最盛”（《唐书·兵志》）；引进国外蔬菜，诸如莴苣、菠菜、莙荙（牛皮菜）、西瓜等，丰富了本市蔬菜品种花样；利用温泉热能进行保护地冬季种植蔬菜。唐代王建在《宫词》中写道：“内园分得温汤水，二月中旬已进瓜”。

4. 辽金元时期的农业科技　宋朝时期，幽燕地区基本上处于与北方胡人对峙政局，无力关顾燕地农村经济建设。辽金入侵后则颇有作为。史料载道：燕地“水甘土厚，人多技艺”。

在农具中出现了长把锄、手铲、耪、钩镰和杈、铡刀、漏水器等新式农具。据考证，北京出土的辽代铁器与金、元时代的铁器相差不大，有的甚至与现代北方农具都极相似。

金代小麦收获后讲究晒种，“先晒大小麦，（用）今年（当年）收者，于六月（旧历）扫庭除候地毒热，众手出麦，薄摊，取苍耳碎剉，拌晒之，至未时，及热收，可以两年不蛀”。

在耕作技术上提出：“秋耕宜早，春耕宜迟”。创造了抗旱、防止风沙危害的“垅耕”种植法，在密云县古北口地区广泛应用；农作物种类繁多，出现了“膏腴蔬菜瓜果实稻粱之类靡不毕出，而桑柘麻麦牛豕雉兔不问可知”；西瓜种植出现了“以牛粪覆棚而种”的保护地栽培，延长了西瓜的生产与上市时间；板栗生产出现了“栗园里”式集约经营。

元代郭守敬科学运筹运河水源通道，保证了运河用水的通畅；他还“遍考历书四十余家”最后成功地写出了《授时历》，为农业生产正确把握天时、地利，适时、适地进行农事活动提供了依据；农作物品种丰富多彩，谷子品种多达近20个，麦类有4个，豆类有10多个，蔬菜瓜果类有30多个，果树有10余个种、数十个品种等，是历史上所罕见的。

5. 明清时期的农业科技　明朝中叶以后，农业科技有长足发展。首先是大力引进、推广农作物新品种。在明代以前，北京地区是没有玉米、甘薯、陆地棉种植的，而玉米、甘薯是世界公认的高产作物，明清时期人口迅猛增加，对粮食的供给产生很大压力。棉花是国民衣食中不可或缺的物产之一，以往种植的“中棉”产量低，品质差，而引进的美棉（斯字棉、岱字棉、德字棉等）单产高、品质好（绒长），商业价值高，受到农民青睐。明代因初次引种，基本上是处于大范围试种，直到清代即大面积推广种植，成为粮棉生产中的主宰。

都市的发展、人口的增加、国际交往的扩张，不仅粮棉的需求增加，更敏感的是对蔬菜的需求也相应迫切。为应对都市对农产品的商业性需求，还引进了番茄、马铃薯、辣椒、南瓜、丝瓜、四季豆、苦瓜、甘蓝、菜豆等多种本地没有的蔬菜品种，以及油果花生、向日葵等油料作物和烟草、菠萝等经济作物。

明代科学家徐光啟毕生从事农学研究，并全面总结我国 2 000 多年来农业科学成果和吸收西方农业科学技术，在农本、田制、农事、水利、农器、树艺、蚕桑、种植、牧养、制造、荒政、蚕桑广等 12 个方面推出一系列相应的技术措施。如《种植》目有“种法”，有关于榆、松、漆等 30 种树木的栽培方法；讲述竹、菜、菊、红花、紫草等 20 余种植物的栽培方法；在《牧养》目中讲述了马、牛、猪、羊等畜牧的牧养技术；特别是对新引进推广的棉花、甘薯系统地总结了它们的栽培经验，对棉花栽培，他提出了“精拣核、早下种、深根短杆、稀科肥壅”14 字诀的经验。在甘薯上，他总结提出了“甘薯十三胜”。同时，介绍了各种无性繁殖的方法和用种子繁殖的设想；蝗灾是北京地区和中国历史上危害频繁的虫害。徐光啟系统的总结了蝗虫的生活史，提出了治理蝗虫滋生地来根治蝗虫的设想和其他扑灭方法。

明代科学家宋应星在总结出“生人不能久生而五谷生之，五谷不能自生而生人生之，土脉历时代而异，种性随水土而分”和“好种出好苗”的道理，提出“养种田”繁殖良种的技术。他在《天工开物》中从“乃粒第一”“乃服第二”的理念出发首先推荐了各类棉麻之种植、养蚕、缫丝、染料、粮食加工、制糖等方面的农业技术和经验。明神宗万历三年工科给事中徐贞明经实地调查两个月，“遍历山海之境”，见密云县燕乐庄、平谷县水峪寺、龙家务等地“泉从地涌，一决而通，水与田平，一引而至”，首次提出京东种植水稻的规划，虽先遭工部尚书郭朝宾以“水田劳民”为由驳回但到万历十三年则重被启用，结果在京东开稻田三万九千余亩。

“西学东渐”为大明帝国传来了西方近代科学，先行者是意大利的传教士利玛窦。他于万历十年（1582 年）进入中国，万历二十八年入京。他不仅传教，更传西方自然科学——天文学、几何学、数学、测量学、地理学等。这些虽不直接关于农业，但对催化国人的科学文化思维还是很有好处的。

明代李时珍“穷搜博采，芟烦补缺，历三十年，阅书八百余家”（《明史·卷二百九十九》）。广泛采集标本，潜心研究，弄清各种药物的名称、产地、性状、气味、功能、栽培方法以及生长情况，著成《本草纲目》。全书共收药物1 892种，其中有草、谷、菜、果、木、禽、兽等七部。讲的虽是药物，但生产和采集还是归属农业类，虽此而言，药材生产技术的研究与应用还得追溯到李时珍的贡献。

清代康熙皇帝在农业科技有关方面至少作出三件要事或贡献：一是运用单株选择法，选育成功了一种早熟、高产、气香而味腴的水稻优良品种——“御稻”《康熙几暇格物编》（下册）。它比第九代选种史上维尔莫林在1856年开始的甜菜单株选择要早100多年。二是他把福建地区利用猪毛、鸡毛腐熟后给稻田施肥，地发暖促苗早发的经验带到北京后，在玉泉山下，“将玉泉山泉水所灌稻田，亦照此法”。结果取得了成功。玉泉山水稻果然早熟丰收（《清圣祖实录》卷一百五十九）。三是在整治浑河时，他倡导采用“引清冲浊”的技术措施，减少河底沙淤的沉积速度，不仅使浑河大约平稳了三十年，还使河水变清了。因此，康熙赐名“永定河”，并立碑垂记。

丰台花农创造了“唐花”的栽培技术，即清代赵翼在《陔余丛考》中所言：“凡花之早放者名堂花（又曰唐花），其法以纸糊密室，凿地为坎，编竹置花其上，粪以牛溲硫磺，尽培灌之法。然后，筧沸汤于坎中，少俟熏蒸，则扇之以微风，盎然盛春融淑之艺，经宿则花放矣”。清时唐（堂）花的培植已十分普遍。《宸垣识略》中记载道，到清时，“杂种花树，凡苏杭所进盆景，皆付浇灌培植。又于暖室烘出芍药牡丹诸花，每岁元夕送大内陈设”。再就是改进繁殖技术。明代以前，栽培菊花基本上是采用分株法繁殖，扦插法虽有应用，但不普遍。到了明清时则就大量采用扦插法，特别是采用水插法可以快速而大量的繁殖那些珍贵的花卉。三是采用两次摘心法，培植三杈九顶菊和大丽菊。采用定向选择与培育法育成“北京鸭”和“北京油鸡”。据《北京畜牧业志》记载，公元15世纪明代随着运河漕运江南粮食进京，将南京地区盛产的白色湖鸭带入京郊，经不断选育和风土驯化，便逐渐育成“北京鸭”，并成为明清时期宫廷贡品。亦有说“北京鸭”是由潮白河一带原有的“小白眼鸭”经不断选育而来的。

北京地安门、德胜门外的小清河、海淀、洼里等地的农民于明代从山东引进的“九斤黄鸡”变种中，经长期定向选择培育出“北京油鸡”。因其肉质鲜美、营养价值高，被誉为鸡之佳肴中的上品，而列为清代贡品。爱新觉罗·溥杰为其题名“宫廷黄鸡”。

五、农业的发展

以上分析了封建社会各历史阶段生产力要素——农具、土地、劳动者素质及科技（含劳动对象——主要是动植物）的演进与发展的状况，按照相对论的观点，应该说是随着社会的进步而有所进步。封建社会的发展史实质上就是农民的斗争史，每代王朝的更替都是农民革命的结果，只因农民革命的不彻底性而使政权最终又落到新兴的地主统治阶级手里。历代农民革命的实践表明，“人类（包括农民）不断追求改善物质利益，是社会前进的主要动力”（张秋锦等《农本论》，中国农业出版社，2008 年）。这也正是马克思所指出的“人们奋斗所争取的一切，都同他们的利益有关”。恩格斯曾指出：“政治统治只有在它执行了它的社会职能才能持续下去”。封建统治阶级中的那些开国皇帝为了维持自己的统治，一般都遵循着这一规律。中国历史上的两汉文景之治、光武帝之治，北魏孝文帝之治，唐代唐太宗之治，宋太宗之治，元世祖之治，明太祖之治，清圣祖、高宗之治等盛世时期，无不在每次“大乱之后的大治”中以重农思想为指导，采取调动农民农业生产积极性的措施，遵循以农业为基础的社会经济发展规律来维持王朝统治。汉、唐、明、清四次“太平盛世”的横空出世之前都有着“一穷二白”百废待兴的社会背景——由于前朝后期腐败没落和受战争的破坏，而“万户萧疏鬼唱歌”的困境。西汉王朝的创立者刘邦，在严酷的农民战争中看到了农民的伟大力量，十分重视农民在新王朝“百废俱兴”中的主创作用。他说“王者以民为本，而民以食为天”（《汉书·郦食其传》）。因此，汉文帝下诏提出“农为天下之本论”。唐太宗提出“国以民为本，民以食为天”的重农从政思想；明太祖提出“农桑衣食之本，学校道理之原”的重要思想；清太祖提出“重农积谷”的重农思想；康熙提出“重农贵粟，藏富于民，经久不匮，洵国家之要务也”。在重农扶民的思想指导下，各朝明君又采取一定的让农民休养生息的政策，其基本出发点都是减轻农民税赋，鼓励农民发展农业生产。农民休养生息最基本的条件是土地、农具，再就是自身素质的提升和科技（经验）的支撑。这些生产力要素是随着朝代的更替而有所进步，因此也带动农业生产的不断发展。

1. 春秋战国时期 蓟城附近的平原沃野得到进一步的开发，农业生产有了很大发展。《周礼·职方氏》曰：“东北曰幽州，其谷宜三种”。汉代郑玄注：“三种，黍、稷、稻”。这时期农业丰收，《战国策》载道：“苏秦说燕文侯曰：‘地方两千余里，带甲数万，车七百乘，骑六千匹，粟支十年’”。在燕下都遗址发现有战国时期的陶仓模型，则表明当时使用粮仓的缩影。

这时果产业相当发达，《战国策·燕策》中写道：燕国“北有枣栗之利，民虽不田作而枣栗之实足食于民矣，此谓天府也”，还道：“渔盐枣栗之饶”著称于世。畜牧业亦相当发达，《周礼·职方氏》云：“东北曰幽州，……其富曰四扰”。汉代郑玄注：“四扰，马、牛、羊、豖”。

物产丰富而有特色：除了谷物黍、稷、稻之外，鱼、盐、枣、栗、桑、蚕、麻等物都有，并且所产枣、栗是历史上的著名产品，《神异经》云："北方大枣味有殊，既可益气又安躯"。《密云县志》载："密云产枣，小者佳"。《诗草木鸟兽虫鱼疏》云："五方皆有栗，惟渔阳、范阳栗甜美味长，他方者恙不及也"。《析津日记》云："栗比南中差小，而味颇甘，以御栗名，正不以大为贵也"。盛产的杏、梅，古有诗云："杏子黄金色，筠笼出蓟丘，味甘醒午寝，可是督诗邮?"

燕地丝蚕事业经久不衰，古有诗云："桑叶纷纷落蓟门"（庾信）；"幽燕桑叶暗州原"（王介甫）；"出自蓟北门，遥望湖池桑，枝枝自相植，叶叶自相当"（曹子建）。

《左传》云："冀之北土，马之所生"。杜预注："冀北，指燕"。而《尔雅·释地》云："而北之美者，有幽都之筋角焉"。

由于农业及手工业、商业的发展，使燕都蓟城成为"富冠海内外"的"天下名都"。

2. 秦汉时期　这一时期农业仍然是最主要的物质生产部门。在农业经营上可以分为个体农民经济和地主经济两类，都是自给自足的自然经济。汉代，北京地区的农业生产与上一时期相比，出现了突飞猛进的发展，主要表现在：①大量屯田耕种。汉文帝时晁错上言："选常居者家室田作以备之，为高城深堑，先为室屋具田器，募罪人及免徒复作及民之欲往者，皆赐高爵，复其家，俾实塞下，使屯戍之事者，输将之费寡"（《文史通考》卷七）。这是募民屯田与耕种。至汉武帝时又实行军事屯田耕种。据史料显示，军事屯田是汉代今北京地区农业经济中的重要内容，一直延续到东汉末年，仅幽州屯田士仍有十万之众，他们长年专事农业生产。据有关学者估计，"如果以每屯田士耕种 20 亩计算，则蓟城周围当有 2 万余顷屯田土地用于耕种"。②西汉时期由搜粟都尉赵过发明的牛耕法、铁足播种耧、代田法等先进的农业生产技术在北京地区都留有遗迹，这表明当时北京地区在采用这些新技术。而新技术的推广与应用亦表明农业生产发展的需要。农民没劲头、农业没有起色，人们哪有花钱买那些用不上的农具放在那里生锈的呢？③凿井提水灌田。据于德源先生搜寻，"今北京地区在在汉代以前不见有兴修水利的文字记载，但在考古发掘中却发现大量东周至汉代的古瓦井，……1956 年在北京宣武门以西象来街豁口东西两侧到和平门一带发现 151 座古瓦井，其中 36 座属于战国时期，115 座属汉代"。1965 年在陶然亭、姚家井、广安门大街北线阁、白云观、宣武门内南顺城街、和平门外海王村等处又发现 65 座古瓦井。据学者分析，在古蓟城附近古瓦井分布这么广，"不可能全部是城市居民生活所用，必有相当部分属于灌溉农田的水井"（于德源）。这从一个侧面反映出汉代农业生产的发展的状况。④农业生产的主要物产仍是粟，但水稻、小麦有了较大发展。其尤为突出的是东汉与前一时期相比较，“北京地区农业经济出现突飞猛进的发展”（于德源）。东汉建武十五年（公元 39 年）张堪出任渔阳（今怀柔与密云交界内）太守。他一面领军抗击匈奴骚扰，一面领导军民引潮白河水开辟水田“八千余顷”，劝民种稻以致殷富。据有关考证，东汉引水溉田是北京地区最早记载（《后汉书·张堪传》）。从当代百姓感赞张堪政绩的歌词，人们即判认当年农业生产发展的盛况。歌曰：“桑无附枝，麦穗两歧，张堪为政，乐不可支”。“桑无附枝”说的是桑树长势旺盛而没有疯长的繁枝，栽桑养蚕织绢是古代农业生产中的一项重要内容。“麦穗两歧”说的是小麦长出罕见的双穗，是丰收的嘉兆。从这赞歌中可以想到当年北京平原地区东部农业生产的兴旺景象。到东汉章帝建国初期（公元 76 年），邓训率黎阳兵屯狐奴，亦开水田，“抚接边民，为幽部所归”。……使今北京东北部渔阳地区的水稻生产因水利的开发也发展起来。土产则有枣、栗，畜牧业主要仍是马、牛、羊、豕等。⑤汉代的仓储和粮食加工有很大进步。据考证，北京地区在东汉以前的墓葬随葬物中绝无陶仓，而在发掘的东汉墓葬随葬物中则发现有引人注意的陶仓。在北京昌平半截塔村东汉墓中出土陶仓 10 件；海淀永定路东汉墓出土陶仓 3 件；顺义临河村东汉墓出土陶仓 1 件等。农史家认为“这反映出当时农业生产水平的提高，因此才普遍出现贮存粮食的粮仓”（于德源）。在农产品加工方面，出现了陶碓、陶磨等明器。这在东汉以前的墓葬中也从未发现过。1959—1960 年，在怀柔县城北发现东汉墓中出土的双人踏碓一件；1977 年顺义县临河村东汉墓出土绿釉磨和双人绿釉踏碓俑等明器；1959—1960 年平谷西柏店、唐庄子东汉墓中出土陶碓、陶磨等明器。这些也是反映当年农业丰收、人民生活改善的实证。燕蓟地区的封建地主拥有大面积的栗园、枣园而致富，“皆与千户侯”。桑蚕业、农业和畜牧业在燕蓟地区社会经济中占有统治地位。

东汉晚期，政治黑暗，吏治腐败，幽州社会经济凋敝，农业生产遭到破坏，大量农民流离失所。汉灵帝时，蔡邕上疏曰：“幽冀旧壤，镗马所出，比年兵饥，渐至空耗。今者百姓虚县，万里萧条”（《后汉书》卷六十下）。汉灵帝中平元年（184 年），黄巾起义，东汉政权调动军队和地主武装镇压起义军，使幽州蓟城地区连年战火，土地荒芜。

汉少帝时期，幽州牧刘虞施以宽政，罢省屯兵，减轻人民负担，缓和社会矛盾。同时，“劝督农植”，鼓励生产，“民悦年登，谷石三十”《后汉书·刘虞列传》，使幽州蓟城地区人民在战乱中稍得喘息。

3. 魏晋南北朝时期　东汉末年的战乱与灾荒，使北方广大地区“田无常主，民无常居”《后汉书·仲长流传》。户口流亡，民力匮缺。为了发展幽蓟地区经济（实质是农业），魏、晋、北朝时期，先后从中原地区迁徙入汉人口达百余万；后燕时由四方流民进入幽蓟数十万；北魏时由逃亡回乡一万多户，由东北诸郡徙民三万家于幽州等。人口充裕，经济建设就有了劳动与智慧的保障。

魏晋南北朝在四百年间国家几经分裂，政治动乱不止。四百年中的政局波动也就牵动着农业的波浪式发展。

曹魏时期，为了从东汉末年凋落的社会经济中恢复过来，首先在建国前后实行屯田制——军屯和民屯，魏文帝黄初中，幽州牧史崔云林采取与民休息、"镇之以静"的方针，幽州百姓不但不再流亡鲜卑，而且大批流民返回乡里，成为屯田户或自耕户。在比较稳定的环境下，魏镇北将军刘靖在幽州开拓边守，屯据险要；组织军士千人，在今北京西郊"修广戾陵渠大堨，引灅水（今永定河）灌田"，史称"水灌溉蓟（城）南北；三更种稻，边民利之"（《三国志》卷十五）。同时又凿车厢渠，使引水灌入高梁河，使之东去灌溉蓟城以北的农田；灅水主流仍经蓟城之南，顾称"水灌溉蓟（城）南北"。灅水引进高梁河后每年可灌溉两千余顷。蓟城农民有了充足水源，乃"三更种稻"。《周礼·职方》云："幽州……谷宜三种"。汉代郑玄注云："黍、稷、稻"。唐代贾公彦疏云："幽与冀相接，冀皆黍、稷，幽则宜稻"。史称戾陵堰、车厢渠对古代北京地区农业发展至关重要。可谓"施加于当时，敷被于后世"。

到魏元帝景元三年（公元 262 年），又遣谒者樊晨赴幽州改造戾陵堰，更制水门，并延伸高梁河水稻，"自蓟（城）西北经昌平北，尽渔阳潞县（今通州东）"。竣工后整个灌区自西至东"凡所润令四五百里，所灌田万有余顷"（郦道元《水经·鲍丘水注》），为嘉平年间的五倍，农作物产量也随之增长。

樊晨在幽州除整修水利外，还实行限田，回收被当地土豪和屯田官侵占的土地 4 316 顷，全部"出给郡县"，招民佃种。开垦荒地出租给农民耕种，共"改定田 5 930 顷"（《水经·鲍丘水注》）。

曹魏统治幽州 40 余年，这一地区社会经济即得到一定程度的恢复和发展，其重要表征就是曹魏之世，幽州人口有较大增长。魏文帝黄初初年，幽州涿郡户口不过三千余户，至西晋永嘉之乱之前则达到 11 000 余户。北魏灭后燕后，张兖为幽州刺史，其任期间，"清俭寡欲，劝课农桑，百姓安之"《魏书·张兖传》。史称张兖"清俭寡欲"即是说他能寡取于民，让农民有从事农业生产的兴趣。明元帝时，幽州几任官员存恤百姓、招抚流亡，政绩卓著，史称"清身率下，风化大行"。孝文、宣武帝之际，卢道将出任燕郡太守，到任后注意发展农业生产，"敦课农桑，垦田岁倍"（《魏书》卷四十七），扩大燕郡耕地面积。北魏后期孝明帝之世，裴延儁以幽州水旱不调，乃亲自主持两地的水利修复工程，"躬自履行，相度水形，随力分督，未几而就，溉田百万余亩，为利十倍"（《魏书》卷六十九），使幽州农业产量有很大提高。

桑蚕业受气候变化的影响逐渐衰退。在战国时期，幽州原是桑蚕业很发达的地区。这种变化可能和古代气候变化有关。据竺可桢研究，中国东汉至南北朝时期正处于近五千年来气候变迁中的第二寒冷期。(竺可桢《中国近五千年来气候变迁的初步研究》载《考古学报》1972年第2期)。从史料显示，当时幽州地区的气候比较干寒。由于干寒气候的影响，幽州已由桑蚕为主逐渐转变为以麻布为主的地区，由此植麻业有了发展。

东魏初年，幽州“土荒民散”(《北齐书》卷十九)，经济凋敝；及东魏武定中，逐渐恢复。但随着封建地主经济的发展，土地兼并激烈，北齐天保之世屡兴长城之役，“举国骚扰，公私劳敝”。幽州百姓不堪重役，纷纷逃亡，以致东魏时人口繁盛至北齐时成为人口稀少的宽乡，生产凋落。北齐皇建中(560年)，平州刺史嵇晔建议“开幽州督亢旧陂，长城左右营屯，岁收稻粟数十万石，北境得以周赡”(《隋书》卷二十四)。河清三年(564年)，北齐颁布法令，“缘边城守之地，堪垦食者，皆营屯田，置都使子使以统之。一子使当田五十顷，岁终考其收入，以论褒贬”(《北齐书》卷十七)，鼓励开垦边地。次年，斛律羡动土扩建蓟城原高粱河灌区，“导高粱水，北合易荆，东会于潞(今潮白河)，因从灌田，边储岁积”。此前，幽州军食须外埠供给，至此“转漕用省，公私获利焉”(《北齐书》卷十七)。

北齐末年，幽州百姓生活十分困苦。北周灭齐之初，幽州地区受战争影响，社会经济更为凋敝。北周据有幽州以后，注意恢复农业生产，安抚百姓。魏晋南北朝时期，虽以兴修水利垦田种稻气势磅礴，但农业种植主体还是一些旱作物黍、稷、粟及豆类为主。蔬菜生产对满足蓟城消费需求是必要的，但所占份额极为有限。

畜牧业虽是蓟城地区传统产业，但因少数民族涌入，使得畜牧业生产更加繁荣，幽州的马与筋角仍驰名天下，牛、羊等畜产品也相当发达，并涌入市场。

4. 隋唐时期的农业生产 隋朝统治只有37年，虽隋文帝初时尚知抚恤百姓，役使有节。开皇中又遣使四出均田，史书称开皇十七年(597年)“户口滋盛”，“府库充溢”《隋书·食货志》，对社会稳定、农业发展有一定作用。幽州地区的百姓也享到一定的生息。隋炀帝登位后一方面征发河北诸郡百万余人凿运河，又连年发动征辽之役，“丁男不供，始以妇人从役”《隋书·五行志上》，严重摧残了幽州地区的社会生产力。为了保障征辽粮草供给，征用大量民夫开挖运河，转运粮饷，迫使农民离乡背井，没有机会从事农业生产，大量农田抛荒。再加之大业期间多次旱灾，造成幽州地区农业凋落，民不聊生，饿殍遍野。到隋末，幽州地区社会经济濒于崩溃，几无农业生产政绩可寻。

唐初实行均田法和租庸调法，使个体农民得到土地，减轻农民的税赋负担，使幽州地区农业生产面貌为之一新。贞观中，唐太宗令于幽州等地置常平仓，“粟藏九年，米藏三年”，以备荒岁和平抑粮价。由此，可以看出幽州农业生产水平已有恢复。人口增长是农业发展的重要表征，据《旧唐书·地理志》记载，唐太宗贞观十三年（639年）时，幽州（治今北京）领十县，有21 698户、102 079口。至唐玄宗天宝中（742—756年），仍领十县，有户67 242户，371 312口。幽州地区在唐中期的人口是唐初期的三倍有余。这里记载的人口都是向国家缴纳赋税的农业人口，因此可以判定当时人口的快速增加即反映出唐代中、后期幽州农业的快速发展的情况。

唐代幽州地区农业发展程度呈现三种状况：①土地开发最充分，水利条件比较好，农业发展比较快的是幽州城东部的蓟县，即今北京海淀、西城、宣武、东城、崇文、朝阳区一带。这一带地区当时有丰富的泉水、湖泊可资灌溉，著名的高粱河下游又自西北至东南斜贯而过，因此该地区耕地比较其他地区密集，可谓“水甘土沃”。②土地开发程度居次的有幽州城西部幽都县、西南部的良乡县。③农业发展程度再次的是潞县等地区。这里开发虽早，但因地势低洼，易发水涝，农业发展稍差。据《太平寰宇记》记载，唐末檀州密云县、燕乐县总计有六千五百户，比天宝时多出四百余户，反映出唐后期该地区农业有所发展；妫州怀戎县、妫州县三乡共应有一千五百户，比天宝时少六百余户。这里交通不便，地势复杂，气象灾害多，农业发展水平明显低于其他地区；檀州密云县土地开发程度与幽州潞县相当，略低于幽都、良乡等县；燕乐县处于深山区，主要耕地多分布在河旁台地，其农业发展程度与昌平县相当。

唐代幽、妫、檀三州地区的农作物种类主要是粟、小麦、水稻、胡麻、豌豆、大麦、荞麦等，其中以粟为主，粟在北方种植非常普遍，并作为杂粮折纳田赋的标准。《文献通考·田赋士》载：“开元令……诸营田，……其大麦、荞麦、干萝卜等，准粟汁折斛斗，以定等级”。

小麦是仅次于粟的农作物。房山云居寺唐代石经题记有“幽州磨行”的题名，说明当时有了小麦加工业。唐代幽州地区水稻生产仍保持在一定水平。今北京西郊紫竹院东西一带在唐代是稻作区。据研究，隋唐时转入温暖期，亚热带北界比现在南移一个多纬度（竺可桢）。因此，人们推测东汉时张堪所开稻田在唐代也应存在。云居寺唐代石经题记中有幽州大米行、粳米行。其中粳米行当属经营本地稻米——粳稻米，大米可能是南方的籼稻米。从水源来看，唐代幽州地区主要水稻种植区大约就在卢沟河和潮白河附近。

唐代幽州地区的果木主要仍是枣、栗树。特别幽州产的栗闻名天下，每年作为土贡送往京师。另外还盛产人参。《大唐六典》记载，当时的土贡还有檀州产的人参。

5. 辽宋金元时期的农业　宋代北方一直受到塞外少数民族的侵扰，今北京地区在那时社会不宁、农业难以作为，因此史料难觅。一般虽题有宋而资文寡。本文亦如此。

辽朝统治幽燕之地达 180 多年。辽朝由契丹人统治，而契丹是一个较早接受农业生产的民族，对农业活动较其他北方民族认识更为深刻。辽太祖就是以开发农业基地而起家，并取得一些管理经验。在建立南京陪都后又吸收大量幽燕文人作政府高级官吏，传授中原农业先进经验。辽圣宗朝对南京地区的农业较为重视，并采取了一系列奖励政策。统和十二年（994 年），因漷阴水灾，下令浚河道，减免当年赋税，并赐贫户耕牛。翌年，下令诸道劝农，动员开垦昌平、怀柔等县荒地。统和十五年（997 年），令免南京逋税及义仓粟（税名）。开泰三年（1014 年），增设南京转运使。八年（1019 年），南京发官廪使卖身为奴的农民按佣工赎身。由于这一系列的措施，到圣宗太平年间，燕京地区出现了空前的经济繁荣。太平五年（1025 年），圣宗至南京，适逢幽燕大丰收，百姓争献土产，夜间燕京城内灯火如昼，一片太平繁荣景象。《契丹国志》卷二十二载：燕京“城北有市，陆海百货，聚于其中，僧居佛寺，冠于北方。锦绣组绮，精绝天下。膏腴蔬瓜、果实、稻粱之类，靡不毕出，而桑、柘、麻、麦、羊、豕、雉兔，不问可知”到景宗朝、辽朝的农产品已自给有余。

除了燕京的大市场外，各州县也都有自己的市场或集市，使“燕京地区的贸易额成倍地增长”。

辽朝农业生产发展有三大特色：①以农业为主，兼顾畜牧业、狩猎、采伐等多种生产事业的混合经济形态。为了保障农业生产，太宗下令，南京会兵“敢伤稼禾者，以军法论”《辽史·太宗记》。史料有记载辽朝反对种稻，这是事实。但并不限制农业，而是出于有人奏报高勋倡导种稻“有异志”，景宗为防南京生变，怕稻田多影响契丹骑兵作战，而不准开水田。其实辽朝一直鼓励农民开垦荒地，奖励农业生产的。为了增加粮食的产量，承天太后采取了不少鼓励农业生产的措施。首先，是以优厚的条件鼓励农民开荒，统和七年（989年）六月，诏令燕乐、密云二县荒地许民耕种，并免赋役十年。统和十二年（994 年）十二月，下诏赐南京统军司贫户耕牛。统和十三年（995 年），诏怀柔昌平等县诸色人户请业荒地。统和十五年（997 年）免南京捕税及义仓粟；同年，发义仓粟赈济南京贫民。其次，是保持边境安宁，与宋朝争夺劳动力，保障农民就业；再就是限制妨碍农业的其他活动。由于这些“劝民”政策的执行，“到圣宗中、后期，南京地区出现空前发展的大好局面”（《北京通史》卷三）。

契丹民族擅长畜牧业，为了保持农林牧业混合发展，辽朝采取了妥善处理畜牧业与农业的关系。休哥在南京“均戍兵，立更休法，劝农桑，修武备，边境大治”《辽史·耶律休哥传》。统和七年（989 年），下令禁部民伐民桑梓；又禁刍牧伤禾稼。统和十四年（996 年），诏诸军官毋非时畋猎妨农。由于采取这些措施，虽然统和年间南京地区战争一直未曾间断，但农业一直处于上升趋势。

②发展游观农业。从辽史中我们发现观光农业并非今日始，其实在辽朝南京农林生产中已有类似的设计与实践。京城内常以果园、菜园为风景区。如中京大定府，皇城内便以菜圃为游览之地，既食其菜蔬瓜果，又观其英红叶绿。南京城内也有这样的园林。见于文献的有柳园、凤凰园、内果园等。其中以内果园最著名。《辽史·圣宗纪》载：太平五年（1025年）“十一月庚子，幸内果宴，京民聚观”。据史料记载，内果园并不在大内之中，而是燕京城内一处皇家园林，允许京民观赏游览。古代北京的三海（即现在的北海、中海、南海）地区多池沼，我们的先人最早就在这里利用天然水域开辟园林，供京民观光游玩。今北海公园内的琼华岛是最早被利用的，辽代称之为“瑶屿”。到了金代，这一片正式建为皇家御园大宁宫，瑶屿改名琼华岛。今通州的漷县地区曾是一片水泊地带，其中一处即为当时著名的风景区——延芳淀，《辽史·地理志》称：“延芳淀数百里”；《燕山丛录》云：“漷县西有延芳淀，大数顷”。延芳淀是辽帝春捺钵的重要地点之一。尤其是圣宗时期，皇帝及其母承天太后经常来这里游玩，观光。当时，这里湖水荡漾，烟波浩渺，沿岸芦苇茂密，绿柳绕堤。水中莲菱飘香，鱼虾游弋，成为皇家游猎圣地。

③寺院经济。佛教传入中国后，很快就形成了特殊的寺院经济。正如马克思和恩格斯在《共产党宣言》中所说：“僧侣总是同封建主携手同行”。燕京的大寺院往往就是地主。不过，辽南京寺院经济所以特别发达，是因受到了辽朝廷特别的经济照顾。辽朝皇帝笃信佛教，经常特意给寺院许多巨额赏赐，其中包括赐地和佃户。辽圣宗之女秦越大长公主不仅施宅建立燕京大昊天寺，还赐该寺“稻田百顷，户口百家，枣栗蔬园，井口器用等物。”辽朝支办寺院经济，一是国家可从寺院的土地经营分取一部分经济利益；二是辽代的燕京，民间信仰佛教者众多，几乎村村信佛教，户户有教徒，这为寺院经济发达奠定了社会条件——为寺院服务可以“积善果”“修来世”，自然会有不少“志愿者”为寺院而劳作。寺院经济发展了，朝政得益也就多了。据《北京通史》（卷三）记载：“辽南京地区的寺院经济……经营、剥削方式多样。许多寺院不仅广占土地进行租佃经营，还设果园、林场，甚至开设店铺，直至设质铺并放债经营”。并指出“燕京寺院经济是整个大地主经济的组成部分。但由于披上了宗教的外衣和得到朝廷的特别支持，势力更大，比一般世俗地主剥削手段也更多”。

《北京通史》（卷四）在论及金初燕京地区经济时讲道：“燕京地区的经济远在辽朝末年已有了较大的发展，整个燕京地区在辽代已经是一个经济繁荣的富庶地区”。

金王朝占领燕京后，为缓和社会矛盾、巩固统治和建立社会秩序，从金太宗时期开始采取了一系列恢复经济的办法。天会元年（1123年），金廷命燕京的地方官吏实施减轻徭役、赋税及劝农之策；天会二年（1124年）又诏谕刘彦宗："卿等选官与使者往谕之，使（农民）勤于稼穑"（《金史·刘彦宗传》），以示对这个地区农业生产的重视。天会四年（1126年）十二月再次下诏："四境虽远而兵革未息，田野虽广而畎亩未辟，……苟不务本而抑游手，欲上下皆足，其可得乎？其令所在长吏敦劝农功"《金史·太宗记》。天会十年（1132年）正月下诏："昔辽人分士庶之族，赋役皆有等差，其悉均之"（《金史·太宗记》），以调动农民生产积极性。到金熙宗时，还陆续采取放免奴婢的措施。这些无疑对燕京的社会经济起到促进作用。金熙宗废掉伪齐刘豫政权后，将其军队遣散归农，增加了北方农村中的劳动力，对燕京地区农村经济复苏也起到积极作用。

金代农业生产状况经历了"停滞期""恢复期""发展期"。

停滞期：公元1153年海陵王迁都南京，建立中都。在创建中都中，大兴土木造成了工役繁重，使人民的负担增加到不能胜任的地步。动用120万军民从事数年宫室都城、劳役，不仅使大批劳动力离开农田，而且加上大量的物质耗费；为了侵宋战争，又在中都地区大量征兵，凡年满20岁以上、50岁以下的青壮年劳动力都必须征入军队去当兵。这些举动使中都的农业生产力受到严重摧毁。再就是人民负担太重。海陵王建中都的负担几乎全部落在中都地区人民的头上。人民不仅承担工役、兵役，还要负担物质供应。结果造成"民皆被困，衣食不给"。中都地区农业经济受到摧残。中都地区人民在工役、兵役、赋税、借支、物力供给等五个方面的搜刮之下，大批破产、逃亡，田地荒芜，农业经济停滞。

恢复期：金世宗即位后，面对的是破产经济，财政上困难巨大，迫使金廷在中都采取措施恢复经济。首先是保护生产力。对从辽南京时留下来的寺院半奴隶户，进行放免；对"治中都等饥荒地并经契丹剽掠，有质卖妻子者，官为救赎"；对"平、蓟二州近复蝗、旱，百姓艰食，父母兄弟不能自保，多冒鬻为奴，……可遣使阅实其数，出内库物赎之"，以及释放宫女等，以保证农业生产力。其次是免税及赈济。为减轻人民负担，促进农业生产，金世宗一朝多次减、免租税；百姓乏食，酌情开仓赈济。再就是重视农业生产。每遇农业灾害、有毁坏农作物、辍耕弃荒等问题，金世宗都诏官员督办，他还亲出巡查。"见田垅不治，命笞田者"惩罚不勤耕作之人。多措齐下，使农业在停滞中得以恢复。

发展期：金章宗时金廷鼓励兴修水利、扩大农田。承安二年"敕放白莲潭（今北京后三海及北、中海）东闸水与百姓溉田"（《金史·张仅言传》）。次年"又命勿毁高粱河闸，从民灌溉"（《金史·张仅言传》）。这两条谕令使中都城北农田扩大了灌溉保障，使这个地区种稻有了发展。之后，又谕用白莲潭、高梁水灌溉万宁宫周围农田，扩种水稻。结果西至玉泉山以东，冬至潞县以西，北至昌平，南至中都城，这一大片土地都成为稻田。在中都城西引卢沟河水使直至孟家山（今石景山）一带也成一片稻田。在中都城南推行水旱耕作，即水源不便的地区实行旱作，有水源的地区可行种稻。

金中都的农业生产可谓是农林牧俱全，包括粮食——稻麦是重要作物，还有黍、稷、粟、各种豆类；蔬菜——有白菜、萝卜、黄瓜、葱、韭、蒜、茄子、苜蓿等；果品——有桃、葡萄、枣、栗、西瓜等；还有植桑养蚕、织绢；还有种植药材，这是历史上罕见的。所种药材有滑石榴、半夏、苍术、薄荷、五味子、白牵牛等；畜牧业就养殖牛、马、羊、猪、鸡等。

农业发展虽缺乏统计数字表达，但人口的增长则是佐证。辽代南京道的人户总数为 24.7 万户，到金代中都路的人户总数达 839 576 户，即便除去就扩大地域人户外还有 631 182 户，仍增加 1.5 倍左右；金中都路大兴府所辖的仅是辽析津府的一部分，总人户约 22.6 万户，为辽时同一地域人户的一倍以上。人户的增加有政治上的需要，但其基础在于经济的恢复和发展。

金代寺院经济依然存在，亦为发达，作为寺院收入的主要来源。金代当局对辽代遗留下来的寺院拥有的土地保持占有不变。对金代官方新建的寺院赐给土地，香山的大永安寺是金代官方所建，大定二十六年（1186 年），“香山寺成，幸其寺，赐名大永安，给田两千亩，栗土千株，钱两千贯”（《金史·世宗纪》）。金的寺院经济主要是使寺院保留一定的土地，以维持日常开支。

蒙金战争对燕京地区社会经济的破坏是空前的，战乱给农业生产带来长期中断。据元人魏初《青崖集》载，为辟兵灾，燕南“民濒于沙河者，夜采鱼藕草粮以糊口，昼穴窨不敢出”。“是时，河朔为墟，荡然无统。独焉弱陵，众焉寡暴，孰得而控制之？故其遗民自相吞噬殆尽”燕京地区的农业生产，在金末元初的十几年战乱中，遭到了近于毁灭性的破坏。广大农民流离失所，千里萧条，饿殍遍野。残存百姓为谋生路“治舟筏，取蒲鱼自给”。

蒙古政权在占领燕京地区后，首先面临的是安定流亡人户，恢复社会生产。金朝降将王檝提出建议：“田野久荒，而后无牛，宜差官卢沟桥，索军回所驱牛，十取其一，以给农民”。蒙古统治者接受了这一建议，将掠来的数千头牛还京畿地区的农民，“民大悦，复业者众”（《元史·王檝传》）。农业生产开始有所恢复。几十年后建大都时，这里的农业生产已基本恢复到战前水平。

元世祖忽必烈即位后，更实行了多项鼓励农业生产的措施：中统二年（1261 年），忽必烈即令燕京等路宣抚司派官员到农村“劝农桑，抑游惰”。同年八月设立劝农司负责巡行劝农。之后改建大司农司，“寺掌农桑”。

元政府在鼓励农业生产方面，还采取了：①颁布农书——忽必烈下令，“诏以大司农司所定《农桑辑要》书颁诸路”（《元史·世祖本纪》）。推广先进的农业生产技术，延祐五年（1318 年）元政府又将苗好谦编《栽桑图说》刊印 1 000 部，“散之民间”（《元史·仁宗本纪》）。致和元年（1328 年）再次颁行《农桑旧制》十四条于天下。天历二年（1329 年）和至正二年（1342 年），又两次重颁《农桑辑要》。②在各地发生蝗灾时，命地方官吏组织农民有机会地捕灭害虫。③对涉及农业生产的商业贸易，减收或免收商税。如元初即规定：“蚕织、农器及布帛不成端匹，灾伤流民物价，并不在收税之限”（《元曲章》卷二十二）。④政府将官牛租给农民，以帮农民进行生产。⑤兴修水利设施，保证农业生产顺利进行。元政府认识到：“农桑之术，以备旱日莫为先”，仅忽必烈时的至元六年（1269 年）到至元二十五年（1288 年）的二十年间，就曾先后六次调动大批军民，修竣浑河（即后来的永定河）堤岸。在元朝统治的百余年中，元政府集中大量的人力、物力、财力对大都境内的浑河、坦河、金水河、双塔河、卢沟河、白河等都进行了大规模的修治。大都地区呈现出“论其郊原……雨济土沃，平平绵绵，天接四野”（黄仲文《大都赋》），“物产宜硕丰”。农业生产欣欣向荣。

垦田面积扩大：①平原荒田垦殖，“比及三年，垦田若干万顷，而仓庾委积，如积如京矣”（苏天爵《滋溪文稿》卷十六）。②山区农田垦殖，缙山县（今北京市延庆区）呈“昔从时巡出缙山，翠畦绿树画图间”（虞集《道园学古录》卷二十九），真是绿野成片，庄稼茂盛。被称为塞上江南。③官营屯田，其生产时十分可观，仅种麦磨面，“适今岁入面以斤计者四十万”（吴登《吴文正公文集》卷四十）。

粮食作物种类繁多，性能优良——主要为麦、谷、稻三种。元代熊梦祥《析津志》载，大都地区的谷物品种近二十个；大麦、小麦种植面积极广；低洼多水之处种植水稻，其米质细腻坚实，堪称佳品；此外，还有高粱、菽豆等粮食作物，仅豆类就十余种。

蔬菜、瓜果品种增多，发展迅速——常见的蔬菜有三十余个品种。果林数量之多，品种之繁超过以往各朝代。枣、栗仍是这里著名的特产。栗园远远超过辽金时代，这些栗园每年所收的栗子，少则数十斛，多则数千斛。桃、李、梨品种亦多。时人作诗云：“西瓜黄处藤如织，北枣红时树若屠”。

广植桑麻——大都地区的农民在自己家的房前屋后、田边沟沿都种植桑柘或麻，并行养蚕抽丝，纺织绢帛；种麻抽丝织布。可见元代的家庭副业是比较兴旺的。

畜牧业空前发展——据大德末年中书省统计，仅大都地区饲养的宿卫等马、驼，最多时即达 14 万余匹。据元代史料显示，畜牧业在元大都农业中占有相当重要的比重。

出现水产业——大都地区湖泊纵横，有着丰富的水产资源。历史上主要以其为渔猎场所。到了元代不仅渔猎，还搞起了水产养殖。元政府规定："近水之家，许凿池养鱼并鹅鸭之数，及种莳莲藕、鸡头、菱、蒲苇等以助衣食"。还专设大鱼户，进行湖泊捕捞。

此外，林木采伐业和药材种植业亦超过以前各个朝代。

寺院经济规模迅速扩大——金元交战使寺院经济遭受破败荒废。战争结束后，寺院经济迅速复苏。忽必烈即位后，元朝政府出巨资扶持寺院经济。仅据不完全统计，当时较大数额的资财赞助有：一是赐予土地、钱财。中统二年（1261 年）赐大庆寿寺陆地 500 顷。中统三年（1262 年）赐大昊天寺银 15 000 两。二是建寺并赐田产、资财为永业者。至元七年（1270 年）建大护国仁王寺，兴建殿宇 170 余间，赐大都地区内水田 28 600 多顷、旱田 34 400 多顷，以及山林、湖泊、柴苇场、渔场、竹场等 29 处，栗树近两万株等。史称大都地区的寺院经济是整个大都地区封建经济的一个重要组成部分。它的发展、繁荣和整个大都地区经济的发展、繁荣有着密不可分的联系。大都地区的寺院经济长盛不衰，直到元朝灭亡为止，始终未受到严厉的制裁。

6. 明代的农业生产　元末明初，由于战乱，北平地区出现了大量荒田，人口亦十分稀少，"市廛尚疏"。为了尽快恢复北平地区的农业经济，燕王朱棣采取的办法之一就是外地移民来充实劳动力。时"徙浙江等处富民 3 800 余户以实京师"（孙承泽《天府广记》卷二）。洪武四年（1371 年），"徙山后民 17 000户屯北平"，同年六月，徐达驻军北平，"徙北平山后之民 35 800 户，197 027 口散处卫府，籍为军者给以粮，籍为民者给田以耕。……（徐）达又以沙漠移民 32 860 户，屯田北平府管内之地，凡置 254 屯，开田 1 343 顷；大兴县 49 屯，5 745 户；宛平县 41 屯，6 166 户；良乡县 23 屯，2 881 户；通州 8 屯，1 155 户；昌平县 26 屯，3 811 户；顺义县 10 屯，1 370 户"。洪武二年（1369 年）北平府所报民地仅为 780 顷，到洪武八年（1375 年）则猛增到 29 014顷。到洪武二十六年（1393 年）已到 70 000 顷（《顺天府志》卷八）。

明初向北平移民的重点地区有山西、江浙。山西向北平移民规模大的有三次，达二三万户。移民大大增加了北平地区的农业劳动力。荒地、闲地得以开垦，农业进入恢复与发展期。

明王朝为了鼓励外地农民到北平屯田、务农，颁布了一系列的优惠政策。洪武时，按中书省奏："凡官给牛耕者，请十税五；自备者，十税三"（《明太祖实录》卷六十九）。又"诏县勿征，三年后亩收租一斗"（《明太祖实录》卷六十九）。明成祖也采取缓征田租的办法鼓励移民到北平地区开垦种田。大量移民进入北平不仅大大充实了北平地区的劳动力，而且促进南北文化的大交流、大发展，为北平地区之后数百年农业经济发展奠定了基础。吴宽《瓠翁家藏集》（四十五）记载，到弘治时，北京已是"生齿日繁，物货益满，坊市人迹，殆无所容”。

明代大量移民至北平（永乐迁都后改为北京）从事军屯、民屯，促进农业生产逐步恢复和发展。北京地区的农作物，种植面积最广的是小麦。此外，有高粱、粟、大麦、荞麦、豆类等杂粮。小麦的耕种技术已超过南方，“农人左手扶器盛种，右手握而匀掷于地即遍，则用耙捞复之，又颇省力，此北方种麦之法，……若力省而功倍，当以北方为法”（徐光启《农政全书》卷二十六）。小麦和杂粮主要是农民自用和完纳租税。棉花的种植开始在各县推广。棉花是明代北京地区与芝麻同等重要的经济作物。明《顺天府志》记载有大兴、宛平、怀柔、良乡等县都种植棉花。《宛署杂记》记载，“明万历中，北京地区所产棉花与芝麻同为上供皇家的物品，民间较少享用”。

明万历年间还引进玉米、甘薯等高产作物，并试行种植。

水稻生产有较大发展。南来的军士和农民带来了江南一带的种稻经验，不仅推进北京地区水稻种植面积扩大，更促进了北京地区水稻生产技术的提高。明万历年间，南方农民开垦西湖水田。蒋一葵《长安客话》载：“西湖近为南人兴水田之利，尽决诸洼，筑堤列塍……竹篱傍水，家鹜睡波，宛然江南风气，而长波茫白似少减矣”。京城内的西苑、积水潭及德胜门桥东下编有公田若干顷，南人于此艺水田，粳炕分塍，夏日秸槔声不减江南，京南草桥一带亦是水稻产区。时有“草桥众水所归，种水田者，资以为利”之说。海淀也是水稻重要产区。“帝京西十五里为海淀，……丹稜沜，沜之大以百顷，十亩潴为湖，二十亩沉洒种稻厥田上”（孙承泽《克明梦余录》卷六十五）。龙华寺“寺门稻田千亩，南客秋思其乡者，数来过，闻稻香”（《帝京景物略》卷一）。

京西的房山大石窝在房山区西南十里的黄龙山下。当地水泉丰涌，水质甚好，稻谷品种优良。徐贞明在《潞水客诶》中说：“西山大石窝所收米，前称嘉米”。《燕山丛录》亦说：“房山县有石窝稻，色白粒粗，味极香美。”此外，北京的通州、良乡等地都有成百成千亩连片的稻田。

京郊的蔬菜、莳花及果园生产亦随京城人口增加及需求增强而旺盛。为供应人们吃菜，在京城四郊开辟了大片菜田。史载，阜成门外的菜田用凿井吸水灌溉，几乎是每隔数十畦便挖一口井，并设有桔槔。北郊和东郊的菜田，主要靠护城河水灌溉。据孙承泽《春明梦余录》载：当时北京地区种植的蔬菜有三四十种，其中以白菜、萝卜最有名，面积最大。陆容在《菽园杂记》中云：“菘（白菜）北方多种之，……其名箭杆者不亚于苏州所产，闻之老者云，永乐年间，南方花木蔬菜，种之皆不发生，发生者亦不盛。近来南方蔬果无一不有，非复昔时矣”。“果木品种亦多于南方”（史玄《旧京遗事》）。

时至明代，京郊养花业开始兴起，丰台、草桥一带十八村的农户都以种花为业，以卖鲜花为营生，春夏秋三季，在这一带“牡丹、芍药，栽种如麻”，这里的花农，不仅善于施肥、浇水、接枝，还用“穴地熡火”之法栽培，在严冬季节，市场上也能见到美丽的鲜花。都人卖花担，每辰千百，散入都门。花农们按季节列出上市花品名称，每月初三、十三、二十三以车载杂花至槐树斜街市之。

明代北京地区的果品业更加兴旺。明人史玄曾对北京出产的水果与南方相比，他认为：“京师果茹诸物，其品多于南方，而枣、栗、梨、杏、桃、苹婆（苹果）诸果，尤以甘香甜美取胜他品，所少于南方者，惟杨梅、柑橘。而北方又自有榛、栗、松榧三属，韻味清远，不相下而相敌也，果属以杏居多”，刘侗在《帝京景物略》中云：“香山，杏花香矣。苹婆树，城南韦公寺者各高五六丈，花时实时，焰光映日。葡萄、石榴，皆人家篱落间物，但不能遍植山谷。其逊色于江南者，有樱桃而酸涩也”。

明万历年间，密云县不老屯乡黄土坎村的鸭梨、大兴县庞各庄西瓜和梨花村的金把黄梨都成为皇宫贡品。

明代北京地区的畜牧业以养马为首，是因边防需要。明政府规定北京地区田地的一半用于农田，应差征粮；一半为牧地，免租养马。据明万历《顺天府志》记载，明代北京地区各县按丁口为政府饲养马匹，数量是相当大的。大兴县养马 365 匹，昌平县 651 匹，平谷县 749 匹，房山县 1 219 匹，良乡县1 486 匹，密云县 1 710 匹，顺义县 1 923 匹，怀柔县 1 109 匹，通州 2 538 匹。不过，据史料显示，养马户多为贫困之家，饲料不足，所养马匹多为瘦弱，不堪军用。当年，北京城九门之外共设大小牧马场 57 处，由政府直接牧养马匹。东直门外的郑村坝（今东坝）一带为御马苑，专门饲养御马，“大小二十所，相距各三四里，皆缭以周垣，垣中有厩，垣外地甚平广，自春至秋，百草繁茂，群马畜牧其间”（《大明一统志》卷一）。据《宛署杂记》记载，正德年间，宛平县有养马地 1 420 余顷，养马 960 匹。明永乐年间（1403—1425 年），上林苑在顺义县衙门口村设良牧署，四周大片土地皆为牧场。相传牧场内共有 36 圈。

明代民间养殖多为牛、羊、猪、骆驼、驴、骡等。

总之，明代北京地区的农业生产比较兴旺、繁盛，特别是一些经济作物，如蔬菜、花卉、果品生产的商品性明显增强，从而促进农业的功能性区域布局——东北部有 15 个村成为“御马苑”，专门“牧养御马”；西南郊外为嘉蔬生产基地，各村居民多为菜户，专供皇宫食用；东南郊、南郊除菜农之外又有花农，专门培育花卉，供宫廷观赏；北郊多为牧羊奶户。用现代的话说，这种布局就是为皇宫和城市生产副食品和花卉的基地。这是明代北京农业出现的与以前朝代不同的进步。

7. 清代的农业　清初顺治年间，采取大规模圈地和民人带地投充，使清代京畿地区85%以上的耕地，为清廷和八旗所有。其中属皇室所有的，由内务府管辖，称为皇庄或内务府官庄；由清帝按照爵位等级，分配给王公贵族的称王庄；为八旗官兵所有的称为旗地。皇庄或官庄的经营是为皇室服务的，设定的内容有专门生产粮食的称为粮庄，又称为大粮庄。有关粮庄的具体数字，《北京通史》卷七中记载有：雍正年间，关内有322个；嘉庆年间，关内有538个；乾隆十年（1745年）前，畿辅地区有320余个。京师近郊还设有几处大粮庄，为皇室提供特殊的服务，关内的大粮庄主要分布在顺天、保定、河间、永平等府。设于北京地区，有案可查的清初大粮庄可见表2（摘自《清代的旗地》中册）。

表2　清初大粮庄

（单位：亩）

县名	庄头数	共领地数	领地最多数	领地最少数
通县	50	18 715	4 055	14
大兴	30	16 740	1 870	2
昌平	10	5 391	1 285	28
顺义	29	33 167	3 820	68
密云	11	7 742	2 028	49
怀柔	8	5 823	1 560	92
平谷	8	6 714	2 476	42
宛平	22	11 653	1 368	6
房山	18	9 638	900	11
良乡	18	12 150	3 282	24
延庆	3	2 212	1 138	363
合计	207	129 945	23 782	699

这里需要说明，上表所载各县庄头的领地亩数，只是他们在那一县领有的土地数，并不一定是他们领有的全部土地数。实际上，很多庄头的土地往往分散在两三个乃至四五个县中。现根据《内务府会计司所属庄头造报地亩清册》提供的材料，列举一些个案加以说明。庄头于至诚，管辖的粮庄划为头等，有地5 158亩，分布在顺义、通州、大兴三处，此例可作为老圈庄的代表。庄头杨群祥，管辖四等粮庄一个，有地1 827亩，分布大兴、顺义、昌平三处。主要有南苑粮庄、畅春园西厂稻田庄、房山县稻田庄两所、朝阳门外八庄等。

再就是钱粮庄亦称纳银庄，庄头都是清初圈地时，带地投充旗的近畿百姓。据《大清会典》记载，“顺治初年，畿辅之民携来投者，各就其地而立其庄，计庄百三十有二”，总计有地 1 625.59 顷，纳银 18 674 两。还有不带地的“以身来投”者，替官庄耕种 42 亩地；有的不带地只纳银的投充者。投充者的意图就是获得皇庄的庇护，免交赋税。

园——又分为果园，由内务府负责管理，其地主要来源是圈占和投充。京畿有南苑果园，宛平葡萄户等。还有菜园、瓜园等。

户——有蜜户、苇户、棉靛户、鸭子户、鸦鹘户、鹰户、鹌鹑户、狐皮户以及灰丁、煤丁、炭丁等。

以上所设庄、园、户三类均为皇室服务，并负责其职，果真有点像今日的专业化生产组织。

王庄——旗地中属八旗王公贵族所有的庄田，称王庄。同皇庄一样，京畿王庄的土地亦源于圈占和投充。

旗地——八旗官兵分领的圈地或投充地。据清代文献记载，“各旗官兵拨庄田以顷计者，十四万九百有奇”（《石渠余记》卷四）。清初不仅清占农田，还分占山林。

由于旗地制度代表着落后的生产关系，且满旗入关后又是采用暴力手段把民地圈占，并推行落后的生产关系，结果造成了社会的大动荡，使农业生产力遭到很大破坏，迫使京畿地区人民苦不堪言，时而爆发反抗清朝统治者的斗争。在人民反抗怒潮冲击下，清政府被迫在 1685 年（康熙二十四年）基本停止圈占土地和房屋，到雍正初完全停止。康熙末与雍正初年，清政府颁布了“盛世滋丁，永不加赋”的命令和“地丁合一”的制度，减轻了人民的赋税负担。同时，清政府还在京畿一带兴修水利和奖励垦荒。据史料显示，康熙年间，顺天府耕地面积迅速扩大，到嘉庆二十五年（1820 年），“顺天府耕地达 62 121 顷 47 亩”（梁方仲《中国历代户口、田地、田赋统计》）。到光绪七、八年间，“增达 66 209 顷 8 亩”。兴修水利同时，推广稻作。至雍正时，顺天府所属州县稻即增加到 13.3 万亩，“中熟之岁，亩出谷五石，为米二石五斗，凡三十万两千五百石”，收获不少（《顺天府志》卷四十八）。

清朝至康熙中期以后，农业有所恢复和发展，乾隆之世达到鼎盛时期。康熙帝对农业生产极为重视，经常出城观稼，劝督农耕。如康熙十一年到康熙十九年间他先后出城九次：“幸德胜门观麦”，同年七月复“出德胜门外观禾”；“幸郊外观禾”，同年复“幸郊外观获”；“幸玉泉山观禾”；“幸西郊观禾”；“出阜成门观禾”，同年“出朝阳门观禾”；“幸西山一带观禾”。他在出巡时，严格要求随从人员爱护农田，对于民间饥苦也知体恤。康熙帝在巡视江南时了解到南方水稻亩产最高可达三四石，而北京最肥沃的玉泉山下稻田亩产量不过一石。康熙三十一年，他在巡视通州一带田禾之后回到北京，在西苑瀛台内丰泽园内见尚书说：“北方地寒风高，无如此大竹，此系朕亲视栽种，每年培养得法，所以如许长大。由此观之，天下无不可养成之物也”（《清圣祖实录》卷一百五十五）。他介绍南方“福建稻田以山泉灌之，泉水寒凉，用猪毛、鸡毛则禾苗茂盛，亦得早熟”。他教农民“将玉泉山泉水所灌稻田亦此法，果早熟丰收”。还推广他选育成功的“御稻米”。清代农业发展的亮点有：①农产品种类更加丰富。《光绪顺天府志》所载，分为谷、蔬、果三类。谷有高粱、粟米、小麦、莜麦是清代北京地区主要的粮食作物。小麦分冬小麦和春小麦两种。当时北京地区这两种小麦都有种植；大麦、莜麦宜有种植，它们生育期短；稻分水稻、旱稻两种，水源充足的地方种水稻，产量比较高，一些低洼易涝地种旱稻。当时北京地区的旱稻有红、白两种；特产水稻有五塘稻、马尾稻、玉样白等品种，还有糯、粳二稻。

豆类有：大豆（又分青大豆、黄大豆、黑大豆、白大豆）、褐豆、虎斑豆、紫豆；小豆类——黄小豆、红小豆、白小豆、黑小豆、绿豆，还有刀豆、豇豆等。

玉米和甘薯。这两种作物大约于明代万历年间由国外引进，清代时得到广泛推广，并成为劳动人民的主食。清代《光绪顺天府志》中已有记载：“稷：高粱、蜀黎、玉蜀黎（玉米），皆稷属”。甘薯，北京人称为白薯，它适应性强，产量高，是度荒的好作物。在不得温饱的年代里，乡里百姓多把它与玉米相配——玉米面粥锅里加白薯块和白薯干，被称为“干稀”搭配。《通州志》记载：“乾隆二十三年（公元 1768 年）官饬民，令每年长发利民”。

蔬菜：清代，北京城市人口大增，对蔬菜需求量大。有需求就会诱导生产，北京城内外的蔬菜生产已不是依稀种植，而出现很多规模不等的官、私菜园。如今西城区官园在清代即为官菜园。北京广安门内枣林街一带也有大片菜园，清初被光禄寺菜户强占，成为官菜园。蔬菜的温室栽培更日见扩大。清人夏仁虎《旧京琐记》云：“蔬果之属以先时或非时为贵，香椿、芸豆、菱藕之类皆是也。所谓洞子货者，盖于花洞中熏培而出，生脆方甘，其价尤巨。王瓜一茎，食于岁首或值一二金”。

清代蔬菜生产不仅采用了温室栽培，增加冬春季城市蔬菜供给，而且蔬菜产品更加丰富多彩，仅于德源所著《北京农业经济史》中就收集记载了 40 来种，这大概是一般城市所不多见的。

果类产品：清代果类生产在传承以前已有的枣、栗、文冠果、槟子、苹婆、秋子、杏、李、胡桃、樱桃以外，又发展出银杏、桃、梨、榛、沙果、柿、松子、山楂、桑葚、杨桃、无花果、莲子、藕、菱、芡、慈姑、荸荠、葡萄等三四十种之多。清代还从外地引进香瓜和西瓜优良品种，对本地品种进行改良。沈太侔《东华琐录》记旧京遗闻云：“畿南一带（今大兴区）有瓜节，市瓜者先与种瓜人预约一年，先后摘取，惟约定后即有劣败，瓜主人已售出，即不咎也。俗以瓜为甜瓜，亦名香瓜，有羊角蜜、葫芦酥、青皮脆、金陵坠诸名。西瓜自六七月后，方于街市叫卖，有红沙瓤、黄沙瓤、三白。初皆哈密、榆次种，以后则多内地所出瓜果矣”。

花卉类产品：清代，北京郊区花卉种植业比明代更加繁荣昌盛。不过仍集中在京西南丰台一带。清人钱泳《履园丛话》云：“丰台在京城西便门外，为京师看花之所，凿池开治，无花不备，而芍药尤胜于扬州”。《光绪顺天府志》亦云：“今草桥居人种花为业如旧，惟梅花无大本，仅置盆中，为儿席玩”。北京城内形成以宣武门南槐树斜街为首的花卉市场。何刚德《话梦集》云：“上地庙在宣南下斜街……左近花厂林立，资本颇巨，秋间卖菊以千万盆计”。夏仁虎《旧京琐记》云：“市间花事，城外旧集于崇外之花市、宣外之地庙，城中则东为隆福寺，西为护国寺”。劳之辨《上元杂詠》云：“灵祐宫前市，鳌山万树花。千金争索价，卖入王侯家。近春花早发，满担入铜街。二八谁嫁女，贪看落髻钗”。当年花卉之多，见著于史书《北京农业经济史》的就有62种（不含品种）。加之品种就数不胜数了。

清代畜牧亦相当发达。除设有皇家苑囿饲养动物外，还在燕山以北开辟围场，饲养家畜和野生动物。养马是其中一项重要养殖业，其次是养牛、羊、猪、犬、鸡等；还盛养宠物，如京巴狗、信鸽、金鱼、玩虫。在皇庄中有蜜户（养蜂）、鸭户、鸦鹘户、鹰户、鹌鹑户、狐皮户等。其中比较兴旺的是“北京鸭”“北京油鸡”和宠物“京巴狗”等，它们都被列入清宫贡品。

清代农业生产发展的亮点之二是农业的商业化程度有了明显的提升。两次鸦片战争之后，北京封建性的城市经济逐步变为半殖民地半封建的经济，受国外商品的倾销，农民贫困破产不断加剧；与此同时，由于商品经济的刺激，使商业性的农业有了一定的发展。

清代后期，由于频繁的自然灾害和农民贫困化，直接影响农田产量，导致农业生产衰退。但受外国资本主义经济渗透，他们从四乡收购花生、黄豆、鸡蛋、芝麻等装运出口，或就地设厂，对丝、棉、烟草、蛋等农副产品进行加工制造等。在农业生产衰退的同时，京郊商业性强的经济作物的种植和园艺、蔬菜业则呈现一定的发展势头。

在粮食方面，清代已有“细粮”和“粗粮”这种粮食上的社会等级之分。康熙年间（1662—1772年）的《巨野县志》就记载：“富家多食麦，贫者以高粱为主食”。乾隆年间的《海阳县志》也说：“富者稻米为饭，麦面为饼，贫者食黍粥豆渣”。（引自［美］黄宗智《华北的小农经济与社会变迁》）。这一细一粗的价值观就提升了大米、白面的商品性——有钱有势者可以花钱买细粮，细粮形势增值，农民就卖细粮买粗粮——这样就可以使他们不足的粮食得到一些补偿，同时也推动了农作物的商业化。有资料显示，当时郊区小麦商品率为

63.3%，稻谷商品率达到 92.1%，花生商品率仅次于小麦。蔬菜商品率更高，产地商业化更明显。据有人对海淀阮村、靛厂村菜农调查，种菜的目的全在于出售。东郊东坎菜农姜振芳以种瓜起家，年逾古稀，“已集资巨万”。清代沿袭明制，实行南粮北运。近郊农田以种植生产杂粮为主，大米靠江浙等地北运；白面由河南、山东北运。京郊以玉米、粟、高粱等大宗。京郊商业性菜园开始兴起。据《畿辅通志》记载：近代（清后期）北京城内外都有以种菜为业的农民。城郊有许多拥有地窖、火炕设备的温室菜园，能在冬天供给韭黄、胡瓜之类的新鲜蔬菜。天坛附近还有栽培龙须菜的菜园。处于九河之梢的通县，多河富水，很多农民靠打鱼摸虾捉蟹维持生计，渔业十分兴旺。随着棉花加工业的发展郊区商业性植棉业有了发展。其他如植桑养蚕缫丝业亦有较快发展。昌平州的烟草成了著名的物产。平谷县“满川花果，木材既不胜其用，而果品获利更越乎农耕”。

清代农业发展的亮点之三是创新农业。一是培育出一批传承不衰的动植物新品种——北京鸭、北京油鸡、宠物京巴狗以及“御稻”；清代晚期引进了黑白花奶牛及大白、长白优良猪种，以及花生、烟草、国光苹果等。二是在北京地区首创了农业教育——从光绪二十八年（1902 年）起，京师大学堂先后设立林业科、农学专业和畜牧兽医科。到光绪三十二年（1905 年），又在京师大学堂中设农科大学，专门传授农业科学技术，培养农业专业人才；光绪年间还建立黄村农业职业学校。从此，北京地区有了从经验转向近代技术的农业人才从事农业生产技术指导和应用。

光绪三十二年，清政府在北京地区历史上首创“京师农事试验场”，主要从事农业品种改良、病虫害防治和土壤肥料试验及技术推广，展示着北京的传统农业由靠经验向着靠近代技术转变。

三是推进农业改革，“劝谕绅民兼采中西各法”，兴办农业。这是我国历史上官方第一次公开提出和号召采用西方农业技术来发展我国农业。据此，编印《外洋农学诸书》，引进西方近代农学和近代农器。据文献资料显示，从 1898 年“戊戌变法”到 1911 年宣统帝逊位的 14 年中，近代农学的引进和近代农业的建设，在我国、在北京有明显的发展。引进西方近代农业书籍 111 种，搜集到国内传统文书 41 种，全面介绍近代土壤、肥料、气象、农具、水利、蚕桑、畜牧、林业、水产、园艺、植保、兽医和农经等方面的科学技术知识。引进近代机械农具 40 多台套，派出留学农业生 200～300 人，打开了“洋为中用”的大门。

四是农业以城市为中心呈现环状布局，并形成为城市服务的生产基地，从内环到外环，从以蔬菜生产为主过渡到以粮棉生产为主；畜牧业从以养猪、鸡和鸭为主过渡到以羊、牛为主；一环扣一环，形成便捷运输、因地制宜的生产基地。虽不成规范，但具雏形，比明代又有所前进！

第五节 试验性近代农业

前面讲到的原始农业、传统农业的发生都以生产工具（石器、铁器）切入，而对近代农业则以试验技术切入，这是因为，我国的史学界将1840年发生在我国土地上的鸦片战争以后直到1949年中华人民共和国成立之前这一段历史称之为中国的近代史。这一段历史时期包括清代后期，即1840—1911年和1912—1949年的民国时期。鉴于在写作上维持清代农业的完整性反映，故把清代后期农业状况不纳入近代农业范围。本节只写民国时期的北京农业状况。

鸦片战争之前，清政府采取闭关锁国政策，使以精耕细作著称的传统农业止步不前，固守在“经验”的基础上墨守成规。鸦片战争打开了国门，出现了“西学东渐”，传来了西方近代试验技术，并促进了晚清有识之士的变法维新，从而推动了中国传统农业由经验农学向试验农学转变；由使用畜力和手工工具向机械化农具转变；由自给性生产向商品性生产转变。西方近代技术的传入引起我国试验科学的兴起，在“百日维新”中创立了京师大学堂内设有农科，为社会培养农业人才；创办农事试验场，开展农业科学试验和推广先进技术。进入民国时期，北京地区建立起农业大学、农业科研院所，以期以科学技术替代传统的经验来支撑农业的发展。但因时值社会动乱，致使科学试验未能形成洪流。但已展现出近代技术是发展北京近代农业的拐点作用，预示着北京近代农业生产力的新的飞跃。

一、近代农学的兴起

探索我国近代农业实验技术史，可以认为是以“西学东渐”“洋为中用”为起点，是以引进与应用西方近代技术走向近代农业的开端。回顾世界农业生产经历了四次大的技术革命，这四次大的技术革命都以生产工具的变革为起点，而生产工具的变革又是自然科学发展的必然结果。一切生产工具都是“物化”了的科学。马克思指出，生产方式的变革是以劳动资料（主要是生产工具）的变更为起点。他说：“手推磨产生的是封建主为首的社会，蒸汽磨产生的是工业资本家为首的社会”（《马克思恩格斯选集》卷一）。农业发展史上阶段性跨越无一不是以生产工具的变革为起点的。新石器的发明出现了“刀耕火种”的原始农业；铁器的发明与应用跨入了以经验为支撑的精耕细作的传统农业阶段；蒸汽机的发明与应用，进而创造出准农业机械，进入以准动力机械为支撑的近代农业；以全过程机械化为支撑跨入了集约化的现代农业。可惜中国进入近代缺少大工业，尚无力制造机器。从 19 世纪 90 年代到 1910 年虽引进 40 台套农机具，绝大部分都是加工类机具，用于农业田间耕、种、收的机械几乎无几。期间北京则是引进农机具的空白。但是北京处于首都地位，这里具有从事近代技术引进的人才、技术以及农事试验优势。

从中国近代农业科学技术史看，19 世纪 90 年代引进外国农学，在中国、在北京起了启蒙的作用，使国人获得了许多近代农学知识；从国外引进的农业技术，多数属于生物技术。据统计，1892—1907 年，我国从国外引进良种达 40 次，共计有 20 类；引进农机具虽有 23 次（未见有北京），但数量却很少，生产上应用的更少，多在试验场做试验用。当时《农学报》翻译的外国农书中有关农业机械的只占 5.5%，多数是关于植物栽培、动物饲养，重点也都是生物技术（闵宗殿、王达《中国近代农业的萌芽》，农业考古 1984 年第 2 期）。当年传入中国的近代生物学知识有《细胞学》《植物生理学》《植物分类学》，还有以生物学为基础的西方农学——《农事略论》，其中介绍了西方在农业化学，特别是在化学肥料方面的成就，以及西方的农机具等方面的知识与技术，使人们耳目一新，对引发我国和北京地区从传统向近代农业过渡中起了重要的促进作用。

1894 年中国在甲午战争中战败，“洋务运动”彻底破产。深重的民族危机使人们觉醒起来，开始把注意力从洋务转移到兴办农业上来。在其影响下，北京地区的近代农业在民国期间（1912—1949 年）同步在外患内忧中蹒跚行进。

二、土地及土地制度

土地是农业生产的基本资源，是影响农业发展的一个主要问题。1949 年以前，北平的郊区地域仅为四郊，据 1934 年北平市政府组织的第一次调查，四郊共有耕地 25.88 万亩，四郊人口总数为 43.83 万人，人均耕地 0.59 亩。农民 2.75 万户，户均耕地 9.41 亩，农民人均耕地 1.58 亩。1947 年，北平市政府对四郊的最后一次普查结果表明：人均耕地 0.58 亩，北部人均耕地增加到 0.87 亩；东郊减少到 0.59 亩。

民国时期虽流行着孙中山先生提出的“平均地权”与“耕者有其田”的土地制度变革思想，但因辛亥革命成果被军阀夺取后，执政的军阀与封建势力、帝国主义勾结，共同掠夺土地，土地兼并更甚。就全国而言，据 1934 年，陶直天（钱俊瑞）的估算，占全国农户不到 10%的大中小地主、富农占有全国耕地总面积的 68%。大批农民在土地兼并中沦为佃农或雇农，地租率高达 50%左右，每年从农民手中获取粮食 300 亿千克以上。土地分配不均和租佃制度不合理的问题在京郊亦存在。据资料显示，1934 年京郊自耕农占总农户的 66.9%，半自耕农占 12.4%，佃农占 13.9%。到 1947 年调查时，仅西部自耕农就由1934年占73.1%减少到34.41%；半自耕农由11.4%上升到41.3%；佃农由14.8%上升到23.3%。这种情况的存在其重要原因就在于达官富商及地主豪绅的强势兼并。

郊区耕地与人口见表3。

表3　郊区耕地与人口

郊别	耕地总面积（亩）	总人口（人）	人均耕地（亩）	农户总数（户）	户均耕地（亩）	年代
东	79 482	119 283	0.67	6 086	13.06	1 934
南	69 504	125 141	0.56	6 344	10.96	1 934
西	55 274	107 051	0.52	10 994	5.03	1 934
北	54 547	86 821	0.63	4 084	13.36	1 934
总计	258 807	438 296	0.59	27 508	9.41	1 934
东	78 890	133 183	0.59	—	—	1 947
南	54 674	155 550	0.35	—	—	1 947
西	83 105	115 645	0.72	—	—	1 947
北	66 515	81 501	0.82	—	—	1 947
总计	283 184	485 879	0.58	—	—	1 947

现今的远郊县（区）当时大部分属于河北省辖区，据1934年河北省的调查，参阅见表4。

表4　远郊县耕地与人口表

县名	耕地总面积（亩）	总人口（人）	人均耕地（亩）	总农户（户）	户均耕地（亩）
	1 114 400	202 157	5.51	32 397	34.40
宛平	757 640	265 671	2.85	36 500	20.75
通县	1 200 000	353 869	3.39	55 188	21.74
良乡	387 737	71 265	5.44	12 746	30.42
房山	379 779	182 918	2.08	25 205	15.07
昌平	635 858	233 127	2.73	43 380	14.66
顺义	591 886	224 222	2.64	24 940	23.73
密云	278 430	132 809	2.10	26 304	10.59
怀柔	165 000	79 137	2.08	13 014	12.68
平谷	184 118	67 039	2.75	12 002	15.34
河北	109 132 000	32 020 000	3.41	4 224 000	25.84

从表 2 与表 3（《北京通史》卷九）比较中可以看出，北京近郊农业与远郊各县的农业有一个基本不同点，即人多地少。这种特点为农田集约化耕作创造了客观条件，但也造成京郊耕地不足以养人的问题。

三、生产工具

中国进入近代以后，晚期的清政府和民国时期确从西方引进一批机械农具，但数量不多，主要用于试验，还形不成生产力。郊区农业生产工具仍主要是畜耕和手动工具。耕畜有骡、马、牛、驴，不耕地时，马用来拉车，驴用来短途运输。据 1939 年调查，京郊耕畜数量比较少，每头耕畜平均负担的耕地为 29.1 亩，其中东郊为 43.28 亩，西郊为 30.48 亩，南郊为 19.96 亩，北郊为 31.9 亩。西郊六十四家农户畜耕平均负担耕地 39.75 亩，清华园附近土地的耕畜平均负担为 31.76 亩，顺义县为 29.04 亩，通州为 78.48 亩，密云县为 10.29 亩，怀柔县为 16.32 亩，良乡县为 69.48 亩，房山县为 26.25 亩。畜力负担过重，表明耕畜少，亦表明农业生产力水平低。

农业生产所用工具近郊与远郊无大差别，仍是犁、镂、锄、铲等。到 20 世纪 30～40 年代，近郊开始出现使用橡胶轮胎大车和管状水车、机压水井等“土中先进工具”。同期美国的农民已基本实现了机械化。1915 年，北京农业专门学校引进农产品加工机具，并设有农具学课程。

四、劳动者及其素质

民国期间，京郊劳动者仍停留在手工劳动阶段，因此，农业生产力是随着农业人口的增长而相应发展的。据《北京通史》卷九记载：1934 年和 1947 年两次对四郊人口调查，第一次农户占总户数的 30.6%，农业人口占总人口的 37.4%；第二次调查，农业人口占总人口的 42.6%。这说明京郊的农业劳动力是有所增加的，农业生产力也是相应地有所提高。京郊地少人多，耕地不足以养人，许多农民进城经商、佣工、学手艺以补家庭经济困难。这样就致使农业劳动力向其他行业转移，农业人口比例降低。如北郊八家村原有农户 58 家，民国时仅剩 24 家，占全村总户数的 41.4%。

远郊县农业人口在总人口中还占绝大多数。20 世纪 30 年代，大兴县农户占总户数的 87%，怀柔县农户占总户数的 88%，良乡县农户占总户数的 93%，宛平县农户占总户数的 71.6%。这些县的农户比例都低于河北省的平均水平，但都远高于京城四郊的水平。

尽管没见有民国时期有对农民进行素质教育或培训的记录，但自清朝晚期以来北京地区已兴办起农业教育——有中等专业农业学校，如宣统元年创办的“顺天中等农林学堂”，1918 年 1 月改为“京北甲种农业学校”，1934 年又改为

“河北省立黄村初级农业职业学校”；1942年，日伪政府在通州建立“河北省立通县农业专科学校”。抗日战争胜利后，1946年该校与黄村初级农业职业学校合并更名为“河北省立黄村高级农业职业学校”。

1902年，京师大学堂设立农科，内分农艺、农化、林学、兽医四科；1905年由京师大学堂农科改建为农科大学；1914年，农科大学改为国立北京农业专门学校；1923年又改名为北京农业大学。这些农业教育学校的建立虽主要是培养专业人才，随着不同层次的人才辈出，对整个国民和农民的科学文化素质总会产生不同程度的影响与提升，新兴的近代农业技术也潜移默化的影响到农民素质有所提升。农民的文化教育有了机会。国民时期，北京的中等学校主要分布在城内，外城和郊区中学不及总数的1/5。不过当时的通县、顺义、大兴、宛平都有省立中学，多的3所（通县）少的1所。

当年，全市幼稚园主要分布在内城，小学则主要分布在郊区。据20世纪30年代统计，通县有小学358所，在校生1.5万人；顺义204所，学生6 291人。又据1928年统计，宛平有小学206所，房山63所，平谷44所。其中8县的高等小学校共33所，这表明郊区以初等小学为主。这对于广大农民来说是一次受教育、学文化的机会。民国时期不仅对基础教育有所发展，还首次把成人教育问题提到议事日程。北京普遍办起民众学校、各种补习班，主要目的是扫除文盲。据1930年统计，北平教育局同年总计办各种民众学校93所，学生6 634人，其中农民补习学校2所，教员45人，学生1 533人。时年，北平师范学校组织冉村社会教育区，北京大学也组织师生到农村开展平民教育活动。

总之，与以往各朝代相比，民国时期的农民已可受到一定的文化、职业教育，其智慧已不只是单一的从实践中获得。

五、农业的科技支撑

自1840年以来，特别是1898年光绪下诏“兼并中西各法”振兴农业，是我国政府公开推行西方近代农业技术的开始。由此打开了西方近代试验技术陆续传入中国的大门，特别是在“戊戌变法”后，清政府在北京地区陆续建立北京农事试验场、林业试验场、种畜试验场等。民国时期，1929年创立国立北平研究院内设涉农的研究所有生物学、植物学、动物学等机构；日本统治时期，有“华北农业科学研究所”，从事农业研究；1928年，在北京设立第四棉业试验场，从事美棉品种的引进、试验及推广工作；1912年8月在天坛设立林艺试验场，翌年在北京西山设立分场，负责北京附近的育苗造林试验。这是我国近代最早的独立的林业试验研究机构。这些试验机构都独立于农业生产活动之外，所获得的农业理论和技术是其独立研究的成果，而不是人们生产实践经验的总结。这样就可使农业科学技术的获得有预期地进行，并走在生产的前头。生产经验的总结通常来自两个方面：一是从分散的实践中归纳形成的可重复再用而显先进的经验；二是从先进生产实践的结果中提炼出来的经验。经验是在生产过程中形成的。而试验技术是针对生产发展的需要进行预谋性超前研究所获得的成果，对生产具有引领作用，一般具有超乎经验的效果。

民国期间北京地区引进近代技术有：美棉良种——短绒棉和长绒棉；美国的小麦良种“早洋麦”、玉米良种金皇后等，日本的水稻良种：银坊、黄金、白金等，白薯胜利百号等；1923 年，燕京大学农科引进泰姆华斯猪、波中猪、约克夏猪；同年，清华大学虞振镛从美国购入荷兰黑白花奶牛 12 头，继之北京农业大学附属农场引入纯种安雪牛；1917 年北京成立国家第二种畜试验场（在西山），引入美利奴羊 100 余只；1946 年，由联合国善后救济总署从新西兰运来良种绵羊 994 只，分配给北平中央畜牧所分所 50 只；1922 年通县潞河中学附设潞河乡村服务部鸡场，用白来航鸡与本地鸡进行杂交改良。

民国期间的近代农业技术亦有所发展，在小麦耐寒性、抗病性检定，美棉栽培技术，美棉病虫害防治技术方面都取得“不少成绩”。金陵大学北京海淀分场（原燕京大学农学系海淀农事试验场）培育出小麦新品种“燕京白芒”“燕京 919”；北京农业专门学校选育出“北京长绒棉”；金陵大学与燕京大学合作在燕京大学试验场选育出“金大燕京 129 号”高粱新品种和“燕京 811”粟新品种；北平大学农学院选育出“紫金箍”水稻新品种。

在农业病虫害的认识与防治方面：清华大学农业研究所戴芳澜先生于 1934 年成功地取得真菌分类成果；王磊及俞大绂分别在谷类作物及果树病害和麦、棉、豆类病害进行了研究，并取得了成果。

1921 年，清华学校（后改为清华大学）教授虞振镛从美国选购荷兰乳牛，在北京建立“北京模范奶牛场”，并引进、采用现代饲养管理、牛乳消毒、乳品加工、饲料青贮等技术与设备，成为中国自办现代化乳牛生产研究事业的一个标志。

在土壤肥料方面：近代土壤科学研究明确指出，植物从土壤中摄取最多的养分是氮、磷、钾三种元素。其中磷、钾主要来源于土壤中的无机物。而氮主要来源于以各种形式进入土壤中的有机物。北京中央农事试验场、北京农业大学等均开展了土壤教学与研究。

在 20 世纪初期，农工商部（北京）农事试验场率先进行灌溉排水试验，建成本市第一闸——潮白河上钢筋混凝土结构的通州苏庄闸。

在园艺方面：1916 年，中央农事试验场园艺科一年开展课程 20 余项；征集到果树 165 种，北京地区果树种类繁多，品种丰富可能与其有关。1929 年，刘慎愕在北平“三贝子花园”（现北京动物园）内开辟一小规模植物园，收集各种植物近 700 种；同年，北平研究院建立植物研究所，开辟森林植物方面的研究。

在畜牧方面：1926 年，北京农业专门学校成立了动物营养室，从事豆饼蛋白质营养价值研究；豆饼消化吸收率研究；食物内蛋白质互补功效研究；蛋白质在动物体内蓄积利用研究等；1924 年，北平中央防疫处首先制造出马鼻疽诊断液，同年又制造出犬用狂犬病疫苗。

民国时期，成立于清末的全国第一个农业科学研究机构——农事试验场，为北京地区宣传、推广农业科学技术，提供了大量的试验资料。他们对土壤、肥料、水利和饲料进行分析；对北京地区土温室、粪干、坑土、除螨的栽培做了改良研究；对主要作物病虫害进行科学定名、分类等。1928 年，北平大学农学院从各省和外国引进作物良种农业技术。30 年代，又在北京成立第一个土壤研究机构——中央地质调查所土壤研究室，先后有 18 位专家分别在棉作、麦作、农业综合调查、兽药、微生物学、水稻、果树、蔬菜、病虫害、农业经济、土壤学、肥料等研究中作出成绩。

六、农业生产

民国时期，北京地区的农业生产在近代技术的渗透下，开始由传统农业逐渐向近代农业转变，在动植品种改良、耕种技术、施肥方法和施肥、地力培养，及动物饲养、疫病防治等方面比过去都有所改进。由于北京城市的发展，对商品粮食、蔬菜、肉类及棉花等农畜产品的需求量不断增加，农业生产部门的结构以粮食、棉花、蔬菜为主，并形成为城市服务的生产基地。

农作物生产的总体格局——以玉米、高粱等高产作物占第一位。据当年河北省棉产改进会对京郊农作物的调查，玉米、高粱种植面积占耕地面积 58.3％，谷物作物占 23.75％，小麦占 9.91％，以下依次是豆类、甘薯、花生、棉花分别占耕地面积的 4.0％、1.88％、1.63％、1.52％。水稻、蔬菜、水果等各占很小面积。到 1943 年，玉米因其适应性强，比较稳产（一般亩产 50 多千克），当粮食吃起来比高粱强（适口、耐饥、富营养），秸秆还可以做牛饲料等，其种植面积不断扩大。谷子好吃，但产量不高，其种植面积亦有所下降。高粱高产不好吃，种植面积大幅下降。到 1943 年，高粱、谷类所占耕地面积分别下降到 7.3％和 18.7％。它们的亩产量分别为 42.75 千克和 47.25 千克。小麦作为细粮其商品率提高，种植面积逐渐扩大，到 1943 年占耕地面积由 9.91％上升到 18.9％。

甘薯因其耐瘠、耐旱、适应性广、产量高，到民国后期种植面积逐渐扩大，逼得高粱、谷子种植面积相应缩小。不过它占居的都是土地瘠薄的沙土地，如永定河沿岸及一些岗坡地。

棉花是民国时期重要的经济作物。1914 年，北洋政府颁布《植棉制糖牧羊奖励条例》，激励农民植棉。1933 年 10 月，国民政府设立棉业统制委员会，负责管理棉花技术推广与生产工作。当年，北平设立棉花改进所，在四郊推广种植棉花，所种棉种均为美国陆地棉。据史料显示，当时京郊劝植棉农户 409 家，播种面积为 1 630 亩，发放棉种地面积由 635 亩增加到 2 000 余亩。到 1936 年，四郊种植美棉 6 425 亩，年产 10 万千克；植中棉 892 亩，年产籽棉 1.55 万千克。到日伪时期，四郊种植棉花面积扩大到占四郊耕地面积的 3%。蔬菜生产有较大发展，据 1933 年的统计资料显示，蔬菜种植面积达 4.6 万亩，占耕地面积的 17.8%，以大白菜为主，种植面积达 1.7 万亩，年产 1 732.5 万千克，以下为黄瓜、菠菜、扁豆、茄子等。蔬菜温室生产以西便门、阜成门外一带最多，小马厂村家家都有温室设备和菜园。

北京城内蔬菜消费量，据 1919 年统计，每月 2.05 万千克，折合人均每天 65 克。京郊蔬菜产量，据 1934 年统计共 3 641.8 万千克，平均每天 10 万千克，按当年人口计算，人均每天也是 65 克。菜市场有天安门、天桥、阜成门、西直门、安定门、德胜门和朝阳门。

京郊农作物生产布局情况大致是：玉米生产在四郊所占耕地面积分别为：西郊 11.6%，南郊 24.6%，北郊 21.1%，东郊 42.1%。小麦种植面积各占耕地面积为：西郊 36.2%，南郊 22.4%，北郊 20.9%，东郊 20.5%。谷类种植面积分别占：西郊 40.2%，南郊 10.9%，北郊 21.8%，东郊 27.1%。水稻主要分布在西郊和南郊。棉花集中在南郊和北郊，东郊和西郊比较少。京郊著名棉花产地南苑，距城 20 里，所产棉花主要运往北京销售，小部分销往天津。蓝靛厂、海甸、左安门、广安门外等棉产区也都有棉花销往城内。从 1935 年统计看，从南苑运销北京的棉花有 2 000 吨；从清河镇运销北平的棉花有 5 吨；从海甸贩入有 15 吨；由圆明园运入 65 吨（《河北省棉产调查报告》）（表 5）。

表 5　远郊各县农作物耕地面积占总面积的比重

县名	小麦（%）	玉米/高粱（%）	谷类（%）	豆类（%）	棉花（%）	花生（%）	甘薯（%）	蔬菜（亩）
顺义	2.25	47.25	20.0	19.25	0.37	4.0	0	6 000
大兴	17.17	55.0	19.75	7.34	9.57	3.42	0.7	1 950
良乡	11.27	58.25	14.75	10.0	4.93	10.0	1.0	4 070
昌平	3.94	44.5	30.5	9.05	0.56	6.89	1.59	1 600
平谷	9.74	33.67	29.33	8.0	13.29	4.0	3.33	1 000
房山	15.48	58.33	24.0	5.33	4.64	6.7	1.0	5 580
宛平	—	48.33	25.0	9.0	2.35	10.88	1.0	1 425
密云	1.66	36.93	32.18	14.94	0.12	6.86	4.87	550
怀柔	3.92	38.47	29.8	5.39	0.6	2.44	1.66	700
各县平均	8.18	46.75	25.03	9.81	4.05	6.13	1.89	2 541.7

据1928年的统计资料显示各县农作物平均亩产量：小麦以顺义和怀柔最高——100斤；玉米以怀柔最高——230斤，昌平第二，255斤；高粱以昌平最高——195斤；谷类昌平最高——232斤；豆类昌平最高——238斤；棉花大兴最高——93斤，通县次之——55斤。各县农作物平均亩产量：玉米144斤，高粱129斤，谷类176斤，小麦82.5斤，豆类132斤，棉花46.4斤。

七、畜牧业生产

京郊地区的畜牧业以家禽、家畜为主。家禽有鸡、鸭；家畜有猪、羊及大牲畜骡、马、驴、牛、骆驼等。四郊农户平均饲养家禽、家畜的只头数分别为，猪：东郊0.47，西郊0.83，南郊0.36，北郊3.48。以北郊为最多。羊也是北郊农户饲养最多，平均每两户饲养一只多，平均为0.64。东郊、西郊、南郊分别为0.06、0.22、0.04；养鸡平均每户：北郊、东郊、西郊2只，南郊1只。鸭的养殖以东郊最多，平均每户1.38只，南郊1.12只。四郊农户的饲养情况，养猪平均每户0.51头；养羊平均0.1只；养鸡平均1.67只；鸭为0.89只。从养殖数量上看，四郊养鸡最多，次为养鸭。“北京鸭”品种优良，闻名于世，养鸭已出现许多专业户，其中在东郊、北郊一带。东郊养鸭专业户秋后多至南郊凉水河放养，春暖始归。北郊则利用玉泉山水系放养。那时农户养猪多以积肥、出售为主要目的。俗话说，养猪不赚钱全靠粪肥田；一头猪就是一座小化肥厂。一般农户都是在冬天猪养肥后，运到北平猪市上出售。据1914年统计每日全市屠猪600头，全年屠猪21.9万头；1934年屠猪38.2万头；1938年，仅先农坛屠宰场全年屠猪25.5万头。这些猪大都由外埠运入。经分析，1937年输入北平的猪有25.7万头，其中由京郊运入的仅2万头。其实那时的外埠包括现今北京远郊的平谷、密云、通县、顺义、怀柔、延庆等地。

大牲畜的饲养情况：北郊和东郊每10户喂养1头骡；西郊和南郊每百户养7～8头骡。养马的很少，大约是每百户养1匹。养牛的也比较少，西郊、北郊每百户养牛1～3头；东郊、南郊每千户养3～6头。饲养驴比较多，北郊每10户养驴1匹，东、西、南郊各每百户养驴8～15匹。骆驼以西郊养殖最多，每10户养2头。从京郊的整体看，平均每10户养驴1头；每百户养骡8头；养马2匹；养牛1头；养骆驼5头（以上资料均来自《北京通史》卷九）。另据《北京通史》卷九记载，“京郊农户养耕牛不多，但饲养奶牛不少”。由于近代奶牛良种及饲养技术的引进，改变了清代以来的粗放经营，出现了北京大学农学院奶牛场、燕京奶牛场、太和奶牛场、逢源奶牛场、福生奶牛场、北京模范奶牛等。全市奶牛场发展到百数十家，养奶牛1 800头，日产鲜奶5 443.11千克。

远郊县的畜牧业与近郊不同，很少养骆驼、养鸭，其他家禽、家畜数量都比近郊多。据《北京通史》卷九记载（20世纪30年代），各县养鸡户均数分别为：顺义 5.47 只，通县 0.68 只，密云 0.9 只，怀柔 6.92 只，良乡 0.45 只，房山 7.14 只。其中顺义、怀柔、房山超出河北省的平均水平 3.1 只。各县养羊户均数：宛平 0.1 只，通县 0.01 只，密云 0.37 只，大兴 0.58 只，良乡 0.02 只，房山 1.29 只。其中房山、大兴超过河北省平均水平 0.38 只。各县养猪户均数：宛平 0.86 头，顺义 0.99 头，通县 0.18 头，密云 0.54 头，大兴 0.14 头，怀柔 3.6 头，良乡 0.67 头，房山 1.47 头。其中顺义、房山、怀柔超过河北省平均水平 0.87 头。远郊县饲养大牲畜的状况是：据 20 世纪 30 年代统计，宛平、顺义、通县、密云、大兴、怀柔、良乡、房山八县户均养牛 0.076 头；宛平、密云、大兴、怀柔、良乡、房山六县户均养马 0.09 匹；而以上八县户均养骡 0.22 头、户均养驴 0.19 头。

京郊畜牧业对京城肉类供应有贡献，但水平不高。如据 1937 年统计，输入北京的牛共 1.5 万头，从京郊输入的只有 1 500 头；输入的猪有 25.7 万头，从京郊输入的只有 2 万头。

京城消费品中上列农产品外，还有年输入牛皮约 4 万张，从京郊输入 1 万张；羊皮消费 4.3 万张，从近郊输入 1.3 万张，从远郊输入 3 万张；狗皮从郊区输入 2 万张，当年自销 5 000 张，外销 1.5 万张。

从史料评点看，民国时期北京郊区农业生产服务城市的特点更加显现：

一是商品化更加突出。就粮食而言，细粮的商品率有较大提高。1943 年的资料显示，近郊及远郊怀柔、顺义、大兴、良乡、房山的小麦的播种面积比 1936 年有所扩大，其商品率为 63.2%，水稻商品率高达 92.1%，花生商品率仅次于小麦蔬菜的商品率，几乎百分之百。北京城内蔬菜基本上是由四郊供应。这表明，北京地产商品性农业有了较大发展，出现了一批经济作物种植面积达到总种植面积 10%以上的自耕农户。他们的显著特点，首先是占有百亩以上的土地，实行“经营式农场”或“家庭式农场”经营，一般种粮农田占 80%～90%，10%以上种经济作物。据 1936 年的调查，平谷县一户自耕农张彩楼，有农田 218 亩，除出租 30 亩外，其余都由自己耕种，其中 28%种谷子，16%种高粱，17%种玉米，9%种的大豆、19%种棉花、5.3%种芝麻。经济作物——大豆、棉花、芝麻总占地达 33.5%。再就是靠商品性作物赚钱。在张彩楼的现金收入中，主要来自棉花（在 535 元中占 314 元），部分来自养猪（141 元），小量来自租地（71 元）。他凭着这种商业性规模经营，在近 20 年间，使自有农田由 150 亩增加到 218 亩。

二是郊区农业出现了以北京城市需求为目的的生产布局。即以城市为中心，从内环到外环，人均占有耕地由少到多；集约化经营水平由高到低；农作物布局从以蔬菜生产为主的产业到以粮棉为主的产业；高级业由以猪、鸡、鸭为主的产业，到以羊、牛为主的产业，一环扣一环，呈现放射型布局。这样既有利于因地制宜发挥相应地住人们的生产习惯（俗）和所长，又便于营运，蔬菜、鲜花可以就近上市，保证市民尝鲜、赏鲜。

三是农村及京城周围县城集市繁荣，这表明民国时期近代农业生产力水平及商业化程度的提升。据史料显示，近代末（1949 年）主要粮食作物及经济作物的种植面积和总产量都较历史上有所提高（表 6 和表 7）。

表 6　主要粮食作物面积与产量

作物	黍、稷	稻谷	小麦	玉米	甘薯	高粱
种植面积（万亩）	111.9	5.8	100.3	265.1	41.2	72.1
总产量（万斤）	10 001.0	1 237.0	6 225.0	34 079.0	13 143.0	6 605.0

表 7　主要经济作物面积与产量

作物	蔬菜	棉花	花生	大豆	芝麻	油料
种植面积（万亩）	11.4	23.9	41.8	76.8	6.4	50.7
总产量（万斤）	21 077.0	457.0	4 438.0	6 820.0	293.0	4 794.0

注：以上两表资料引自北京市农业科学院情报资料室《北京市农业参改资料》(1949—1978)。

第六节　机械化的现代农业

毛泽东同志曾有名言：“农业的根本出路在于机械化。”世界农业发展的实践证明了这一真理性论断。蒸汽机的发明与应用，既标志着人类第一次技术革命的兴起，也促进了工农业生产的飞跃发展。19 世纪后期，在法国和美国先后出现了蒸汽拖拉机和内燃拖拉机，使人类进入了利用机械动力从事农业生产的新阶段。

20 世纪后半叶，美国、法国、日本分别于 50 年代、70 年代和 80 年代全面实现了农业机械化，标志着世界农业进入了现代化的历程。与之同时，还相继实现了农业化学化（化肥农药的研制与应用）、农业良种化、农田水利化。

莫大的中国在长期的封建制和后来的半封建、半殖民地的统治下，社会生产力一直被禁锢在传统经验门下缓慢演进。直到 1949 年 10 月 1 日，中国共产党领导全国人民推翻了“三座大山”，宣布新中国的成立，中国人民从此站起来了！新中国成立 60 多年来，北京农业在前 30 年中虽遭到“左”的错误干扰，受到一定挫折，但在整体上还是取得史无前例的长足发展。

在漫长的封建地主阶级统计下，统治者只把农业作为收括民脂民膏、囤积财富的经济基础，而无意支持或领导农民发展生产力，在富民中强国。虽有新朝“明君”会提出“劝课农桑”，恣其农民致力农业生产，乃为实现他们“民不贱农，则国安不殆”的利益所为。

伟人论现代农业：新中国成立后，党和国家领导人都十分重视农业（表8～表11）。

表8 毛泽东论农业

论述	时间	出处
农业是国民经济的基础，粮食是基础的基础。	1960年8月10日	《中共中央关于全党动手，大办农业大办粮食的指示》
要把农业放在经济问题中的首要地位。	1960年第22期	《红旗》杂志
农业的根本出路在于机械化。	1968年12月19日	《人民日报》
有了优良品种，既不增加劳动力、肥料，也可获得较多的收成。	1942年12月	《经济问题和财政问题》
水利是农业的命脉。	1934年1月23日	《我们的经济政策》
农业“八字宪法”，这就是土（深耕、改良土壤、土壤普查和土地规划）、肥（合理施肥）、水（发展水利和合理用水）、种（推广良种）、密（合理密植）、保（植物保护、防治病虫害）、管（田间管理）、工（工具改革）。	1959年10月19日	《人民日报》
农、林、牧三者互相依赖，缺一不可，要把三者放在同等地位。	1959年10月31日	《毛主席关于养猪问题的一封信》
要努力发展粮、棉、油、麻、丝、茶、糖、菜、烟、果、药、杂等十二项生产，要实行农、林、牧、副、渔五业并举的方针。	1960年4月1日	《人民日报》
农业经营中，极大一项任务是种菜，……“无菜半年荒”是确确实实的。	1948年	《经济问题与财政问题》

表9 邓小平论农业

论述	时间	出处
社会主义现代化建设是我们当前最大的政治，因为它代表着人民的最大的利益，最根本的利益。		《邓小平文选》第二卷
农业是根本，不要忘掉。		《邓小平文选》第三卷
农业的发展一靠政策，二靠科学。科学技术的发展和作用是无穷无尽的。		《邓小平文选》第三卷

（续）

论述	时间	出处
社会主义财富属于人民，社会主义的致富是全民共同的致富。社会主义原则，第一是发展生产，第二是共同致富。		《邓小平文选》第三卷
科学技术是第一生产力。		《邓小平文选》第三卷
社会主义的本质，是解放生产力，发展生产力。		《邓小平文选》第三卷
农业问题也要研究，最终可能是科学解决问题。科学是了不起的事情，要重视科学。		《邓小平文选》第三卷

表 10　江泽民论农业

论述	时间	出处
农业是经济发展、社会安定、国家自主的基础，农民和农村问题，始终是中国革命和建设的根本问题。		《江泽民同志理论论述大事纪要》
发展农业是一项长期的艰巨的任务，必须始终把农业放在发展国民经济的首位。	2002 年 10 月 11 日	《发展要有新思路》
现代农业的发展，离不开工业的支援。	1990 年 6 月 19 日	《在农村工作座谈会上的讲话》
推进现代农业必须依靠科学技术，农民要富起来，还得走科技兴农的路子，需要把发展科学技术同深化农村改革结合起来。	1991 年 4 月	《高度重视和大力发展科学技术》
农业现代化的实现和大农业经济的发展，最终取决于科学技术的进步和适用技术的广泛应用。		《新时期农业和农村工作重要文献选编》
振兴我国农村经济，最终取决于我国农业科学技术的重大突破和广泛应用。	1993 年 10 月 18 日	《要始终高度重视农业、农村和农民问题》
我们要重视科技在农业中的应用，要有效实施科技教育兴农战略，就必须提高劳动者的素质。		《新时期农业和农村工作重要文献选编》
实现农业增长方式的转变，最重要的一环，就是要狠抓科教兴农，把农业发展转移到依靠科技进步和提高农民素质的轨道上来，努力提高科技在农业增长中的贡献份额。		《十四大以来重要文献选编》下册

表 11　胡锦涛论农业

论述	时间	出处
要牢固树立和认真落实以人为本，全面、协调、可持续的发展观，把解决好农业、农村、农民问题作为全国工作的重中之重，按照统筹城乡发展的要求，进一步加强农业基础地位，推进农业可持续发展。		《毛泽东、邓小平、江泽民关于"三农"问题的部分论述》
农业是安天下的战略产业，对保证经济社会发展改善人民生活、保持社会稳定，具有十分重要的基础性作用。		《毛泽东、邓小平、江泽民关于"三农"问题的部分论述》
始终高度重视发展农业，坚持把农业摆在国民经济的基础地位，采取一系列法律和政策措施促进其发展。		《毛泽东、邓小平、江泽民关于"三农"问题的部分论述》
要坚持把增加农民收入作为农业和农村工作的中心任务，坚持多予、少取、放活的方针，建立健全促进农民收入持续增长的长效机制。	2004 年 3 月 31 日	《人民日报》

有领导重视、政府给力、人民同心，又有优越的社会主义制度，众志成城，使中国农业和北京农业在底子薄的情况下，因所采取的方略到位，措施得法，民心向向。就北京农业来说接连攀登了一个又一个新台阶，由传统农业跨入了城郊型现代农业，进而跨入都市型现代农业。

新中国成立后，北京市委、市政府从首都的实际出发，并结合不同历史时期经济社会发展的需要，提出并组织实施有首都特点的农业发展方略和举措，从史料与实践结合上，笔者归纳出以下若干方面：

1. "平均地权"，实现"耕者有其田"　土地是农业的立足之本，是农民的命根子。在 2 300 多年的封建社会制度下，农民基本上处于失地状态，即便是"自耕农"也只有少量的土地，加之生产水平低下，一般只能生产维护最低生活资料，多数农民只能靠租田耕种或给地主当雇农以维持生计。有的自耕农今天有地种，到明天就可能在地主、豪富竞相购地的竞争中失去土地而破产。北平一解放，北平市军事管制委员会即发布了《关于北平市辖区在农业土地问题的决定》，其基本精神是坚持消灭半封建半殖民地土地所有制，这是与一般农村土改相一致的；但在这个基础上考虑到城市建设发展和郊区特点，与一般农村土改又有两个重点区别，一是不平分土地；二是没收地主和征收富农的出租土地实行国有，农民只有使用权，而无权买卖。在土改中为稳定一部分有地可种的农民积极性和满足无地或少地农民的土地问题，还实行了"四不动"和

“五动”的办法：即中农的土地绝对不动；对供给城市人民蔬菜而经营的园艺不能动；有进步或改良设备的农田不动；如果雇工不愿意分租土地者不必动。“五动”即对地主、富农或公有的荒地；对恶霸地主、富农强占强租的土地；对地主富农租入的公地及租入其他地主、富农的土地；对和尚道士经营的庙地；对地主、富农无力经营或经营不良的土地等五种土地可以动。

北京郊区土改，共没收地主和征收富农土地 39.93 万亩；没收地主农具 66 804 件，水车和大车 2 279 辆、耕畜 1 743 万，多余粮食 133 万多斤，征收地主多余房屋 22 278 间。分到这些斗争成果的农民 52 009 户，217 091 人。从此，京郊农民推翻了几千年的封建剥削制度，翻身做了主人，极大地解放了生产力。

2. 首建一批国营农场成为供应首都副食品的生产基地　据成立于 1950 年 10 月的京郊农场管理局的统计，除双桥农场直属于中央农业部管理外，京郊共有 11 个国营农场，即彰化、巨山、温泉、五里店、德茂庄、和义庄、天恩庄、大生庄、大泡子、钱庄子和龙河。共有耕地 14 176 亩，其中旱地占 80% 以上，个别农场有少量菜田、果树和电力机井、竹管井等灌溉设施。

新中国成立之初土地改革，实行土地国有，耕者有其田，农民在合作社中集体耕种。从 1978 年开始的改革开放之后，先是农民“联产承包责任制”；后为“家庭承包经营”，一定 15 年→30 年→更长时间内不变；进而农民对承包土地拥有使用权，可以有偿转让或以土地入股等形式进行土地流转，在得红利的同时，亦可在土地集聚的合作农场从事务农就业，或可转岗非农就业。国家在 2013 年《关于加快发展现代农业进一步增强农村发展活力的若干意见》中提出：“坚持依法自愿有偿原则，引导农村土地承包经营权有序流转，鼓励和支持承包土地向专业大户、家庭农场、农民合作社流转，发展多种形式的适度规模经营”。并指出：“结合农田基本建设，鼓励农民采取互利互换方式，解决承包地块细碎化问题。土地流转不得搞强迫命令，确保不损害农民权益、不改变土地用途，不破坏农业综合生产能力”。

应该说在社会主义制度下，虽然土地属于国有，但农民具有使用权，并是土地经营的主人翁。中国农民在经历了 2000 多年的农业税后于 21 世纪初免交了农业税，并在采用良种、装备农业机械、治理裸露农田、维护生态环境、等方面给予补贴或补偿，彰显了社会主义制度下土地制度的优越。

3. 推广新式农具，发展农业机械化　1950 年 3 月，北京市人民政府郊区工作委员会，在海淀区龙背村建立新式农具推广站，负责郊区的新式农具的宣传、示范、推广工作。当时推广的新式农具有五寸步犁、七寸步犁、脚踏式打稻机、手摇铡草机、三齿耘锄、手摇玉米脱粒机等。1951 年和 1952 年两年先后推广各种新农具 1 075 件，其中新式步犁占 589 件。到 1955 年，一年就推广出 1 236 件，其中新式步犁占 678 件。

与之同时，郊区还成立了水利推进社，专门负责新式水车的推广。1950 年一年就推出“小五轮”“轻三轮”新式水车 681 台，到 1952 年推广出 1 166 台，很受农民群众欢迎，对发展蔬果生产发挥了很好的作用。

1952 年春，经政务院农业部批准，北京市建立第一个农业拖拉机站（南苑），拥有拖拉机 16 台（其中有美国制的小拖拉机 5 台，有引自东欧的 11 台）。据 1955 年调查，机播小麦比畜力播种的亩产量增加 24%，特别是实行窄行匀播的，增产更为突出，亩产达 236 斤，比畜播的每亩 136.4 斤增产 7%多。

到 1955 年，北京农业拖拉机已拥有 68 个标准台，比 1952 年增加了三倍多，当年代耕土地 16.83 万亩。

1953 年，北京市农林局在原病虫害防治站、棉产改进指导站和新式农具推广站的基础上建立了北京市农业技术推广站，并在东郊、南苑、丰台、海淀、京西矿区成立了农业技术指导分站。负责指导耕作栽培、病虫害防治等农业生产技术及农村农业技术人员的培训。当时共有职工 239 人。当年的工作重点是总结推广郊区的先进增产经验，推广“金黄后”玉米、“八一一”谷，“胜利百号”甘薯和“斯字 2B”棉花良种，以及农药拌种、浸种和防治地下害虫，开展小麦、棉花的宠行密植宣传推广。

1954 年，各个农业技术指导站先后培训农村技术人员 2 100 多名。

在这些技措的支撑下，获得土地的新生农民又在党和政府的领导下走互助合作之路，克服种种困难，使郊区的农业很快的得以恢复和发展（表 12）。

表 12　1949 年到 1957 年郊区农业生产发展的几个主要数字对比

分类	1949	1952	1955	1957
农业人口（万）	38.2	54.5	53.0	80.6
耕地（万亩）	111.0	129.9	121.5	203.4
粮田面积（万亩）	92.3	113.8	116.4	176.0
亩产（斤）	91.0	204.5	215.2	204.4
总产（万斤）	8 416.0	23 268.0	25 500.0	37 875.0
棉田面积（万亩）	3.9	7.3	8.2	11.1
亩产（斤）	41.9	125.1	130.5	132.6
总产（万斤）	165.0	913.0	1 070.0	1 471.0
花生面积（万亩）	3.4	7.3	5.9	9.3
亩产（斤）	132.3	210.8	225.0	116.8
总产（万斤）	456.0	1 549.0	1 327.0	1 086
蔬菜面积（万亩）	3.8	13.1	19.5	28.3
总产（万斤）	637.4	32 342.0	85 000.0	135 000.0

4. 农业的根本出路在于机械化　革命导师列宁针对布尔加柯夫援引施土姆费和库次累布竭力贬低蒸汽犁的优越性的论调，指出："机器劳动的代替手工劳动根本不'荒谬'，相反地，这正是表现了人类技术的整个进步作用。技术越发展，手工劳动就愈受排挤而为许多愈来愈复杂的机器所代替。"（列宁，《论所谓市场问题》，1893 年）。到 1924 年在《给俄电气技师第八次代表大会主席团的贺信》（《列宁全集》卷三十三）中又强调指出："大机器工业及其在农业中的应用，是社会主义的唯一经济基础……"

中国革命成功后，毛泽东在新中国的初期就提出推广新式农具，并在北京郊区农村亲手推动"解放式水车"，极大地鼓舞京郊农民采用新式农具。同时积极引进国外先进农业机械。1952 年，五里店农场从苏联引进德特 54、纳齐和从匈牙利引进 G－55、35 等型号拖拉机，加上由美国引进的克拉克、福特等型号拖拉机组建了本市第一个机耕队，开始了机耕、机播试验。之后，从国营农场分出两个机耕队，成立了京郊第一个农业拖拉机站，为集体农庄和农业社代耕。1954 年一个农场和 8 个农业生产合作社，在本市第一次采用机耕、机播小麦 10 624 亩。1956 年解放军捐款建立了昌平八一拖拉机站。1957 年，留苏学生捐款又分别建立了朝阳祖国拖拉机站和南苑八一拖拉机站，到 1957 年，全市已拥拖拉机 229 台，动力排灌机械 900 台，及耕地面积达 55.5 万亩。同时，开展了机播、中耕、打药和小麦收割等试验示范。到 1959 年全市拖拉机增到 626 台，在 13 个县（区）76 个人民公社中已有 60 个公社有了拖拉机，机务人员达到 2 450 人。拖拉机服务面积达 113.6 万亩，机械作业项目除耕、耙、播、收割、脱粒外，新增麦收轧场、打井、发电、开渠、轧埧等 20 余项，充分发挥了农业机械的作用。到 1961 年底，郊区有 52 个拖拉机站，761 台拖拉机，其中国有社营机站 44 个，有拖拉机 662 台，社有社营站 8 个，有拖拉机 99 台。完成耕翻地 276 万亩，耕地 193 万亩，播种 2 万亩，收获 590 亩。据市统计局统计，1961 年全市拥有拖拉机 1 103 台，手扶拖拉机 41 台，排灌机械 8 296 台，72 814.4 千瓦。农用汽车 188 辆，机耕面积 312 万亩，比 1957 年增长 3.7 倍。灌溉面积 151.5 万亩，比 1957 年增长 1.6 倍。到 1965 年拖拉机拥有 971 台、手扶拖拉机 301 台，排灌动力机械 14 785 台，139 009.3 千瓦、汽车 464 辆。1965 年机耕地面积为 313.9 万亩，灌溉面积达到 368.2 万亩，比 1961 年增长 1.4 倍。

1959 年 4 月 5 日，本市首次由中央农垦部派出的"安－2"飞机在红星农场 6 000 亩麦田喷撒石硫合剂防治小麦锈病。从此飞机在京郊广泛用于农林病虫防治及林业播种等。

1959 年 4 月 29 日，毛主席庄严提出"农业的根本出路在于机械化"，又一次极大地推进了北京市的农业机械化进程。从 20 世纪 70 年代起，本市又先后通过引进和自我研制出小麦、玉米联合收获机及小麦、玉米秸秆粉碎、免耕覆盖机、甘薯起垄机、花生铺膜播种机、水稻插秧机和抛秧机等，并普遍推广应用。到 1990 年，平原地小麦生产基本实现耕、种、管、收全过程机械化和玉米生产的耕、种、管机械化及部分收获机械化。到 1995 年，农业机耕率达 88.3%，机播率达 62.1%，机收率为 47.1%，到 2010 年小麦、玉米生产全过程基本实现全过程机械化。

从 1974 年起开始创办机械化、半机械化养鸡、养猪、养牛场，当年 12 月 22 日，市革委会决定在红星公社等 3 处兴建 100 万只鸡的机械化养殖场；1975 年，北京市在中央支持下，开始兴建万头试验猪场，半机械化养猪试点工作开展起来。到 1979 年 10 月，全市郊区建成半机械化母猪舍 2 113 栋，建筑面积 74.2 万米^2，可养母猪 8.8 万头，已养母猪 4.4 万头。建成半机械化商品猪舍 982 栋。1980 年，全市交售商品猪突破 200 万头，达到 228.3 万头，比 1975 年增长 75%。1985 年至 1988 年养猪回落，1988 年交售商品猪下降到 174.8 万头。1984 年至 1987 年两年市、县（庄）、乡共筹资 5 亿多元，再次兴建规模猪场 1 254 个，规模养猪水平明显提高。

1990 年，全市交售商品猪 272.9 万头，比 1985 年提高 36.9%。到 1992 年，全市养猪生产创全市历史最高水平，交售商品猪 365.3 万头。到 1995 年，规模猪场交售商品瘦肉型猪 261 万头，占全市交售总量的 77.7%。

1977 年，市革委会决定在全市有条件的社队普遍推广建立半机械化养鸡场，由国家每只鸡补贴 8.75 元建场费，每个鸡场建场规模为 5 000～10 000 只。1978 年，从全市集体鸡收购鸡蛋 298.65 万千克，比 1976 年的 7.65 万千克增长了 39 倍。到 1980 年上半年，全市共建成 172 个半机械化规模鸡场。到 1985 年全市共建有半机械化鸡场 626 个，饲养商品蛋鸡 250 万只。

5. 发展水利事业，实现农田水利化 早在 1934 年毛泽东同志就在《我们的经济政策》中提出："水利是农业的命脉，我们应予以极大的注意"。[见《毛泽东选集》（一卷本）P118]。

新中国成立以来，按照党中央和国务院不同时期的治水方针，结合北京市的具体情况，进行了大规模的水利建设。据北京《水利志》记载：1949—1957 年期间，建成的主要工程有：蓄水 22.7 亿米^3 的官厅水库，以及房山县的青龙头、怀柔县的红螺寺等水库，整修和新建石景山、城龙、房涞涿、武窟、温榆河、平谷"三八"和东直门等灌区，新打砖石井 3 万余眼，灌溉面积达到 58.2 万亩。对永定河堤防进行了初步整治。

1958—1965 年期间：1958 年，十三陵水库、怀柔水库相继开工，并于当年汛前建成；随即密云水库破土动工，1959 年汛前拦洪，1960 年建成，其蓄水能力达 42 亿米^3。之后，又陆续建成北台上等十几座中小型水库（山区）及通县、大兴等县修建了一批平原水库；整修了一批河流和灌区。

1966—1978 年期间，加固和扩建一批中小水库，新建了 6 库中型水库、30 多座小型水库；大平大整土地 208 万亩，先后凿打机井近 4 万眼，使灌溉面积增加到 513 万亩，其中井灌面积 246 万亩。

1979—1995 年期间，在农村水利方面，重点是以节水为中心进行灌溉技术改造，突破了传统的灌溉方式，引进推广喷灌、滴灌设备使用面积达 166 万亩；治理了 27 条中小河道；开展了以小流域为单元的水土流失综合治理。治理面积达 4 509 平方公里，占流失面积的 70%。

截至 1995 年，全市建成大中小型水库 85 座，大中型水闸 52 座，橡胶坝 34 座，凿打机井 4 万余眼，修建场水站 4 907 处。这些水源工程丰水年可提供可用水 44.96 亿米^3，平水年和枯水年可分别提供可用水 37.79 亿米^3 和 31.42 亿米^3。建成万亩以上的灌区 40 处，灌溉面积保有量为 484.5 万亩，占耕地面积的 82%；94%的易涝地得到了不同程度的治理。64 万亩盐碱地得到改良，占盐碱地面积的 92%；建成中小型水电站 119 处，总装机容量 47.31 万千瓦；解决山区 1 050 处，42 万多人的饮水困难问题。

另据北京市水务局和市统计局 2013 年 5 月公布的《北京市第一次水务普查公报》显示：共有水库 88 座，总库容 93.77 亿米^3，其中已建水库 87 座，总库 93.75 亿米^3；在建水库 1 座，总库容 0.02 亿米^3。共有水电站 61 处，装机容量 104.35 万千瓦。有过闸流量 1 米^3 每秒及以上水闸 1 061 处，橡胶坝 145 座。有塘坝 2 766 处，总容量 9 451.24 万米^3；有水窖 5 075 座，总容量 27.77 万米^3。共有灌溉面积 347.89 万亩，其中耕地灌溉面积 231.99 万亩，园林草等非耕地灌溉面积 115.90 万亩。土壤侵蚀面积 3 201.86 平方公里。农业用水 8.92 亿米^3，生态环境用水 6.08 亿米^3。农村污水处理：共有乡镇污水处厂 44 座，日处理污水 10.16 万米^3，村级污水处理厂 1 007 座，日处理 14.3 万米^3。有流域面积 10 平方公里及以上河流 425 条，总长度 6 413.72 公里。

从 20 世纪 70 年代初开始干旱少雨以来，已近 40 年年降水量没有达到之前水平（644 毫米），人均占有水量 300 米^3，远低于国际公认的 1 000 米^3 的底线。缺水是北京当今农业的瓶颈，节水则是北京农业可持续的出路！

6. 贯彻农业“八字宪法”，实行科学种田 1959 年 10 月 19 日《人民日报》发表了毛主席提出的农业“八字宪法”。毛主席讲道：“农业‘八字宪法’，这就是土（深耕、改良土壤、土壤普查和土地规划）、肥（合理施肥）、水（发展水利和合理用水）、种（推广良种）、密（合理密植）、保（植物保护、防治病虫害）、管（田间管理）、工（工具改革）”。对于良种问题，毛泽东同志早在 1942 年《经济问题和财政问题》一文中就明确指出：“有了优良品种，既不增加劳动力，肥料，也可获得较多的收成”。

农业“八字宪法”既是对我国传统农业经验的精深总结，又蕴含有现代农业科学实验成果的渗透，抓住了农业生产人可再创的生产力要素，既被生产者所接受，又被科学工作所认可，成为农业科学发展中重要指导思想。

新中国成立以来，北京农业在这“八字”方面都作了深入探讨与实践，并见成效。

（1）改良土壤　从20世纪60～70年代以来一直注意大搞平整土地、改良土壤。在历史上，永定河沿岸是大量的风沙土和沙丘；东南郊的大片盐碱地和低洼易涝地；山区大片偏坡岗丘，水土流失严重……在经历一番恢复性农业生产之后，平原地区一是大平大整土地，并实施农田林网化；二是采用深挖沟（排水）、多打井、降低地下水位，控制盐碱上升，排除地表水，以水洗盐；平整沙丘，植树造林，除风治沙；山区在植树造林、封山育林的同时，闸沟垒堰、修建梯田、围山转、垵子田，实行保护性耕作，防治水土流失，并培养地力。

（2）培肥地力　“肥料是植物的粮食”。俗话说：“庄稼一枝花，全靠肥当家”。历史上农民种田主要靠有限的粪肥和人工积肥。由于施用肥量少，农业产出低。建国后，除了沿用有机肥外，还引进和生产化肥，早期农民称它为“肥田粉”，用起来方便，且见效快、增产明显，逐步成为农民相中的肥料。在化肥使用上由单一的氨素化肥扩展到钾肥（氯化钾等）、磷肥（过磷酸钙等），以致硼等微肥。在进入“绿色食品”生产时代，人们又采用测土配方施肥、无机肥与有机肥结合的复合肥，以及重新兴起的有机肥等。以期农业增产，又能满足人们期待的农产品安全。在施肥方式上，既有底肥，又有追肥；既有根际施肥，又有叶面喷肥；既有施肥后浇水，又有水肥一体化，肥随水走等。据有关研究表明，现在化肥的有效利用率已逐渐提高到40%以上。

（3）节水农业　“水利是农业的命脉”。在生长过程的作物体中水分所占比重在80%～90%，即便在收成碳水化合物、脂肪等物质中都有水的转化成分。北京雨季集中在夏季，一年中有三季干旱少雨；近四十年基本上处于干旱期，大部分河流近乎干涸，地下水下沉已出现“地下漏斗”。农业用水的出路：一在“四水”地表水、地下水、径流（或过境）水、污水处理再生水联动，及人工降雨，改善水源；二在节约用水——办法：一是管道输水，防止渗漏；二是节水灌溉——推广喷灌、滴灌、水肥联动重力滴灌——可使水的利用率达到70%以上，三是地膜覆盖栽培，减少水分蒸发散失；四是增施有机肥，改良土壤团粒结构，提高农田保水保肥能力。据《京郊日报》（2012年2月27日）报道：北京农业灌溉水利用系数：2001年为0.55，2010年则提高到0.684，位居全国第二。农业用水总量已由2001年的17.4亿$米^3$减少到2011年的10.9亿$米^3$（其中清水8.0亿$米^3$，再生水2.9亿$米^3$），由占全市用水量的

45%下降到30%，节水灌溉面积达到429万亩。

（4）采用良种　俗话说："好种出好苗，好苗产量高或收成好"。据北京市种子管理站编辑的《北京种业五十年》介绍，1949年12月，新中国刚刚成立，在全国第一次农业会议上，就把推广良种作为恢复和发展农业生产的一项重要措施提出来。1952年2月，农业部召开华北农业技术会议，制定了《五年良种普及规划（草案）》……1950年3月，北京市政府郊区工作委员会把推广良种作为发展农业十大措施之一提出。1956年，本市按照农业部的要求，普查、发掘、整理出优良农家品种183个，其中玉米品种40多个；水稻品种18个；谷子品种48个；高粱品种32个；小麦品种30多个。还有甘薯、大豆、绿豆、土豆、棉花等一大批农家良品。在农业恢复发展期间，这些优良农家品种与相应的技术相配套应用，促进郊区粮食总产由1949年的4.17亿千克提高到1957年的7.84亿千克；单产由56.75千克提高到91.35千克。

1950—1999年：玉米生产用品种经历了五次新品种的更新换代，即1950—1959年以优良农家品种为主，推广品种间杂交种；1960—1969年以几个农家品种为主，推广双杂交种；1970—1977年，推广单交种与农家品种交替；1978—1987年，推广玉米单杂交种；1988—1991，玉米单交种第二次品种更换；1992—1995年，单交种第三次更换；1996至今，单交种第四次品种更换。据考证，每更换一次品种，玉米单产可提高75千克左右。

从20世纪90年代后期，玉米育种工作者着手玉米多功能育种，先后已培育成功粮饲两用玉米、甜玉米、糯玉米、多彩玉米等新品种，以适应人的现代生活的多方面需求。

冬小麦品种更换从1949至今，已进行了7次：即1949—1958年以农家品种为主；1959—1964年，以科研育成品种为主；1965—1971年、1972—1983年、1984—1990年、1991—2000年、2001年至今等分别以农大183、农大311、农大139、丰抗8等、京411、京9428为主载品，再配以其他新育成品种。

水稻品种经历了五次更换；其他作物如杂粮、瓜菜等的生产用品种都在不断更新换代，特别是西甜瓜及主要蔬菜都由杂交种替代了常规品种，并且花色品味多样化，西瓜有有籽的、有无籽的，有大的有小型的；有红瓤的，有黄瓤的；蔬菜由单色的到多彩的等。传统农业阶段，蔬菜生产上市品种只有几十个，现代农业阶段蔬菜生产栽培有57个种属、300多个品种，上市品种达数百个（表13）。

表 13　20 世纪 50 年代以来推广应用的农作物、果林与畜禽、鱼类优良品种

小麦	定县 72、燕大 1885、农大 183、碧蚂 1 号、华北 187、农大 90 早洋麦、农大 311、北京 8 号、农大 139、东方红 3 号、北京 10 号、红良 4 号、有芒白 4 号、京作 348、丰抗 2 号、丰抗 5 号、丰抗 7 号、丰抗 8 号、丰抗 13 号、京双 7、京双 9 号、京双 12 号、16 号、长丰 1 号、农大 142、农大 146、京 411、京冬 6 号、京冬 8 号、CA8866、京 437、北农 2 号、农大 015
玉米	白磁、墩子黄、英粒子、金皇后、东陵白、华农 2 号、维尔 156、小八趟、罗马尼亚 311、409、朝鲜白马牙、中原单 4 号、白单 2 号、白单 4 号、胜利 104、胜利 105、丰收 101、103、105、京早 2 号、黄白单 1 号、京杂 6 号、京早 7 号、黄 417、京白 10 号、中单 2 号、京黄 113、农大 60、沈单 7 号、京早 8 号、京黄 127、掖单 4 号、掖单 5 号、掖单 11 号、掖单 12 号、掖单 13 号、掖单 52 号、唐抗 5 号
水稻	银坊、水源 300 粒、白金、东方红、京越 1 号、越富、越富系 3、中花 8 号、中花 9 号、中花 10 号、中花 11 号、京花 101、秋光、黎优、秋优 20、金珠 1 号、秦爱
白菜	小白口、大白口、抱头白、拧心白、翻心白、翻心黄、拧心青、老虎腿、八叶齐、青白口、小青口核桃纹、棒槌柳、抱头青、青麻页、小杂 8 号、小杂 55 号、小杂 56 号、小杂 60 号、小杂 65 号、北京 4 号、北京 75 号、北京 88 号、北京 97 号、100 号、北京 106、北京新 1 号、北京新 2 号、北京新 3 号、中白 2 号、中白 4 号、京白 2 号、津绿 55 号、津绿 60 号、北京小杂 61、青庆、绿宝
番茄	秃尖粉、武魁 2 号、红柿子、苹果青、美国大红、格利克斯大粉、粉红甜肉、橘黄佳辰、卡德大红、红瓦伦特、矮红早熟、加 8 号、罗成 1 号、满丝、丰收黄、早粉 1 号、早粉 2 号、北京大红、保 4 号、大黄 1 号、77 - 90 早粉、特罗皮克、强力米寿、佳红、农大 23、24 号、佳粉 1 号、佳粉 2 号、佳粉 10 号、佳粉 15 号、双抗 2 号、早霞、中蔬 4 号、中蔬 5 号、丽春、强丰、毛粉 802、中杂 4 号、中杂 7 号、中杂 9 号、中杂 11 号、中杂 12 号
黄瓜	北京大刺瓜、小刺瓜、截头瓜、鞭瓜、小鞭瓜、宁阳大刺瓜、汶上刺瓜、丝瓜青、长青黄瓜、唐山秋瓜、津研 1 号、津研 2 号、津研 4 号、津研 5 号、津研 6 号、津研 7 号、长春密刺、新泰密刺、农大 12 号、农大 14 号、京旭 1 号、京旭 2 号、津杂 1 号、津杂 2 号、中农 2 号、中农 4 号、中农 5 号、中农 1101、秋棚 1 号、碧春
花生	山东伏花生、油果、徐州 68 - 4、徐系 1 号、海花 1 号、杂选 4 号、鄂花 3 号、白沙 1016、狮油 15、花 37、花 17、花 28、鲁花 9 号、北京 2 号、北京 4 号、农花 10 号、农花 16 号
西瓜	黑崩筋、大花翎、黑油皮、手巾条、早花、蜜宝、郑州 3 号、伊选、汴梁 1 号、浙蜜 1 号、苏蜜 1 号、中育 1 号、中育 6 号、新澄、京欣 1 号、丰收 2 号、郑杂 5 号、龙蜜 100 号、齐红、新红宝、金钟冠龙、海农 6 号、黑蜜 2 号、暑宝、花蜜
苹果	红星（红元帅、新大王）、金冠（黄元帅、黄香蕉）、红玉、倭锦、青香蕉、祝光、小国光（国光、万寿）、赤阳、新红星（含芽变优系）、迎秋、伏锦、伏红、胜利、红富士、乔纳金、王林、红津轻、矮生型元帅系、矮生型金冠、澳洲青苹
梨	鸭梨、秋白梨、麻梨、雪花梨、砀山酥梨、京白梨、鸭广梨、子母梨、八里乡、糖梨、早酥梨

（续）

桃	早生水蜜、离核水蜜、橘早生、大久保、岗山白、岗山500号、岗生早生、晚黄金、北农1号、北农2号、北农早艳、燕红（绿化9号）、秋香、秋艳、七月红、秋红、迎霜、麦香、早香玉、庆丰（北京26号）、京玉（北京14号）、京红（北京1号）、京燕、京蜜、京黄、京艳（北京24号）、香山水蜜（早久保）、八月脆（北京13号）、早露蟠桃、碧霞蟠桃
葡萄	玫瑰香、保尔加尔、巨峰、先锋（比翁内、井川210号）、黑奥林、京超、红瑞宝、京秀、京亚、京早晶、沙别拉维、白翼、红玫瑰
板栗	燕山红栗（北庄1号）、燕昌栗（下庄4号）、燕丰栗（西台3号、蒜瓣）
核桃	东岭9号、东岭6号、燕家台1号、薄壳香
林木	美杨、加杨、群众杨、沙兰杨、1214杨、P15A杨、170杨、46号及28号杨树无性系、毛白杨、火炬树、华山松、樟子松、白皮松、沙地柏、桧柏优系
猪	内江猪、宁乡猪、梅山猪、民猪、北京黑猪、北京花猪、苏白猪、巴克夏猪、长白猪、大白猪、施各猪、杜洛克、汉普夏
牛	黑白花奶牛；海福特、夏洛来、西门塔尔肉牛
羊	阿尔巴斯、绒山羊、康拜克细毛羊、考力代半细毛羊、小尾寒羊
鸡	蛋鸡：北京红鸡、北京白鸡、伊蕯褐、海赛褐、巴布考克B300、海兰、星杂288、罗曼褐；肉鸡：AA、艾维茵
淡水鱼	莫桑比克罗非鱼、兴国红鲤、团头鲂、德国镜鲤、尼罗罗非鱼、虹鳟鱼、池沼公鱼、欧洲鲟、鳜、梭鱼

资料来源：北京市农业局、北京市林业局《中国农业全书·北京卷》。

（5）合理密植　在传统农业阶段，由于地力不济，为能维持一定的收成，农民多采取稀植的办法，即历史上流行的“垄大苗稀”种植法，以保证作物占有较大生育空间，减少密植的株间竞争。现代农业阶段人们注意培肥地力，也有条件为作物增施肥料，因此又把注意力转移到如何在有限的土地上获得更高的收成，经科学试验，合理密植是一条重要途径。过去种玉米常常是“垄大苗稀卧下牛”，现在的玉米长成后连麻雀都难钻进去。小麦到返青拔节后都看不到地皮。就北京地区而言，春玉米每亩留苗3 500株，夏玉米则达4 000株以上；小麦每亩穗数得达到四十万左右。这些是历史从来所没有的。

（6）植物保护　病、虫、草害是农业的大敌。为保护农业安全生产，就必须想方设法利用现代技术手段做好病虫草害发生的预测预报，并根据防治指标采取防治措施做到防应于治，治早治了，保障农业安全生产。同时要保证农产品安全。

就总体来看，尽管京郊农业病虫草种类很多，发生频繁，但因测报及时，防治到位，近六十年来未出灾害性的危害。

（7）工具改革　近60年来，农业生产工具改革是突飞猛进的。1949年以前的农业生产工具主要还是手工工具，而新中国成立初期即着手引进农业机器如拖拉机及以其带动的犁、耙等配套机具。到20世纪70年代中后期，拖拉机成为农业生产中的主要动力，并着力研制收割机、农业秸秆粉还田机械、保护性耕作机械等。在水利方面则着力于引进、研制节水型喷灌、滴灌机具等。总之，本市的农业工具改革是以机械或电力来替代人力和畜力，并提高作业效率和质量。到20世纪90年代后期以来，则以集成应用信息技术等高新技术创造适合精准农业需要的自动控制机械或装备。

（8）田间管理　俗话说管理出效益。就农业来说是“种子落地管字上马”。田间管理：一是间苗松土，留壮苗去弱苗，保持土壤疏松透气；二是中耕锄草；三是防旱排涝；四防治病虫草害；五是灾后抢救；六是追肥浇水等。

以上“八字”确是农业丰收必具的因素。但是农业物质的合成与积累最直接的因素是光（能）、气（CO_2）及水（H_2O）与温度。其光、气（CO_2）、热是靠阳光与大气中来。北京地区阳光充足，全年平均日照时间2 700小时；大部分地区，年总辐射量为50亿～60亿焦耳/米^2，属于太阳能资源较丰富带。1961年，竺可桢先生曾在《人民日报》上发表文章讲道：按北京地区目前粮食生产水平计算，太阳辐射能量的利用率一般仅在1%～1.5%。据科学测算和小面积的试验证明，如果在温度、水分、养分等条件最佳配合下，光能利用率可提高到4%左右，平原地区粮食亩产可达1 000千克以上。到20世纪90年代邓耕耘先生研究结果得到类似的结论：平原地区粮食亩产可达1 250千克左右（小麦、玉米两茬平作）。可见北京地区的太阳辐射能资源在农业增产中的潜力还相当可观，问题在于如何把光能利用率提高到4%左右。看来需要培育高光效粮食作物品种，同时要不违农时抢种和采用提高农作物光合效率的栽培管理技术措施。

第七节　发展现代农业

毛主席在1957年10月9日发表的《关于农业问题》（《毛泽东文集》卷七）中提出：“必须实行工业与农业同时并举，逐步建立现代化的工业和现代化的农业。”党的八大所提出的“四个现代化”建设中亦包含有农业现代化。不过当初对“农业现代化”没有明确的内涵界定。但从已走过的实践情况看，北京市在农业现代化建设中，一是认定“农业现代化”建设是一个实践过程，而不是一蹴而就的事业；二是从国情、市情实际出发分阶段规划与实施，逐步提升建设水平（这也只是对历史的判认）。基于这一判认，本市农业现代化建设的第一步是城郊型现代农业建设。无论从国情出发，还是从市情出发，北京农业现代化的第一步既可能又要付出努力才能做到的农业现代化的标定就是实现农业机械化，农田水利化（肥料、农药）、化学化和农村电气化。这对于一个“底子薄”的国家来说，对于一个新生而需百废俱兴的首都来讲既是必办的事，也是一件不易办的事，需要一个艰苦奋斗的过程。——大约从1957年开始，直到20世纪80年代，甚至有的地方到90年代后期。

这一阶段的显著特点是：农业的地域布局仅限于城郊——随着时代的变迁，即由“二环路”以外，再退到“三环路”以外，以至到“四环路”以外地区。因此，人们通常称之为城郊型现代农业。其基本任务就是“服务首都，富裕农民，建设社会主义新农村”；工作重点是“建设副食品生产基地”和“建设首都的绿色屏障”；对于农民来说就是“解决温饱”“奔小康”和“建设社会主义新农村”。在四十多年中，除去“文化大革命”，其余三十多年的工作重点还是着力于“解放和发展生产力”。据北京市农村科学院综合农业研究所文化、王爱玲在《聚焦都市农业》（中国经济出版社，2005年）中回顾：“1958—1981年的23年间，农业产值平均年递增2.55%，属于平稳增长期。”“1982—1994年的13年间，农业产值平均年递增8.21%，较平稳增长期快2.2倍，充分体现了改革开放的成效。其中后半程（1988—1994年），畜牧业产值增幅大，年递增率达11.97%，为种植业的1.98倍，是拉动农业产值高速增长的主导因子”。

《聚焦都市农业》一书中，还显示1958—1995年北京主要农产品自给率：

粮食：1985年自给率约为15%，1995年则达到35%；蔬菜：1998年自给率为100%（低水平），1995年亦为100%；猪肉：1958年自给率为30%多，1995年则达70%；鲜蛋：1958年自给率为20%多，1995年则达到100%。北京《农村经济综合志》资料显示：1957年，京郊农民人均纯收入135.79元，到1995年则达到3 208.5元；人均消费粮食由198千克降到192.4千克，但其中细粮比例则31.6%增加到80%；人均消费肉类及植物油分别由3.8千克和1.7千克提高到12.78千克和7.34千克。城乡居民收入之比由1957年的1.85∶1降到1.82∶1。

一、城郊型都市农业

1994年，北京市朝阳区政府在本市率先提出发展都市农业，并将其列为本区《经济与社会发展“九五”规划》。随后首都学术界开始研讨，并倡导成为北京农业发展的主题，其主旨在于“服务首都、富裕农民”，形成具有中国特色、首都特点、服务首都的农业。但其地域布局仅限于城郊，只酝酿着功能的扩展——如发展观赏休闲等，其时朝阳区来广营乡创建起“朝来农艺园”，既生产蔬菜上市，又供游客观光采摘。在学界的推动下，郊区观光农业园（包括菜园、果园、农业科技园、农业科技走廊）陆续兴起。农业产品，不仅让市民买得方便，还要吃出营养、吃出健康，尝到风味。这里的农业不仅让人们尝鲜，还可饱享农业文化。

二、都市型现代农业

随着都市农业的兴起，人们在城乡一体化的运筹中，思考着在城市向农村扩展的同时，2003年，北京市农村工作会议上明确提出发展都市型现代农业的战略决断，建设“以绿色生态为标志的都市型现代农业产业带。”对都市型现代农业功能定位及地域布局，开始时是仁者见仁，智者见智，时任主管农业的副市长岳福洪曾提出“从生产功能向经济、社会、生态等多种功能结构延伸（2001年）”；市长孟学农（2002年）：“要加快发展现代农业、乡镇企业和郊区二、三产业，逐步形成结构合理、功能完善、生态良好的都市型郊区经济”。市委书记刘淇（2003年）：“要形成包括以人与自然，高度和谐为特征的休闲观光旅游产业带”。这些思考的内涵都已突破了城郊型农业，以及都市农业的包容。

2005年11月3日，北京市农村工作委员会正式出台了《关于加快发展都市型现代农业的指导意见》，对都市型现代农业的定义作了明确的界定：“是指在我市依托都市的辐射，按照都市的需求，运用现代化手段，建设生产性、生活性、生态性于一体的现代化大农业系统”。其总体目标：“一是实现郊区农业单一功能向多功能转变，加快和实现农业的单一生产型向生产、生活和生态型多功能转变，使农业发展和城市发展相互依托，共同发展；二是实现城郊型农业向都市型现代农业转变，运用现代手段，提升农业的综合生产能力，提升农业的现代水平；三是实现郊区农业由粗放型向集约型农业转变，优化生产要素配置，提高劳动生产率和资源利用率，鼓励内涵式可持续发展，加快郊区农业向组织化、专业化、标准化转变；四是实现由注重生产向注重市场领域转变，由过去单一关注生产以产定销的生产方式，向以市场需求为导向，以销定产的方式转变。”

实行农业进城，实现城乡一体的圈层布局，具体模块是：

（1）以景观农业和会展农业为主的城市农业发展圈，其地域布局是四个城区和部分城近郊区，重点发展以城市绿地、园林景观、楼宇居室美化以及农产品展示、交易为主要内容的景观农业和会展农业。

（2）以精品农业和休闲农业为主的近郊农业发展圈，主要是以六环以内的城近郊区，具有离城市近的区位优势，以直接为城市消费服务为目标，重点发展园区农业、体验农业、科普和精品农业，即高科技示范园区、旅游观光园区、精品农业园区和农产品交易市场、配送中心等产业形式，为市民提供调节城市生活节奏的生活空间。

（3）以规模化的产品农业和加工农业为主的远郊平原农业发展圈，主要是远郊平原及浅山区，重点发展以规模化、专业化、区域化、标准化为目标的大宗农产品生产和加工为主要内容的产品农业和加工农业。

（4）以特色农业和生态农业为主的山区生态涵养发展圈，主要是郊区北部、西部和西南部山区，要积极挖掘山区独有的资源潜力，发展以特色唯一性农产品，培育山区民俗旅游、生态旅游等主要内容的特色农业、生态农业和休闲农业。

（5）以与外埠基地横向联系的合作农业发展圈，依托北京的市场优势，本着优势互补和区域合作的原则，积极与外埠发展区域合作农业。

2006 年 3 月 14 日，北京市农村工作委员会又出台了《关于发展都市型现代农业的政策意见》，对推进发展都市型现代农作出一系列的扶植政策。

2007 年 2 月 14 日，中共北京委、北京市人民政府出台的《关于加快都市型现代农业和农村经济发展扎实推进社会主义新农村建设的意见》中，对都市型现代农业的内涵又作了深入的阐述，其表述为“北京的都市型现代农业是依托首都功能，以市场为导向，以现代发展理念为指导，以现代物质装备和科学技术为支撑，以现代产业体系和经营形式为手段，以现代新型农民为主体，融生产、生活、生态、示范等多功能于一体的现代化大农业系统。”并指出：“发展都市型现代农业，是本市农业发展的基本方向和新农村建设的首要任务。”要以培育“优势生态、优美景观、优势产业、优质产品”为着力点。要“开发生产功能，鼓励发展籽种农业和设施农业。开发生态功能，鼓励发展循环农业。开发生活功能，鼓励发展休闲观赏农业。开发示范功能，鼓励发展科技农业”。

都市型现代农业的地域布局范围：城市农业发展圈所占地域包括东城、西城、石景山区和其他区县城区以及新城核心区，农田面积 35 千米^2（即五环路以内）；近郊农业发展圈，地居五环路以外到六环路以内，农田面积约 411 千米^2；远郊平原农业发展圈，由远郊平原、山前平地和延庆盆地组成，农田面积 2 158 千米^2；山区生态涵养农业发展圈，地域包括房山区、门头沟区、昌平、怀柔、延庆、密云、平谷等区县的山区，农田面积 998 千米^2；环京合作农业发展圈，其地域河北、内蒙古、山东等周边省、自治区农产品主产地区，构建首都农产品供应的应急保障区，将建立 20 万亩农产品生产基地和 80 万亩外埠供应基地（表 14）。

表 14 都市型现代农业与城郊现代农业的比较

项目	都市型现代农业	城郊型现代农业
地域布局	京城之内至市域之外环京周边地区	京城之外至市域边界
功能定位	集生产、生活、生态、示范四性于一体	以生产性为主，建设副食品供给基地
增长方式	集约型增长渐成主导	以粗放型增长方式为主
经营方向	服务首都，富裕农民，面向全国，走向世界	服务首都，富裕农民
生产目标	生态、安全、优质、高效、高端、高辐射	优质、高产、高效、保障供给
城乡格局	城乡统筹合二为一	城乡分割的二元结构
农民生活	全面建设小康社会	解决温饱→总体小康
“三农”地位	农村城镇化的新社区、拥有集体资产的新市民、产加销一体化的新产业	新农村、新农民、新农业
科技支撑	高新技术走强	以传统的常规技术为主
农业装备	在“四化”基础上实行以信息技术、生物技术为主导的精准可续	实现机械化、水利化、电气化、化学化“四化”

三、都市型现代农业伴随着北京建设有中国特色的世界城市而彰显魅力

中国十一个古老而伟大的农业国，在古代与中国平肩的五个文明古国中有的已不复存在，如古巴比伦，有别的已失去古代的辉煌，可以说只有中华民族“直到18世纪末期，经济规模仍然是世界上最大的”（石仲泉《“中国梦”的本质内涵》2013年5月21日《北京日报》）。其实中国古代经济的百分之八九十来自农业；创造经济的劳动者中农民占80%以上。艾力农等编《中国农业之最》（中国环境科学出版社，1988年）中写道：“同世界各国相比，我国农业由许多最早、最多、最珍贵和最先进的瑰宝”。《中国农业之最》一书中搜集有农业技术、粮食作物、经济作物、蔬菜、水利与水资源、水产养殖、畜牧兽医、干鲜果树、森林树种、经济林木、野生动物、气象、土地利用、农具及自然保护区、农学家及农书、中草药、花卉等14个部分（方面）共191项，覆盖着整个大农业。“农业之最”支撑着农业的发达。元代西方旅行家马可·波罗在他的旅行记中详细地描述到他所见到的元大都的繁华，称它是“世界诸无能比”，“凡世界上最为稀奇珍贵的东西，都能在这座城市找到”。当然，一个城市的昌盛不都是本地所能促成的，但其基础在于本地、本国经济的繁荣，才能造市并吸引外埠以至外国的介入。

中国经济实力的衰退只是1949年以前的一百多年，受到闭关锁国及半封建半殖民地的摧残所造成。1949年10月1日新中国的诞生后，在中国共产党

的领导下中国农业重新复兴，农产品总量进入强国前列，能以占世界7%的耕地养活了占世界22%的人口，不能说不是人间奇迹，不能说中国农业没有自己的特色或独特之处——我们传统的然而在世界上曾经是领先的精耕细作在传承中创新。例如山区过去是种垰子田，现在搞“围山转”既可防止水土流失，又可大面积的连片种植；南方耕作制度为“稻、稻、麦”，北方“小麦、玉米”两茬平作，一年两熟；过去凭经验种田，现在靠“科技兴农”，认定“科学技术是第一生产力”；传统农业讲究天时、地利、人和，现在不仅讲究天时、地利、人和，还讲究农业“八字宪法”——土、肥、水、种、密、保、管、工；过去生产杂粮（粗粮）为主，现在则以细粮为主；过去畜牧养殖靠农户零星散养，现在则机械化或半机械化规模养殖；过去是自给自足的自然经济，现在则是商品性基地化大生产；过去是粗放型经营与增长，现在是集约型经营与增长……就人类历史的长河来说，中国的农业是在持续发展着，要不中国的人口怎能持续发展到了13亿多呢?

北京地区是“中国猿人”或“北京人”的发祥地，北京的农业史已有1万多年，是中国北方农业的源头，有着传世的农业珍品。

1. 农业古迹丰富多彩，现绩分外妖娆

（1）古迹丰富

①有着一百多万年的旧石器、一万多年前的新石器、四千多年前的青铜器、二千三百多年的铁器的考古发掘出土的遗址遗迹，并且几乎遍布今日京郊大地。生产工具的阶段性创新与应用是农业发生、发展史阶段性转折的标志。它佐证着北京农业发生、发展史是原生态的，并非外来的移植。这应该是孕育北京城市发展史上底蕴最深厚、渊源最久远的亮点。

②现今北京，地域不大，国土面积仅占全国的0.17%，而天然动植物资源极为丰富。据有关方面调查研究，仅野生维管束植物种数则占全国的6.7%，科数占全国的48.8%，属数占21.5%。丰富多彩的植物资源孕育出至今尚存的30余种百年以上的古树名木40 816株，其中树龄在300年以上以至千年以上及特别珍贵稀有的古树名木有3 804株，为全国之冠。房山境内拒马河现今生活的野生水生动物有50多种，已采集到标本的有42种……1 000多万年前就有的鲃亚科鱼类——多鳞铲颌鱼类生存，一直衍生至今（王淑玲《房山自然资源与环境》）；“北京地区是狗与猪驯养发源地”（王东等《北京魅力》）。据中国生物多样性保护基金会组织调研的结果指出：北京地区“各类动物物种共3 200种以上，有国家保护动物126种，重要动物66种，天敌昆虫11种，经济关键种10种，观赏昆虫9种，特有品种3种，其他1种”。

由于历史的积淀，北京地区形成多处“天然博物馆”：一是延庆县的松山，被列为国家级自然保护区，总面积达4 666公顷。据1987—1989年调查，共有维管束植物 106 科、380 属、713 种及变种，占北京地区同类植物种数的 49.8%。二是门头沟区的百花山被列为国家级自然保护区，总面积 700 公顷。据 1991—1993 年调查，共有维管束植物 128 科、816 种。此外还有一批国家级、市级森林公园和野生动植物资源各具特色的湿地公园、野生动物园等。

③山、水、平原俱全，地形地貌复杂，天时、地利、人和，古往今来，农林牧副渔五业丰登，马羊牛鸡犬豕六畜兴旺。地域不大，自古以来留下的名特优农作物及其产品与加工品还相当丰盛。仅笔者搜集于媒体披露的历史作为贡品的粮、菜、果、瓜、鸡、鸭、金鱼等由北京地区农产品加工成的食品如“北京烤鸭”、糖炒栗等 60 多种，其中大部分作物（包括果树及有关加工品）一直传承至今，成为北京农业中的名特优产品，已有 22 种被国家有关主管部门认定为“地理标志产品”而受到产地保护。

历史上的“贡品”资源：从一些史书、报纸、杂志留下的信息看，本市农业史上有不少产品富有特质，受到皇宫的青睐而称为“贡品”。如今解读“贡品”，有两层意思：一是表明产品质量好，有特色符合皇宫的口味，受其青睐；二是皇宫以“进贡”，而剥夺农民的劳动成果。综合而言，皇宫愿意纳贡、吃贡，表明贡品的质量是特异的，可谓生产者之“一绝”。从史料看，大兴区安定镇在东汉时就向刘秀敬献“桑葚”；唐代，北京官人就向长安进贡板栗；辽代，门头沟就向辽金进贡玫瑰花和油等；明代，宛平县首就向皇宫进贡庞各庄西瓜……京郊向皇宫进贡最盛的是清代。笔者现已搜集到京郊贡品 57 件（表 15）。

表 15　京郊贡品

序号	贡品名称	产地	进贡年代
1	金顶玫瑰花	门头沟区妙峰镇涧沟村	辽代
2	京白梨	门头沟区军庄镇东山村	清代
3	香白杏	门头沟区龙泉务镇	清代
4	红头香椿	门头沟区雁翅镇苇子水村	清代
5	龙王帽杏（仁）	门头沟区龙泉务镇	清代
6	尜尜枣尜	昌平区西峰山	清代
7	小白藕	昌平区小汤山莲花池	清代
8	庞各庄西瓜	大兴区庞各庄镇	晋代至明、清代
9	桑葚	大兴区安定镇北野厂村等	东汉
10	金把黄梨	大兴区庞各庄镇梨花村	明、清代
11	心里美萝卜	大兴区西红门地区	清代
12	洪村大枣	大兴区黄村镇洪村	清代

（续）

序号	贡品名称	产地	进贡年代
13	麋鹿	大兴区海子	元、明、清代
14	五色韭	大兴区瀛海村	清代
15	金丝小枣	密云区西田各庄地区	清代
16	玉皇李	密云区东邹渠乡石峨村	清代
17	红霄梨	密云区大城子镇梨寨村	清代
18	黄土坎鸭梨	密云区不老屯镇黄土坎村	清代
19	坟庄核桃	密云区西田各庄镇坟庄村	清代
20	燕山板栗	密云区域范围内	清代
21	怀柔板栗	怀柔区九渡河地区	明、清代
22	京八件（原清宫食品）	怀柔区红螺食品集团	清代
23	红叶香椿	平谷区峪口镇西樊各庄、门头沟区雁翅镇苇子水村等	清代
24	北寨红杏	平谷区南独乐河镇北寨村	清代
25	黑小米	怀柔区喇叭沟门镇村	清代
26	苏子峪蜜枣	平谷区大华山镇苏子峪村	清代
27	蟠桃	平谷区刘家店镇	清代
28	御塘米	房山区南尚乐乡镇高庄村	清代
29	凌枣	房山区大石窝镇	明、清代
30	磨盘柿良乡板栗	房山区张坊镇域房山区南窖等地	唐、明、清代
31	八棱海棠	延庆区康庄镇帮水峪村	清代
32	香槟子	延庆区康庄镇帮水峪村	清代
33	永宁豆腐	延庆区永宁镇	明、清代
34	咸鸭蛋	延庆区珍珠泉镇上水沟村	明、清代
35	龙王帽——窝蜂杏仁	延庆区永宁镇彭家窑村	明、清代
36	京西稻	海淀区玉泉山一带	清代
37	北京鸭	海淀区玉泉山脚下	清代
38	白莲藕	海淀区西苑	清代
39	北京油鸡	朝阳区洼里等地	清代
40	“大白王”稻米（已失）	顺义区北小营镇东西府村	清代
41	铁吧哒杏	顺义区北石槽镇御杏园	清代
42	月季花	丰台区花乡	清代
43	菊花	丰台区花乡	清代
44	黑白花奶牛		清末

（续）

序号	贡品名称	产地	进贡年代
45	糖炒栗子	北京街市	明、清代
46	冰糖葫芦	北京街市	明、清代
47	秋梨膏（原料原产北京）	北京恩济堂药店	清廷保健品
48	山楂糕	北京街市	清廷小吃
49	北京蜜饯	北京街市	清廷小吃
50	康庄西瓜	延庆县康庄镇村	清代
51	北京烤鸭	北京全聚德烤鸭店	清代
52	延庆贡稻	丁家堡村蔡河两岸所产	清代
53	玉巴达杏	海淀区北安河村	清代
54	莲花白酒	海淀	清代
55	菊花白酒	房山区长阳仁和酒厂	清代
56	太子墓苹果	门头沟区太子墓村	清代
57	顺义二十里长山一带谷子	顺义区二十里长山（直到20世纪90年代有种，《顺义区志》）	清代、现代

区县农业有“三宝”（摘自《中国电视报》2009年10月8日第8版）：

通州区：①大顺斋糖火烧，原店主明代南京人刘刚，传承至今；②小楼烧鲇，原店主李振；③万通酱菜、酱豆腐，原店主杨善卿。

顺义区：①北小营镇东府村的稻米（已佚）；②李遂镇的熏肉；③北石槽镇的铁吧哒杏（红铜营的烟草已佚）。

大兴区：①庞各庄的西瓜；②东营村的白水羊头肉；③西红门的心里美萝卜或梨花村的金把黄梨（醉流霞）。

平谷区：①井耳峪的柿（似应为北寨红杏）；②苏子峪的蜜枣；③钻瓦窑的红宵梨。

密云县：①不老屯的黄土坎鸭梨；②坟庄的核桃；③西田各庄的金丝小枣（石峨御皇李）。

怀柔区：①怀柔板栗；②怀柔杏仁；③虹鳟鱼（现代产品）。

昌平区：①十三陵的柿；②西峰山的小枣（柰柰）；③果庄的山黄杏。

房山区：①张坊的磨盘柿；②长沟镇的“御塘米”；③良乡板栗（历史上的事）。

门头沟区：①妙峰山的金顶玫瑰花；②东庄村的京白梨；③灵水村的核桃。

延庆县：①妙河的鱼；②永宁的豆腐；③帮水峪村的八棱海棠等。

地理标志产品资源：具有特质、特色，形成地域性优势产业，经国家主管部门认定而给予证书的特色产品有数十种：①大兴西瓜；②平谷大桃；③昌平苹果；④密云甘栗（燕山板栗）；⑤怀柔板栗；⑥喇叭沟门黑小米；⑦昌平草莓；⑧延庆国光苹果；⑨大兴安定桑葚；⑩通州大樱桃；⑪门头沟“京西白蜜”；⑫京白梨；⑬金顶玫瑰花；⑭房山磨盘柿；⑮大兴庞各庄镇金把黄鸭梨；⑯丰台区“长辛店白枣”；⑰密云“水库鱼”；⑱黄土坎鸭梨；⑲大城子红宵梨；⑳东邵渠乡石峨御皇李；㉑通州张家湾葡萄；㉒延庆与怀来“延怀河谷”葡萄等。以上地理标志农产品的讯息，均来自《京郊日报》、北京《科技潮》等媒体报道。

“三品一标”农产品：《京郊日报》2011 年 6 月 17 日讯：据市食用农产品安全生产体系建设办公室负责人介绍，截至 2010 年年底，全市无公害农产品生产企业达 881 家、绿色食品生产企业 48 家、有机农产品生产企业 276 家，获证产品达 4 288 个，年产量达 300 万余吨，产地生产面积逾 100 万亩，“三品”生产比重走在全国前列。延庆国光苹果、昌平草莓、安定桑葚、通州大樱桃 4 个地域特色农产品，分别获得国家农产品地理标志登记保护，保护面积达 5.95 万亩，年产量 3.9 万吨。“三品一标”农产品质量安全抽检合格率稳定在 99%以上，无公害农产品标志使用率居全国首位。“怀柔板栗”获得原产地证明商标后，60%左右的板栗直接或间接销往日本、美国、加拿大及东南亚等 20 多个多家和地区。

截至 2011 年 7 月，本市农产品注册商标超过 3 000 件，基本上京郊所有名、特、优、新农产品都有了注册商标（《京郊日报》2011 年 7 月 8 日）。

京畿农业中的“王”者：

①桃王。平谷区果农展示出 0.95 千克重的“凤白”大桃（《北京日报》2010 年 8 月 7 日）。

②鳖（甲鱼）王。延庆县白河堡水库 1 只野生甲鱼长约 37 厘米、宽约 32 厘米，体重 70.95 千克，年龄 40 岁左右（《北京日报》2011 年 4 月 12 日）。

③铁树花王。昌平区十三陵景区 2 株 80 年的雌、雄铁树 2011 年首次开花，花高约 40 厘米、花径 10 厘米（《京郊日报》2011 年 5 月 17 日）。

④桃花王（品霞）。北京植物园由“合欢二色桃”与“百花山碧桃”杂交而成，其花型平展，似梅花，花丝白色，花药红褐色，花朵为粉红色，全开时仿佛一片粉色的朝霞，花序密集，在桃中开花又早、花大，故称桃花王（《京郊日报》2010 年 4 月 12 日）。

⑤角瓜“巨无霸”。昌平区南口镇曹庄村农民击福强种植的角瓜 1 个单重 36.5 千克，被称之“巨无霸”（《京郊日报》2010 年 11 月 12 日）。

⑥冬瓜王。延庆县大庄科乡小庄科农民杜振才 2011 年种出 1 个冬瓜长

107 厘米、重约 35 千克（《京郊日报》2011 年 9 月 12 日）。

⑦亚腰葫芦王。延庆县永宁镇西山沟村，2011 年 1 个亚腰葫芦高约 40 厘米、重 6 千克（《北京日报》2011 年 9 月 2 日）。

⑧世界最大“食人花”——巨魔芋。北京植物园。

⑨南瓜王。大兴区庞各庄镇李家巷村李凤春家巨型南瓜，2010 年 1 个重 250 千克，（《北京青年报》2010 年 6 月 2 日），2011 年 1 个重 200 千克（《京郊日报》2011 年 6 月 2 日）。

⑩栗蘑王。昌平区长陵镇茂陵村农民李春凤种出 1 株栗蘑重 9.84 千克（《京郊日报》2011 年 6 月 11 日）。

⑪菊王。顺义区牛栏山酒厂职工王玉昆选送“世界花卉大观园”菊花擂台赛的“长风万里”，摘得“菊王”桂名（《北京日报》2010 年 11 月 17 日）。

⑫苹果王。昌平区崔村镇真顺村果农赵宝玲种植的 1 个苹果重 532 克，被评为苹果王；2011 年她又以单果重 810 克，获“果王”称号。八家果园的 1 株苹果树在区苹果文化节被评为“树王”（《京郊日报》2008 年 10 月 24 日）。

⑬鱼王。密云水库 9 月 23 日捕获 1 条鲤鱼体长 140 厘米、胸围 80 厘米，体重 30.5 千克，被称为该库中已出水鱼王中的鱼王（《北京青年报》2011 年 9 月 24 日）。

⑭黄瓜王。昌平区长陵镇昭陵村李茂真种的黄瓜长 50 厘米、直径 12 厘米，单瓜重 3.85 千克（《京郊日报》2011 年 8 月 11 日）。

⑮超大白灵菇。单个重 9.5 千克。据《京郊日报》（2012 年 2 月 21 日）报道：门头沟区妙峰镇丁家滩村的食用菌基地，菇农培育出 3 个超大白灵菇，其中最大的 1 个仅菌伞部分重达 9.5 千克，其余 2 个超过了 5 千克。

这些祖传的可贵名特优产品，过去皇宫喜欢，今天北京人喜欢，外国来京的人亦喜欢。北京鸭早在 1873 年就输入美国及英国。据传，英国人在北京鸭的基础上造育成瘦肉型的“樱桃谷鸭”。板栗一直是北京历史上的出口创汇农产品，至今仍是日本市场上深受欢迎的“良乡板栗”。国际上流行一种口头语：到北京不吃烤鸭等于没到过北京。国内古时也流行着“从南京到北京要吃豆腐到（延庆）永宁”。永宁镇自汉代即生产豆腐，其品位与众不同，一在于水好；二在于用“酸卤”点豆浆出豆腐。据说“酸卤”是由出豆腐后挤出的浆水经特定的发酵而成。

史籍中的北京农业名品：

《北京通史》卷一：“燕地产白马，并作为向商王朝交纳的贡物。”

三国时陆玑《毛诗·草木鸟兽虫鱼疏》称“五方皆有栗，唯渔阳、范阳栗甜美味长，他方者悉不及也”。

《学圃余疏》：“王（黄）瓜出燕京者最佳。”

《燕京杂记》："栗称渔阳自古已然，其产于入内者皆美。"

《神异记》：北京大枣"味有殊，既可益气，又安躯。"

《群芳谱》（明代）："苹果，出此地燕赵者尤佳，……惟八九分熟者最美。"

清·康熙年间《大兴县志》："卑角屯贡李最佳。"

清·《燕山丛录》："房山县有石窝稻，白色粒粗，味极香美。以为饭，虽盛夏而不馊。"

清·《潞水客谈》："西山大石窝所收米最称佳美。"

《唐书·地理志》称："范阳郡土贡有栗。"

《元一统志》：西瓜"西山产亦佳。"

清·《日下旧闻考》："栗子以怀柔产为佳。"

北京古籍载："京都花木之盛，惟丰台芍药，甲于天下"。"花较江南者更大，不减洛阳名园。"

《帝京景物略》：牡丹花以"天坛南北廊，永定门内张园及房山僧舍为最。"

北魏《水经注》："北方（房山长沟）有比目鱼，即此特产也。"

清·《光绪昌平州志》：鲤"出沙河者佳。"

北京农业的推陈出新：这里讲的"推陈"有两层意思，即：一是因为环境变迁过去一些好东西已无适生条件而消失。如沙河的鱼虾佳品已不复存在；历史上的骏马如今已无用武之地而退出舞台等；二是历史上有些好东西所需条件现在仍然存在，并可改善，而市场又很看好，就继续传承发扬光大。如平谷区北寨红杏从仅存的一棵现在发展到一万亩；房山区大石窝镇从一株菱枣繁衍出60万株；北京板栗由过去的二三十万亩持续发展到七十来万亩，形成山区的大产业；大兴西瓜从一两万亩发展到十几万亩等。

（2）现绩妖娆　"出新"就是在继往开来的同时再创新品种、创新产业。近六十年来，北京市农林科学院蔬菜研究所和中国农业科学院蔬菜研究所合作培育出甘蓝自交不亲和等，选育出杂交甘蓝新品种，并实现早、中、晚熟品种配套，产量高、品质好，在全国大面积推广，1987年获得国家发明一等奖，开拓了国内农业领域获得科技发明的先河。20世纪70年代，市农林科学院作物研究所培育的玉米自交系"黄早四"，因其适应性广、配合力强、杂交后代产量比较高、品质好，在国内被广泛引用。北京"世纪坛"封坛时被选入坛内封存；该所采用花粉育种培育成功小麦"京花一号""京花三号""京花五号"新品种，并在世界上同类研究中率先在生产上大面积推广应用。在成果鉴定中被专家们认定国际领先水平，1985年获得市政府颁发的"特等奖"。同期，海淀区植物组培中心利用甜椒花粉培养技术培育出"海花"号甜椒系列新品种在本市和国内被广泛引种推广。20世纪80～90年代，原北京市畜牧局系统培育成功自己的蛋鸡新品种"京红""京白"蛋鸡，达到国际先进水平，成为本市和国内的推广品种。从1983年开始，本市农林科学院的科研、推广即开始引进、试种、试销国内外名特优新蔬菜品种（号称特菜），并取得成功。起步时，市农林科学院蔬菜所建立引种“小菜园”，在中关村及友谊商店建立试销窗口，受在京的外国人及外籍华人的青睐，他们说：“在北京也能买到、吃上家乡的菜品了”由此引起社会极大关注，北京市农业局因势利导在小汤山租地建立起“特菜基地”，1994年改称为“特菜大观园”专司特菜生产和特菜经营，并形成自己的产品品牌——“小汤山”，常年进出特菜品种160多个。20世纪80～90年代，北京市水产部门的科研推广单位即先后引进非洲鲫、欧洲鲟、俄罗斯鲟、日本池治公鱼、美国加州鲈、朝鲜虹鳟鱼、以色列鲤、江苏太湖大银鱼等。使京郊养殖的水产品（鱼类）由过去的四大家，青鱼、鲤、鲢、鳙，增到二十多种国内外的名特优鱼品，如今的京郊水产养殖中既有热（温）水鱼，也有冷水鱼，且花色品种多样，可应对来自各方人的需求。在畜牧生产方面亦聚集着国内外天上飞的（法国肉鸽、朝鲜的鹌鹑等）、地上走的火鸡、鸵鸟等，水上游的英国樱桃谷鸭等。还有非洲的波尔山羊等，以及来自澳洲、欧洲的良种肉牛、奶牛、瘦肉型猪等。树木、果树、花卉来自国内外的优良者更是千姿百态，丰富多彩。来自日本的富士苹果，来自日本、韩国、欧洲的梨、葡萄、樱桃，及来自欧美的彩叶树种等。总之，北京的天地不大，却集聚着世界上许多国家农业中动植物精品，真可谓是世界农业大观的缩影。君可见：丰台草桥村的“世界花卉大观园”、通州区张家湾镇的“葡萄大观园”、大兴区半壁店的“西洋梨园”、小汤山的“特菜大观园”、市水产研究所玉都山的“冷水鱼养殖基地”、通州区水产公司的“观赏鱼大观园”、朝阳区的“水产科技园”、密云县在古北口镇的“香草园”、顺义区的“北京国际鲜花港”等，都聚集有异国他乡相关农业新品，为身居北京的异国他乡的人们提供一丝情缘。

产业创新：

①创建观光休闲农业。国外的经验表明，当国民人均收入达到1 000～3 000美元时，市民们就希望在节假日时回归大自然，到乡间观光休闲，体验农耕文化，沐浴农业情操。北京市约于20世纪90年代后期全市人均GDP达到1 000美元，到2009年达到2 000美元，也正是在这个时候，据有关方面调查，京城中有95%的市民表示将利用休息时回归自然。市民的愿景吊起京郊农民创造观光农业国的积极性。据市农村工作委员会主编的《北京市农村产业发展报告（2009）》记载：“到2008年，全市实际经营的观光农业国发展到1 332个。”其中具有一定规模的创意农业园113个；有一定影响力的农业节庆活动60多个。

②发展设施农业，北京地区平原无霜期只有180天，有半年的时间属于冷季，而农业耕地有很有限，日照则比较充足，如何扬长避短？发展设施农业可

实现周年生产、均衡上市，从新世纪以来，市政府的大投资鼓励农民发展现代化的设施农业，到 2009 年，全市设施农业总面积达 28 余万亩，设施蔬菜总收入占蔬菜总收入 43%。

③发展循环农业。北京市政府在 2006 年出台的《关于发展都市型现代农业的若干意见》中提出了“发展循环农业”，以期提高农业资源再利用、再增值的水平。循环农业在京郊比较普及的是农、林、牧结合与食用菌养殖及制作沼气与沼肥，及沼肥还田，这么一个大循环，基本实现无废物排放，且每个环节都有增值效应。再就是发展林下经济。过去，幼龄果园、大排档的林地空隙地都“闲着”。现在则因地制宜种植蔬菜、油料（如花生、黄豆等）、药材、绿肥、散养鸡、养食用菌等；还有粮等饲料——养鸡——鸡粪——制沼气（沼液——沼渣——肥田——生产粮食……）——发电。

④发展会展农业。现代农业以市场为导向，而会展农业正是农业走向市场的向导。据有关资料显示，仅 2001—2010 年，在京召开的涉农国际会议或论坛有 24 次，举行涉农展览 55 次。会展农业既涉农技术交流、农情交流，又涉农贸商业交易，是农业技术相长、农业产品交易的产业。北京既具有会展场馆、操作的优越，又具农业科技、人才、学术的优势，还具国内外交往的优势。会展农业的最终结果或后劲是推动农业的实业发展。2012 年国际草莓大会在昌平召开，引进国内外草莓优良品种 200 多个，为本市草莓业的进一步发展创造了丰富的品种资源。

⑤科技农业。按照马克思的说法，就是“生产过程成了科学的应用，而科学反过来成了生产过程的因素，即所谓职能”（马克思《机器·自然力和科学的应用》）。也就说，自然科学和经济管理学成为生产力中带有决定性的因素。自然科学和社会科学已经走在生产的前面，并被大规模地应用于生产，生产过程科学化了。从现实情况看，北京农业尚未达到科学化。据北京市农村工作委员会编辑出版的《北京市农林产业发展报告》（2009）中记载，2008 年科技进步对农业的贡献率为 76.17%，有的报告中则为 65%。而发达国家科技进步对农业的贡献高达 80%以上。荷兰、以色列等国的设施栽培的番茄、黄瓜等每平方米产量已达 50～60 千克，而我们引用他们的同样温室，每平方米只产十几千克，其差距就在于技术与机械化程度低。人家要施肥、浇水、控制温湿度及光照都由设定仪器自动调控与实施，能保证作物适宜的生育环境及营养供给，克服了人工控制的随意性。亦即说，人家是按作物生育规律进行程序性调控与满足，而我们是经验性调控。再就是我们对栽培技术缺乏深入，配套性研究增产技术不尽到位。目前的栽培技术更多的是育种人所提供的所谓“良种配良法”，应该说这是育种人尽了职。但有智慧的人也明白，仅育种提供的“良种配良法”是不够的，在多数情况下，良种的高产纪录并不是育种人创造的。

⑥发展城市农业有所突破。这里讲的城市农业不是社会上所讲的市域内的农业，而是专指城市圈内的农业。这里的农业主要着眼于城市圈内宏观的、微观的生态环境的营造，改善环境的小气候、创造怡人的景观及农耕文化氛围，当然，也可产生一定的经济价值或使用价值。科学工作者已创造出“庭院农业”“阳台农业”“屋顶农业”“景观农业”等；其经营方式有盆栽、有壁挂栽、有立柱栽、有水培栽、有气雾栽、有橱柜栽等。人们对城市农业的需求主要讲究精——精品植物（或是可观的精品或是可食的精品）；气——长势要生气，栩栩如生；神——景致怡人，色彩斑斓，富含文化品位，给人以清新感。城市农业更贴近居民的微生态环境的改善，它使城市绿化渗造到居民家的院居、居室之中，并已改善着城市的“热岛”问题。

夏风

松鹤延年

雄鸡

图5　麦秸画

（资料来源：北京隆龙工贸有限公司宣传画）

⑦发展装饰农业。装饰是一种对事物的艺术性包装与装潢，以给人们美的享受、神的怡悦。装饰农业，即由农业生产经营者以生产某种或某些种供某些社会需求者用于环境，社会、庭院、居室装饰的农业生物——诸如花卉、农业作物盆景、特色果木、观赏鱼、水培植物及以农产品或农业质料加工成的工艺装饰品，并以其经营或秉色相关装饰的产生。过去，农业种花规模不大，且只从事走街串巷叫卖或到集市上叫卖，无人从事为用户提供装饰服务（有偿），现在出现大批的花木生产、营销和装饰服务的农户，以致装饰企业。并且出现产业内的社会分工，如有从生物性装饰经营，有的人从事农业质料的工艺加工经营，也有专门从事农业质料装饰设计的。可以说装饰农业是普通农业的“升级版”、增值业。据北京市农村工作委员会编辑《北京农业产业发展报告》记载：到2009年年底，北京市花卉生产面积4 470公顷，其中，现代化智能

温室 114 公顷，小温室 496 公顷，大中小棚 139 公顷，产值 12.2 亿元，亩效益达到 1.8 万元。有直接从事花卉生产的企业 306 家，农户 1 096 户，从业者超过 3 万人。有 38 个花卉市场，1 500 个花卉零售点，花卉消费额达 100 亿元，花卉需求量以每年 10 倍的速度增长。

2009 年，全市共生产鲜切花（这需要精选、整形、包扎等工序）6 223 万支；生产盆景植物 13 715 万盆；生产观赏苗木 1 818 万株，草坪草 903 万米^2、干燥花 395 万支等。

京郊兴起许多“巧娘工作室”实际上是从事以农业质料与绘画艺术巧妙的结合，设计环境深刻、质威优美、乡土艺息浓郁的艺术品，如门头沟区北京隆龙工贸有限公司，挖掘出隋朝时代宫廷工业品——麦秸画。利用麦秸这一天然原料的光泽、纹理、质感等特点，判作出惟妙惟肖、栩栩如生的人物、动物、花卉、亭台楼阁、风景古迹等几十种题材的高档工艺品，初用于宾馆、饭店、家庭住宅的装饰（图 5 和图 6）。

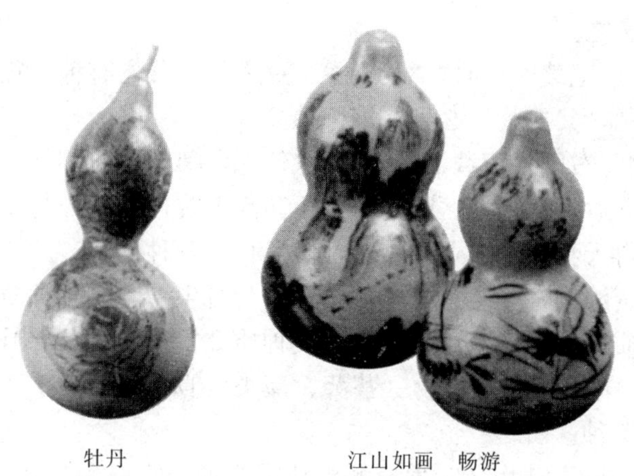

牡丹　　江山如画　畅游

图 6　葫芦画

（资料来源：《京都巧娘工艺品精粹》北京市妇联等，作者：李广兴）

目前，京郊出自“巧娘工作室”以农业质料制作的工艺品有豆塑画、麦秸画、蝶翅画、五谷画、羽毛画、干押花画、蛋壳画、葫芦画、草编、根雕、干花、盆景、晒字果、玻璃西瓜等，成为都市型现代农业的光彩夺目名气——游客见证都市型现代农业永不磨灭的印迹。

⑧异国农业。中国的改革开放吸引了一批又一批“洋农业”进入京郊。这里有“中以农场”；有“中日观光果园”；有“中日友谊饲料厂”；有“中瑞奶业培训中心”；有“意大利生态农庄”“鹅和鸭农庄”；有“法兰西乡情旅游村”；有“中德绿色有机果品示范园”；有“中芬生态谷”；有中国农业大学与法国人联手创办的园中养殖业；有洋人创办的中西合流式的山间乡村等，彰显

着北京的都市型现代农业正朝着世人共赏共享的“地球村”级产业，开创北京世界城市农业。对于广大百姓来说，不出国也能赏识点他国农业风情。

⑨籽种农业。中国人自古以来就有选种、育种、采用良种发展生产的优良传统。

《诗经·大雅·生民》记载，西周时就“诞降嘉种，维秬维秠，维糜维芑。”

《汜胜之书》记载，西汉已出现“取麦地，候熟可获，择穗大者，斩来立场中之高炼处，嚎使极燥。——顺时种之，则收常倍。”

《齐民要术》记载：后魏时，“粟、黍、穄、粱、秫，常多岁别收，选好穗纯色者，焦刈高悬之。至春治取，别种，以拟明年种子。”

《四时纂要》记载：唐时“五谷，则好穗刈子，高钓别打，干要，从穗草窖之，勿贮器中。”

《农书》记载元代：“种杂者，禾生早晚不均。特宜存意拣选。常岁别收好穗纯色青；倒悬之。”

《国脉民天》记载明代时，“凡五谷、豆果、蔬菜之有种，犹人有父也，地周母平，母要肥，父要壮，必光仔细拣种。”

《知本提纲·右则》记载清时，“种取佳穗，穗取佳粒。”

新中国成立后，北京地区随科研院所和高等院校的创办与发展，使本地逐步形成为全国得天独厚的农业动植物及微生物的育种优势。

一是种质资源丰富，土种质资源中可分为野生型和驯生种质资源两大类。

在野生种质资源中：有维管束植物类种质 2 263 种，占全国维管束植物总种数的 6.7%；有非维管束植物（苔藓、藻类、真菌和地衣）1 026 种；有水生植物资源 147 种。

动物资源：原生动物 232 种；棘头动物 3 种；线形动物 81 种；海绵动物 3 种；扁形动物 48 种；腔肠动物 1 种；轮虫动物 67 种；苔藓动物 3 种；环节动物 30 种；软体动物 15 种；节肢动物，记录数据 2 038 要。其中昆虫纲1 967 种，无敌昆虫有 500 余种；野生鱼类有 84 种，其中有 40%的鱼类有一定经济价值；有两栖动物 19 种；爬行动物 36 种；鸟类 396 种；哺乳动物 120 种。据市水务局的调查，有水生动物 322 种。

微生物资源：水生微生物 45 个属（种）。

驯生种植资源：在京的中国农业科学院国家级农作物种质资源库保存在 40.18 万份，列世界第二位。其中，玉米 5.29 万份；小麦 7.11 万份；大豆 3.19 万份；水稻 2 500 份；蔬菜 5.04 万份；西、甜瓜 3 600 份；草、花卉 4 600份；其他杂粮、棉花、油料、麻类、烟草等 18.46 万份。北京市农林种学院保存有蔬菜种质 3.1 万份；小麦 12 500 份；玉米 5 000 份；杂粮 2 500

份；草类 500 余份，果木 1 500 余份。北京植物园栽植中的种质 10 000 余种；果树，《北京名果》一书中记载有 13 种果树共 320 个名果，其中桃 495、葡萄 46 个、梨 365、苹果 29 个、柿 7 个、枣 31 个、杏 38 个、樱桃 28 个、板栗 8 个、核桃 18 个、李 12、桑葚 16 个、山楂 12 个。《平谷桃志》记载，该区大桃有“白桃、蟠桃、油桃、黄桃四大等列，共有桃树品种 218 个”。北京市农林科学院综合研究所搜集有板栗种植资源 850 个、欧李 49 个、杏、李品种 7 个。在花卉方面，草桥“世界花卉大观园”集聚有国内外名花 1 800 多种；海淀组培中心搜集有野生乡土花卉 130 多种、药用花卉 90 种、食用花卉 28 种、饲用花卉 9 种、芳香花卉 8 种。北京市农林科学院生物研究中心搜集有菊花种质 2 327 份；坐落于北京的药用植物研究所保存有中药材 16 671 种等。

驯生动物种质资源：常见的饲养动物和实验动物共 169 种，其中家畜 44 种、家禽 33 种、水产 31 种，实验动物 55 种和宠物 9 种。在家畜中：牛 9 个品种；猪 8 种；马 2 种；羊 10 种；其他 15 种。在家禽中：鸡 26 种；鸭 7 种；北京动物园有动物 900 余种、2 万多只。饲养鱼类 40 多种，主要有鲤、鲫、鳙、鲢、草鱼、鲟、虹鳟鱼、池沼公鱼、罗非鱼、鲇、黑鱼等。

人工饲养的蜂有：蜜蜂（意蜂、中峰等）、授粉用的熊峰、壁蜂、切叶蜂等。

人工饲养的天敌昆虫有 20 多种，如管氏肿腿蜂、周氏啮小蜂、赤眼蜂等。

在微生物方面：在京的中国工业微生物菌种保存管理中心搜藏有国内外各类工业微生物菌种 10 153 株，30 余万备份，其中细菌 4 445 株，酵母菌 3 222 株，大型真菌 266 株；中国农业微生物菌种保藏管理中心库藏资源 2 199 种、11 970 株菌种，约 30 万备份；国家兽医微生物菌种保藏管理中心保藏菌种 230 余种、3 000 余株；中国药用微生物菌种保藏管理中心，保藏菌种 10 000 多株；北京市农林科学院植物保护研究所保藏有 10 187 株，其中有食用菌类 500 份；北京市农林科学院植物营养与资源研究所保藏有“丛枝菌根真菌种质”，AM 真菌资源总量为 5 属、25 种，共 136 株。

二是有顶级的育种团队和推广队伍。据资料显示，北京地有涉农科研机构 29 家，农业专业技术人员 2 万多人。他们中有国家级科研、教学单位，如中国农业科学院、中国林业科学院、中国水产科学院及中国科学院中的涉农研究所等，国家级高等农业院校有中国农业大学、北京林业大学等，他们都兼有农林育种研究任务，也确为北京市的农林业输送了许多动植微生物优良品种，再加之本市地方农科院、农学院就构庞大的农业育种队伍，拥有种业研发机构 80 多家，专业育种工作者 1 000 多人。

三是有强大的科研成果推广转化队伍。从国家在京的种业管理部门到地方市区（县）、乡（镇）都有上下成体系种业管理部门和种业立法，列 2010 年拥有种业经营企业 1 361 家，其中获得部级发证企业 28 家、市级发证企业 64 家、区县发证企业 233 家、零售商 1 036 家，注册资本金 3 000 万元以上；有育种、繁种、销种一体化企业 11 家，具有种子进出口权的企业 11 家。在全国前 10 强的企业中，北京占了 4 家。全球 10 强种业巨头中有 8 家在北京建有研发分支机构。

四是种业已成为北京都市型现代农业发展的一大亮点和增长点。它不仅不断推进北京农业产品的更新换代，促进农产品的产量和质量与效益的不断提升；而且它已成为北京农业商品化中的高端、高辐射的商品，在给用户带来增产、增收的同时，种业经营者可获得比一般农产品高得多的经济效益。有资料表明，北京已成为全国种业交易交流中心，仅 2008 年，北京种业销售额达到 46.85 亿元，相当于当年北京农业总产值的 15%。其中种植业种业销售额超过 27 亿元，占北京市场份额的 57.6%，占全国市场份额的 10%左右，占全球市场份额的 1%左右。畜禽种业销售额达到 16 亿元，占北京市场份额的 34.2%，水产种业销售额为 1.25 亿元，占北京市场份额的 2.7%，林果花卉种业为 2.6 亿元，占北京市场份额的 5.5%。

北京的种禽交易活跃，每年从北京口岸种畜禽进出口额近 1 亿美元，北京的种畜禽产品销往全国 28 个省市。北京种子大会从 1995 年以来，已成功举办了 17 届，是全国种子交易会之首，2009 年成交额达 5 亿人民币。这一年，北京进出口种子贸易额达到 6 000 万美元，占全国种子进出口贸易总额的 35%，占全球种子贸易额的 2%左右。

据评估，北京市育种、检测技术均处于国内领先水平。每年引育农作物新品种数量约占全国的 20%。过去良种主要是地方性的生产资料，现在北京的种业已转化为本地区的商品化生产与流通。有资料显示，北京的祖代蛋种鸡全国市场占有率 20%、良种奶牛冻精占有率为 40%、祖代肉种鸡占有率为 50%、虹鳟鱼苗种占有率为 40%、鲟鱼苗种占有率为 50%；小麦、玉米占有率也在不断有所提高；林果花卉育种研发科研网络初步建成。

北京市已拥有一批在国内外具有较大影响的种业品牌，如“中蔬”“京研”“一特”“奥瑞金”“中育”“华都”“顺鑫”“金星鸭业”等（表 16）。

表 16　1983—2011 年北京市审定的农业新品种数

稻	小麦	玉米	大豆	大白菜	西瓜	土豆	棉花
36 个	122 个	234 个	64 个	123 个	100 个	5 个	0

注：资料来自北京市种子管理站《北京市农作物苗种审定名录》2011 年 5 月。

⑩加工农业。小农时代的农业是自给自足的自然经济，因此那时的农业就

是产品生产，供生产者和剥削者的生活之用。而现代农业则是以市场为导向，农业生产已由单一的产品生产拓展到产后加工与销售三个环节，形成现代农业的产品增殖和效益增值链。原始式的生产就是产出可供人的需要的产品，而加工可使农产品变形、变性，使单一产品增殖出丰富多彩以满足人们多方面需求的变形、变性产品来。如原始生产只产出小麦（籽粒）供生产者食用，而进入商品生产时代，小麦经加工变形后可出售白面或→面条；再行变性加工→担担面、延吉冷面……以致更深层次的加工品。“自给自足”使生产成本几乎无收，而商品交换则随着加工层次的加深、花色品种的精良其增值效益越高。

2007 年，本市农产品加工企业总数达到 505 家，完成销售收入 283 亿元，312 家规模企业实现销售收入 259.9 亿元，增加值 48.2 亿元，利润总额 7.9 亿元。农产品加工业对“三农”的带动能力显著提高。505 家农产品加工企业共有职工 8 万人，其中吸纳本市农民就业 4.3 万人，采购原料价值 138.64 亿元。生产、加工、销售三位一体被称之为现代农业的“产加销”一体化或称农业的产业化。到 2007 年，全市拥有国家级农业产业化重点龙头企业、农产品加工示范企业、出口示范企业、技术创新机构、名牌产品、驰名商标、龙头食品和中华老字号等称号的企业约 60 家。

农业产业化经营，既可使一产品衍生出许许多多的不同产品和不同层次的精良产品，使劣质产品衍生出优质加工品，以丰富和满足市场多样化需求；随着加工层次的拓展，增值效益随之提升；销售既是迎合市场，又是获取效益。因此，产加销一体化是现代农业可持续发展的经营之道。

2. 都市型现代农业的景气与影响力

“三农”面貌焕然一新。景气喜人：新农村建设引领生产发展、生活宽裕、乡风文明、村容整洁和管理民主；农业功能由“发展生产，保障供给”扩展到生产、生活、生态和示范多功能；农林牧副渔五业由粗放经营转移到集约经营，在量的扩张同时，实现质的提升；农民人均纯收入由 2000 年的 4 687.63 元提升到 2010 年的 13 262 元，农村恩格尔系数下降到 34%以下；涌现出一批“最美丽的乡村”呈现出“村在林中，路在绿中，房在园中，人在景中”的大美家园；信息网络“村村通”，农民足不出户能知天下事；城乡一体使农民变为拥有集体资产的市民，农村正向城镇化的社区转变。

资源投入减量化、再利用、低碳、减排运营，资源循环利用，生态屏障见成效；在优良生态、优美景观、优势产业下，生产出“生态、安全、优质、集约、高效”的优质安全农产品，深受世人青睐。

高新技术转化为先进生产力，农业出现质的跨越。一系列高新技术的研究与应用，在郊区发展起精准农业、创意农业、生态农业和籽种农业，设施农业技术与装备的研发，发展起一批工厂化农业，大大提高了土地利用率和产出率，在北纬40°地区实现果蔬周年生产、均衡上市，保证了首都对鲜活农产品及应急农产品的需求；循环农业技术的研发与应用，使大量农业废弃物和阳光得到资源化再利用；高新技术的研发与应用，加速农业生物新品种培育，如二系杂交小麦“京麦6号”等、粮饲兼用玉米、鲜食玉米（甜的、糯的、彩色的）、青饲玉米、彩椒、迷你白菜、迷你黄瓜、观食两用桃、高档食用菌等；研发应用了奶牛的超数排卵与胚胎移植、农业远程教育、自动调控与农情遥感监测等；“十一五”期间建立“六大科技示范工程”，围绕12个优势主导产业，主推品种200多个，主推技术168项，科技入户率分别达到97%和98%；主导农产品标准覆盖率达到90%，打造各类商标品牌4 500多种，认定地理标志保护产品14件。

沟域经济搞活了山区的后发优势，走出了一条“养山富民”之路。生态建设与产业发展良性互动，一、二、三产业相互融合，点线面成片的区域性联动，催动了千年沉睡的沟域复苏，成为京郊农业后发区域。

农业文化日益繁荣昌盛、富有文化精神品位的观赏农业、景观农业和充溢科技色彩的农业主题公园，已遍布京郊；农业节庆此起彼伏、跌宕万千；农业论坛、会展，犹如百花齐放，……清新的农业文化彰显出北京建设有中国特色世界城市的农业风情。

影响力底蕴深沉：都市农业一改过去单一的生产功能，拓展延伸到生活、生态、示范等多功能，适应了现代都市人生活多样化需求，极大地提升了郊区旅游的影响力和诱导力，并成为京郊农村经济蓬勃发展的潜力和后劲。

农业结构的调整优化及其圈层布局，彰显城乡农业文化层次特色，适应了不同欣赏品位人群的认可和需求。目前已确定的五个发展圈把传统的城郊农业一头伸入市区，一头进入周边邻居地域（合作），构了城市农业文化、乡村农业文化及友邻农业文化的多味交融，彰显出都市型现代农业文化的多样性和共荣的特色，为国际化的北京农业注入了活力。

新农村和景观农田建设，使城乡尽显绿和美。如今的北京，从城市到郊区已形成“绿不断线，景不断链”，山区呈现山青、水秀、天蓝、地绿的生态屏障，一批一批新农村居于“风景如画”之中，无垠农田实现“三季有绿色，四季无裸露”，基本形成“城市的生产性绿色空间”，构成“农民进城，市民下乡”的人文新潮流。

彰显出中国农业的“窗口”效应。北京农业的发展突显国家的发展战略定位：科教兴农。北京市农民受教育年限已达12年；科学技术进步对农业发展的贡献率已达76.17%（2008年），农业用动、植物种子、种苗在国内居于前列；在北纬40度条件下做到农林牧副渔五业协调发展；一批高新技术成果率先在农业上应用；农业环境友好，生态服务价值在提升；农产品安全居于国内前列；农业会展、学术交流空前兴旺……。

实施科教兴农战略：1987年国务院在所发的《加速农业科技成果转化，促进农业振兴》一文中提出“科技兴农”，之后在中央文件中演化为“科教兴农”。其本主就是要把农业的发展转移到依靠科技进步和提高劳动科学文化素质的轨道上来，以推进农业振兴。科教兴农既有国际经验，凡工农业发达的国家，如美国、以色列等其农业依靠科技进步的贡献率都在80%左右。北京农业由滞后到发展得益于科技进步的贡献。据测算：“五五”期间科技进步贡献率低于30%，“六五”期间为42.2%，“七五”期间为51.2%，“八五”期间为54.7%，“九五”期间为55.0%，“十五”期间为70.3%，“十一五”期76.17%（市农委），也有说是65%（市科委）。农民受教育情况：1949年农民中文盲占到90%；到1985年全市农村普及小学教育；到1993年，普及了九年制义务教育；到1995年，京郊农村劳动力平均受教育年限达到9.2年；2000年4月5日，市委农工委出台意见，决定用三年时间，在郊区实施“农民现代化素质教育工程”。

从科技进步贡献率和农民交教育程度的演进看，是与郊区农业发展方向相符的，给予的是正能量，体现了科学技术是第一生产力的支撑力量。

就都市型现代农业的创新与发展而言，科技与教育是相随而给力。

（1）农业动植物和微生物产业用种是翻新的。过去农业用种追求的是高产，而面对农业增长方式转变中，科研人员着力培育并推出一批又一批优质、高产、高效的动植物及微生物优良品种或菌株，促进农业用种与时俱进更新换代。如小麦方面重点培育、推广强筋小麦。以适应市对优质小麦面粉的需要；玉米方面培育、推广粮饲兼用、鲜食等优质品种，以适应市场对玉米多样化的需求；在蔬菜方面，培育、引进、推广中高档细菜和特菜，以适应本市生产外埠内外优良果树品种3 000来个；北京市农业技术推广站从1999年起，引进试种成功热带、亚热带水果13个树种，有番木瓜、番石榴、番荔枝、火龙果、青枣、杨桃、莲雾、香蕉、菠萝等，在13个区县种植面积达6 636亩（2012年），丰富了果园观光文化。

在肉奶方面：引进并培育成功瘦肉型猪和高档肉牛；利用超数排卵和胚胎移植技术，大幅提高良种繁殖指数；培育出“京红1号”和“京粉1号”配套系，各项生产性能指标均达到国际先进水平，高峰期产蚕率达93%～96%，种蛋合格率、受精率等均此国外品种高出1～2个百分点。

在水产方面：引进了国外良种虹鳟鱼、鲟等，并成功的研究解决了人工孵化、实现苗种自给有余，占有国内市场苗种60%的份额等。

在绿化方面，引进和繁育出30多种彩叶树种及533种观赏植物和300多种花卉名品，提高绿化、美化的影响力，怀柔区城南乡土植物园从本山区开发出终年常绿的多年生地被植物——禾叶山麦冬，为绿地增添了抗旱、节水的草皮草品种；市园林绿化局还在调查中首次发现本市10种野生植物新种和11种具有观赏价值的新的植物变异类型。

在微生物方面：培育并推出了一批精品食用菌、如鲍鱼菇、长根菇与杏鲍菇等，以及新的益生菌类，如生物除臭剂、生态猪床发酵剂、秸秆腐熟剂等。

农林牧渔业新品种的培育与推广，使都市型现代农业的结构呈现明显的优化，产品价值与效益明显提高。

（2）信息网络通达　北京市农林科学院农业信息技术研究中心在国内率先研究与推广“小麦专家智能系统”，达到世界先进水平，并先后研发出精准农业、智能化温室设备等信息技术应用成果，使市郊一批大型温室的监控实现了信息化；在小汤山建成了国内第一个标准化的精准农业示范基地，其中多项技术填补国内空白。

1998年，市农林科学院信息研究所开始研发农村远程教育，到2009年，实现“村村通”；农村扩播、电话覆盖率达100%；有线电视网络入村率近100%，各类信息服务站点达10 680个；农村“数字家园”823个；农村共享文化、信息资源站点3 118个；政务公开触摸屏站点400个。并建立起七大信息应用系统，即：农业资源管理决策系统；北京市农地流转信息大平台；农林管理信息系统；农产品市场信息监测系统；“12316”综合呼叫系统；农村党员干部现代远程教育系统；市园林社网格化管理系统等，使广大农村农民“足不出户”即可搜寻到自己需要的科技、市场、教育及政策信息。

（3）生物技术、循环农业技、设施农业技术、农业节水技术等高新技术的研发与应用，使都市农业环境治理、生态优化、农产品安全生产、农业资源的再生利用、果蔬的周年生产、特色产业的集群发展、农业品牌战略的实施、节约农业的发展、农业低碳减排的实施等都发挥着强力的支撑作用。农村生态环境有了极大改善，实现了“以绿净村，以绿美村，以绿兴村，以绿富村”；使古老的山河呈现“山会招手，水会唱歌，树会说话”的古今奇观。循环农业技术使一些乡村彻底改变了“脏、乱、差”的状况，而呈现农业废弃物“零”排放；使设施农业得到进一步提升并发展到30万亩（2010年）；发展起九大重点产业群——生态粮经种植业、高效安全设施蔬菜业、有机特色果品业、健康畜禽养殖业、特色名品花卉业、生态垂钓观赏渔业和乡村旅游业、籽种农业、加工农业等；使品牌战略落到实处、快速发展，到“十一五”末，全市涉农的注册商标达4 500余个。北京市农村工作委员会在《北京乡村农业品牌集锦》一书中写道：“在农村品牌形成中，科技发挥着不可替代的作用”；科技使农业在发展中节水，农业用水总量已由历史上的24亿$米^3$下降到2011年的8亿多米^3（清水，另有再生水 2.9 亿米^3）；使农业病虫草昆害得到控制；使籽种农业成为京郊农业中的一大亮点；使久久沉睡的山区沟域变成了现代化的经济沟；使全市林木绿化率达到 53%（1949 年为 1.3%），城市绿化覆盖率达 45%……

总之科技的创新与资源整合，极大地提升了都市型现代农业的科技进步和综合生产能力的增强。据中国科学院中国现代化研究中心《2012 年农业现代报告》的评估，北京市于 2009 年实现第一次现代化，并进入第二次现代化（主要指标是实现农业的信息化、生态化和高效益等）。

“多予，少取，放活”及取消农业税。在两千多年的封建社会中，封建王朝对农业是不予而多取，苛刻的赋税逼得民不聊生。新中国成立后，国家一度通过农业积累资金以发展工业。随着社会经济的发展和国家经济实力的增强，2002 年 1 月 6 日，温家宝同志在中央农村工作会议上的讲话中指出：“中央对增加农民收入问题非常重视，多次认真研究，采取了一系列政策措施。总的指导思想是‘多予，少取，放活’。多予，就是要增加对农业和农村的投入，加快农村基础设施建设，加大扶贫开发力度，扩大退耕还林规模，直接增加农民收入。……放活，就是要认真落实党在农村的各项政策，把农民群众的积极性、主动性、创造性充分发挥出来，进一步活跃农村经济，拓宽农民增收渠道。”2006 年 3 月 5 日，温家宝总理在《政府工作报告》中正式宣布“今年在全国彻底取消农业税”。这标志着我国农民历经 2 600 多年的农业税从此结束了，也正是“工业反哺农业、城市支持农村”的开始。

都市型现代农业在京郊大地上已开出灿烂之花、结出丰硕之果。仅随手一摘即有十类亮点，即：

一座现代农业科技城。这是由国家科技部于 2009 年倡议并由科技部与北京市共建。该城落户北京，一是基于“北京已进入加快实施‘人文北京、科技北京、绿色北京’发展战略，推进世界城市建设的新阶段，为农业科技城的发展建设提供了难得的机遇”；二是北京聚集了 61.1%的国家重点良好的创新环境和创业氛围，具备开展农业技术创新、集成创新、机制创新和服务创新的人才、技术、信息、资本、市场等创新与服务资源潜在。科技城的任务：将以现代服务业引领现代农业，通过科技与服务的结合，促进一、二、三产业融合，要集现代农业创新与服务要素，实现产业、村镇、区域整体功能的突破和升级。通过 5～10 年的时间，将国家现代产业科技城建设成为全国农业科技创新中心和现代农业产业链创业服务中心，面向世界、立足首都，服务全国。

建立起二支科技创新团队。所谓团队，美国著名管理学家斯蒂芬·罗宾斯的定义：团队就是由两个或者两个以上相互作用、相互依赖的个体，为了特定目标而按照一定规则结合在一起的组织。2010 年中央农村工作会议上提出：

要加快种业科技创新，做大做强民族种业。北京种业拥有得天独厚的科技、市场、信息、人才等优势，为能充分发挥这一优势，北京先后成立了由知名专家领衔、首都育种单位联合创建育种平台和创新团队；由种业管理部门和种子经营企业联合成立种业创新联盟团队，共同打造“种业之都”，预计到2015年，首都种业销售额达到85亿元，较2008年增长80%，年均增长约10%。再就是由市农业局系统牵头建立果树、蔬菜产业创新团队，他们从科研单位高等农业院校、农技推广部门聘请70名专家，分别在瓜果、茄果类蔬菜等方面开展产业技术创新与推广应用。

三大支柱——生物技术及其产业、信息技术及其产业、新型农民队伍。前两项技术是世人公认是21世纪农业领域两大支柱产业。从新世纪以来，本市在生物技术、信息技术及产业方面取得一些突破性成就——生物技术在农业动植物育种方面已取得一批成果：奶牛超数排卵与胚胎种植，加速了良种牛的繁殖；欧洲鲟苗种的人工孵化成功、西瓜基因图谱的测绘为西瓜育种提供了预见性、利用指纹技术检测植物种子真假、利用体细胞克隆牛、羊，以及在生物防治病虫害、生态环境修复等诸方面都有突破，并进入产业化运作。信息技术方面，在国内率先开创了精准农业技术体系与装备，并在国内推广应用，研发出一系列用于设施农业、节水灌溉、机井管理、农情监测、人工降雨等方面自控系统和监测系统。京郊已有许多温室的温、湿度、光照及土壤水分状况等由电脑监控并自动调节，节省了大量的人力。农民在农业生产过程中既是劳动者，又是管理者，不仅要出力气，还要有智慧和技能。这智慧与技能一方面靠实践经验的积累，一方面靠接受教育和学习。据资料显示，北京农民（15～45岁）受教育年限已达12年。在实践与学习中已涌现出一批又一批“草根”专家、养殖状元、种田能手、从事物流的“小灵通”、农民发明家等。可以说，今日农民就总体而言已是“有文化、懂技术、会经营”的新型农民。他们中有的办起家庭农场（有的是种植业、有的是养殖业、或食用菌产业）、农产品加工厂、“巧娘工作室”，有的从事物流业等。这些都是传统农业时期所不见的农民作为。

四大科技支撑体系。邓小平同志讲：发展农业要一靠政策，二靠科技，三靠投入，科学技术是第一生产力。但科技不是地里冒出来的，也不是天上掉下来的，而是靠科研生产出来的，靠推广和教育传播开来。北京地区现有涉农科研机构29家，拥有科研人员2万多人；有农业技术推广机构本市所属的就有农、林、牧、渔、水（利）、（农）机等六类从市到区县，以至有的（农技站、水管站、林果站等）到乡镇的、上下贯通的推广体系；就农业类还有栽培、植保、土肥、种子专业技术推广体系。村级从2010年已推行全科农技员；农业教育仅市属的：中专有北京农业学校、北京水利学校；高校有北京农学院、北京农业职业学院，及在京的中央高校有中国农业大学、北京林业大学等，他们主要培养农业专门人才。农业培训：除了普通通行的结合农时、农事开办短期培训班外，还有农业远程教育——课堂通到乡、村，农民田间技术学校等。这四大支撑体系可谓是源远流长，国内首佳。

五种经济实体：有国有（如首都农业集团）、集体（村、社区）、合作（农民专业合作社）、家庭及个体。这五种经济成分是在“一大二公”的人民公社解体以后逐步形成，使都市型现代农业经济更具有活力。

六类精品生产基地：蔬菜、果树、花卉、肉、蛋、奶。尽管粮、油等也在生产，但在首都市场上不占分量，而菜、果、花、肉、蛋、奶对维护首都市场具有极大的敏感性和影响力，是市长负责制的“菜篮子工程”中的基础性产业，质量与效益上要上水平，强化唯一性、高端、高效，既要讲究周年生产、均衡上市，又要提高应急能力，保障市场稳定。同时，成为农业新的增长点。到 2002 年，引进国内外优质新品种 1 000 多个，粮菜生产由大路产品转到专用小麦、玉米和小杂粮、特菜、细菜及设施栽培的反季节菜等优质、鲜活、无污染、多品种的中高档产品上来，认定农产品精品 1 800 多个。籽种产业产值达到 64.2 亿元，占农业总产值的 27.4%；精品农业产值达 109.3 亿元，其中种植业精品产值已占种植业总产值的 54.1%。

七大产业亮点：京郊出现具有相当大规模的特色产业园：通州种业园；顺义区国际鲜花港，坐落在顺义区杨镇，总体规划 6 000 亩。拥有数百种花卉，融“生态、科技、节约、集约、可持续”于一体，形成产、学、研、展示、交易相结合。给人以“入目皆芳菲，处处皆花影”。方寸之地，尽赏四季百花；咫尺天涯，看遍人间芬芳；昌平区兴寿“草莓园”，占地 10 000 多亩，2012 年，举办第七届世界草莓大会时拥有良种 180 多个。草莓——水果中的“皇后”，冬天来到“草莓园”，会自感：“棚外飞雪棚内春，满眼浓绿缀红心。甜酸滋味各自品，春不在天而在人”；延庆县张山营镇“百里葡萄走廊”。这里建成北方最大的酒葡萄和鲜食葡萄走廊，集聚国内外品牌葡萄良种 5 600 多个，既是百里观光园，又是葡萄酒庄；丰台区园博园，从 2010 年开始兴建，到 2013 年 5 月 18 日开幕，对外开放。北京园博园总面积 513 公顷，其中陆地面积 267 公顷，湖水面积 246 公顷，共有 126 个展园，所展示的园林树木品种、类型为历届之最。其间有园博馆占地面积近 5 万米^2；布局上沿袭了中国园林传统理念，采用“前殿后院”的布局，是“园林植物、园林置石、园林奇珍”三位一体的博物馆，具有展示、收藏、科研、教育、服务等功能，游客可领略到中国 69 个城市、五大洲 30 个国家和地区的 37 个城市不同的园林魅力，展现“园林城市，美丽家园”的风采；农产品加工园——坐落在房山区琉璃河镇，占地两千多亩，是中粮集团创办；丰台区草桥村世界花卉大观园，引进国内外优良花卉 1 000 多种，占地 600 多亩，是本市农业观光休闲游的热点之一。

八大优势产品：

特菜：由国内外引进的名特优蔬菜品种，为有别于本地大宗蔬菜品种，便统称它们为特菜，直至目前京郊种植的特菜品种上千种，种植面积达 2.53 万亩，总产量 2.79 亿千克，总收入 5.2 亿元（2007）。

名果：有本地历史上“贡品”传承下来的为名品并成产业的有京白梨、香白杏、樱桃沟樱桃、灵水核桃（产地门头沟区）；郎家园大枣（产地朝阳区）尜尜枣（昌平区）；桑葚、金把黄梨、洪村大枣、庞各庄西瓜（大兴区）；金丝小枣、黄土坎鸭梨、燕山板栗、红宵梨（密云区）；北寨红杏、蟠桃、苏子峪蜜枣（平谷区）；凌枣、磨盘柿（房山区）；八棱海棠、香槟子（延庆区）、顺义铁吧哒杏等。有获得国家地理标志保护的果品：大兴西瓜、平谷大桃、昌平苹果、延庆国光苹果、大兴安定桑葚、昌平草莓、通州大樱桃、门头沟京白梨、房山磨盘柿等。国外引进名果：日本富士苹果、王琳苹果，以及众多洋梨等，到 2011 年上半年，全市的果树栽培品种已达 3 000 多个。

奶制品有北京“八喜”产品等。

花卉可以说集纳有国内外名品，诸如蝴蝶兰、红掌、百合、郁金香等 2 千多种。

农业高技术产品有组织脱毒的种苗、奶牛超数产卵与胚胎移植、农用信息技术装备、生物技术育种及生物防治等。

农业品牌产品，已获注册商标的农产品有 4 500 多个，并出现一批著名品牌如昆鹏肉食等知名品牌。

籽种，囊括有农、林、牧、渔全方位的育种、繁种与其商品经营。通州国际种业科技园 2013 年 6 月 4 日开幕的良种展期间，国内外知名种子企业、科研院所、农业院校带来了 5 000 多个名特优新蔬菜品种及特色作物品种，进行展示。

绿和美，这是一个多类型、多层次的以绿透美的林园。第一大类型绿美产业是森林和园林。到 2011 年，全市城市绿化覆盖率由 1992 年的 30.4%提高到 45.6%，全市公园绿地从 1999 年的 300 多个达到 1 691 个，其中注册公园 339 个，花园式单位达到 5 600 多个，比 1992 年增加了 5 000 多个；全市园林化小城镇达 83 个，占乡镇总数的 45.3%；全市道路绿化覆盖率达 100%，建成“景不断链，绿不断线”的绿化景观大道 1 000 余条；建成 3 200 公里城市道路、水系绿化带，形成了纵横交错的“城市绿网”。同时实行“森林进城，公园下乡”，到 2011 年年底，全市各类公园已从“十五”末的 190 个增加到 348 个，注册公园 316 个，城市公园总面积从“十五”末的 6 300 公顷增加到

1.1 万公顷，新建郊野公园 52 座和 11 个新城万亩滨河森林公园；建立风景名胜区 27 处，总面积达 2 200 平方千米；建立湿地公园 4 个（2 个国家级、2 个市级），总面积 4 539 公顷，恢复 2 处湿地保护区，总面积 2 000 余公顷。森林与园林构成了“山区绿屏、平原绿网、城市绿带”三大生态系统，形成了点、线、面、带、网、环相结合的城市绿化系统，呈现出乔灌结合、花草并举，三季有花，四季常青的城市园林环境，实现了“城市园林化、郊区森林化、道路林荫化、庭院花园化”，且绿中透美，成为潜在深沉的生态服务产业。再就是田园绿和美。过去的田园只是种庄稼，呈现出春华秋实的自然美，讲究的只是产量多高，能收入多少钱。而现在则把庄稼地建成观光园，不仅向社会提供物质产品，还提供精神产品，给人们以物质与文化的双重享受。

九大优势产业集群。2003—2008 年期间，以“221 行动计划”为抓手，瞄准首都高端市场，立足本市资源优势，按照“生态、安全、优质、集约、高效”的原则，调整产业结构，优化产业布局，逐步形成了 9 大重点发展的优势产业集群，即：生态粮经种植、高效设施蔬菜、有机特色果品业、健康畜禽养殖业、特色名品花卉业、生态垂钓观赏渔业、旅游农业、籽种农业、加工农业等。据资料显示，2008 年，全市农牧渔业总产值 278.41 亿元，其中种植业总产值 128.1 亿元，畜牧业总产值 140.52 亿元，渔业总产值 9.79 亿元，全市种植业和养殖业总产值比例为 46∶54。农民人均纯收入首次突破万元大关，达到 10 747 元。

十大果树主题公园。分别是中国著名果树专家新品种新技术展示园、东方大地西洋梨市民庄园、榆垡梨文化主题公园、白云川板栗主题公园、香味葡萄主题公园、水蜜桃主题公园、富恒李子主题公园、百品种杏观光生态园、都市型休闲观光体验樱桃园及老城区名枣保护展示园。十大果树主题公园面积共 18 288 亩，品种 993 个，其辐射带动的影响力可观！

此外，2011 年在全市创建 10 个千亩标准化设施标准园（菜），实现“规模化种植、标准化生产、安全化控制、现代化装备、品牌化经营、精准化管理和社会化服务”，创建 10 个集仔化育苗场，育苗 2 140 万株，生产性种植一万亩。

都市型现代农业实践中的“三、三、三”：

在都市型现代农业实践中，集中了各方面的力量和智慧，创造了“三个领先”。一是农村基础设施建设在全国领先。“五十三”工程是北京的首创，农村五项基础设施建设和“三起来（亮起来、暖起来、循环起来）”全面推进与完成，让全市 3 955 个行政村、300 万农民切身感受到了新农村建设的成效；二是政策性农业保险在全国前列。三是“寻找‘北京最美的乡村’宣传评选活动”在国内首创（《北京农村年鉴》2011 年）。

实现了“三个新突破”。一是沟域经济建设实现新的突破，第一批重点打造的七条山区标志性以农业为载体的旅游名沟，特色产业已初具规模。二是重点镇的建设实现新的突破。43 个重点小城镇、50 个市级重点村进入全面规划建设。三是农村集体经济产权制度改革实现了新的突破。2010 年，72 个集体经济组织完成了产权制度改革，累计达到 2 484 个，占全市总数的 59.6%，列 2011 年达到 90%。

突显“三个特点”：一是始终坚持城乡一体化发展的方向；二是始终坚持强农惠农的政策取向；三是始终坚持改革创新工作导向（以上均见《北京农村年鉴》2011 年）。

3. 都市型现代农业欣欣向荣　“三农”问题摆到市委、市政府全部工作的重中之重，把统筹城乡发展作为建设“三个北京”和世界城市的重大战略任务，置于全局工作的突出位置。都市型现代农业的诞生，市政府即出台了一系列强农惠农政策：

2005 年 1 月 25 日，北京市农村工作委员会出台《关于加快发展都市型现代农业的指导意见》。

2006 年 3 月 14 日，北京市农村工作委员会出台《关于发展都市型现代农业的政策意见》。此外还有：《北京市实施〈中华人民共和国农民专业合作社法〉办法（草案）》，市委、市政府《关于加快都市型现代农业和农村经济发展，扎实推进社会主义新农村建设的意见》《关于切实加强农业农村基础建设，进一步促进城乡经济社会发展一体化的若干意见》《关于集中力量统筹成乡集中资源聚集“三农”全面推进城乡一体化进程的意见》《关于加快农村改革促进农民增收的若干意见》《市政府关于促进沟域经济发展的意见》《市政府关于统筹推进本市“菜篮子”系统工程建设保障市场供应和价格基本稳定的意见》《关于进一步规范本市农村土地承包经营权流转工作的若干意见》《促进设施农业发展的实施细则》《关于加快农村党风廉政基本制度建设的意见》《关于加快发展农产品加工业推进农业产业化经营的指导意见》与北京市人民政府《关于推进基层农业技术推广体系改革工作的实施意见》，北京市人民政府办公厅转发市农委《关于建立北京市政策性农业保险制度方案（试行）的通知》（2007 年 4 月 24 日）；北京市农村工作委员会、北京市农业局、北京市园林绿化局《关于北京市产业布局的指导意见》（2007 年 10 月 18 日）；北京市人民政府《关于促进设施农业发展的意见》（2008 年 6 月 28 日）等。毛泽东同志曾说过：“政策和策略是一切经济工作的生命线。”北京都市型现代农业的持续兴旺发达，正是在党和政府一系列强农惠农政策指引下又好又快发展的。在政策引导下，郊区农村成为首都新的战略发展空间；首都农民成为拥有集体资产的市民；首都农业成为都市型现代农业则一、二、三产相融合，充分体现人文、科技、绿色特征的低碳产业；确保农民拥有集体资产，并使“资产变股权，农民当股东”，使“山有其主、主有其权、权有其责、责有其利”；激发了农民创业精神，提升农业资源的利用效益，拓宽了农业服务城市、富裕农民的途径；提高了都市型现代农业的综合能力：到2010年11月，全年“五十三”工程建设任务圆满完成：街坊路硬化2 687万米^2；街坊路绿化1 246万米^2；改造老化供水和网5 733千米；完成一户一表24万个；实施污水处理工程188处；改造厕所19.33座；新建公厕2 375座；为40余万农户配置了垃圾分类容器。为8个远郊区农村实现家庭暖起来、公共场所亮起来、农业废弃物循环利用起来；农村经济平稳较快发展，效益与质量不断提升。2010年，农林牧渔总产值达到了328亿元，同比增长4.1%；农民人均收入达到13 262元，实际增长8.1%，高于城市居民近2个百分点；农产品质量安全保持较高水平，市场蔬菜农药残留监测合格率为95%以上，本市基地监测合格率为100%［见《北京市农村产业发展报告》（2008年）］，实现收入17.8亿元；民俗游接待游客1 553.6万人次，全市观光农业园接待游客1 774.9万人次，实现收入7.3亿元；民俗游接待游客1 553.6万人次，实现收入7.3亿元；规模以上农产品加工企业493家，主营业务收入655.7亿元；经济沟建设取得较大进展，成为山区的后发优势；种业在全国占有重要地位，基本形成了“三个中心、一个平台”发展格局：科研水平全国领先，是全国种业科技创新中心；国内、国际市场贸易活跃，是全国籽种交易中心；信息资源优势明显，是全国籽种信息中心；示范作用突出，成为全国种业展示平台。北京市已初步建成市级籽种基地1个，9个区县级基地为主的农作物品种区试繁网也已建成。畜禽方面也建成种猪、种蛋鸡、奶牛、种羊、种肉鸡5大品种良种繁育体系，良种覆盖达95%；农林水生态服务价值达到1万亿元，与全市GDP相当。

北京都市型现代农业创新出10种典型模式——大兴区设施农业发展模式、平谷区峪口籽种农业发展模式、怀柔区公园式农业发展模式、门头沟区樱桃沟精品农业发展模式、丰台区会展农业发展模式、紫海香堤创意农业发展模式、德青源循环农业发展模式、三元奶业，以质量创名牌发展模式、顺鑫农业市场融资发展模式、种粮大户高产创建规模经济发展模式，并由市委农工委、市农委、市委研究室、市政府研究室、市农研中心总结编辑出版，以期辐射带动全市都市型现代农业又好又快的发展。

4. 都市型现代农业促进农业生产方式的变革　都市型现代农业的内涵外延及功能的开拓与结构的调整，使其发生了由表及里的变化，农业生产方式发生了“六大转变”，即：

由平面式生产向立体式生产转变。从2007年起京郊立体式生产和林下经济建设涉及12个区县，新建“林粮、林菌、林药、林草、林禽”等示范点27

处，合12 001亩，直接受益农户约1 235户，4 000余人，带动就业人数2 370人，农民收益达3 000余万元。林下经济成为农村产业富民的新亮点，形成了林下种植、林下饲养的循环经济的产业链，拓展了农村经济发展空间。到2010年，全市林下经济发展到25万亩，增收2亿元，林农户均收入达1.2万无，所获效益是种植普通农作物的1.5～10倍。其种植模式有林粮、林菜、林油、林瓜、林花、林药、林桑、林草、林林菌等10种。全市依托林下经济形成的产业资源，新增特色生态旅游的客人超过20万人次，为林农年增加收入1亿元。大发、华都、德青源等大型养鸡场逐渐向多层立体鸡舍发展。

由大田式生产向公园式生产转变。京郊由20世纪90年代中期开始创建观光农业园和农业主题公园，到“十一五”末，农民对农业的投入已不单是劳动力和生产资料，而且重视文化与艺术的渗透，以提高农业的观赏性、愉悦性，使企业不仅生产出优质、高效的物质财富，还可向市民反归大自然的精神乐园。

由自然式生产向设施式生产转变。北京地区地处北纬40°，自然生长期短，靠自然的露地生产，就多数农作物来说是一年一季生产有余，两季生产积温不足。依靠科技进步发展设施生产，即可实现四季生产，到2010年设施农业面积已达30万亩左右。

由分散式生产向组织型生产转变。2006年，市委、市政府下发了《关于加快发展农民专业合作社组织提高农民组织化程度的意见》，为农民专业合作社组织发展创造了良好的政策环境。到2010年，郊区农村共有农民专业合作组织4 000多家，覆盖从事一产农户近70%。

由常规生产向生态型生产转变。从2005年开始，大力推广测土配方施肥，到2007年年底，推广面积即达346万亩，基本实现了全覆盖；大力发展标准化生产，鼓励“三品”认证。到2007年全市共建设市级农业标准化示范基地10 205个，有50多家农业生产单位的891个产品获得农业部无公害农产品认证，45家企业的117个产品获得绿色食品认证，222家农业生产单位通过有机农产品转换认证，200家农业企业通过了ISO9000系列、ISO14000系列、HACCP、英国皇家认证等各类国际认证；培育农业品牌——注册商标达2 716件（2007年）与1998年相比数量翻了35倍。

由手工式生产向机械化生产转变。到2007年，小麦生产从种到收获全过程机械化率已达到95%左右，综合农业机械化水平达到78.9%，本市在国内率先发展精准农业，使农业生产逐步向自动化转变。

由于农业生产方式转变的本质就是农业增长方式由粗放型增长转变为集约型增长，使农业由单纯追求高产转移到以质量与效益为中心的轨道上来。

数说都市型现代农业（2010年）：

（1）农村全面小康社会指数达到90%以上，农民人均纯收入13 262元，比2 000年翻一番，其增幅高于城市居民2个百分点，其中工资性收入比重超过60%。

（2）一产从业人员49.9万人，占农村劳动力的28.5%；在农、林、牧、渔四业中就业人员的比重为20.5%、3.8%、3.9%、0.5%。

（3）北京作为全国首善之区，具有得天独厚的科技与人才优势——拥有涉农科研机构29家，农业专业技术人员2万人。在郊区直接领办或创办农业企业的科技人员有504人，长期受聘于农业企业的有1 096人，从事咨询服务工作的有1 963人。

（4）全市乡镇以上污水日处能力为395万米^3（2012年），污水处理率达到83%，有18.5万亩农田采用再生水灌溉。

（5）2010年有36家涉农企业上市，成为农民增收致富的龙头。2010年完成营业收入1 962亿元，相当于农林牧渔总产值的6倍，吸纳城乡劳动力16.9万人（《北京日报》2011年7月22日）。

（6）95%以上的山区宜林荒山实现了绿化；77%的水土流失面积得到治理，林木绿化率和森林覆盖率分别达到71.4%和51.8%；7个山区县中有6个被认定为国家生态示范区（县）；山区83个乡镇中有59个成为市级环境优美乡镇，其中有32个为"国家级生态乡镇"。

（7）京郊已建立15个基础设施完备的农产品加工示范基地，42个小城镇成为农产品加工的重要聚集区；全市农产品加工企业1 853个，其中规模以上的493个，总产值618亿元，利润24亿元。

（8）全市农产品共有中国驰名商标27个，北京市著名商标112个。

（9）2010年，全市有创意农产品30余种类型，初具规模的创意农业园113个、有一定影响力的创意农业节庆活动60多个，全市创意农业产值已达22.26亿元（以上见《农民日报》2011年7月15日）。

（10）林下经济经营面积35.29万，10种模式，实现总产值19亿元，带动8万多户、30余万农民就业。涌现出林粮、林菜、林菌、林花、林药、林草、林油、林禽、林游等模式，促进林木生长量高出一般15%～20%。

（11）已建立集雨工程1 355处，其中郊区667处，年可集纳雨水8 000万米^3。

（12）北京的城市化率达到77.31%，基本消除了城乡"零就业家庭"（《北京日报》2010年12月20日）。

（13）改革30年来农民恩格尔系数由1978年的63.2%下降到2008年的32.1%，参照联合国粮农组织的标准，郊区农村总体上已经进入富裕阶段。

（14）北京六大世界文化遗产有一半在山区；全市154个A级景区有115

个在山区，占总数的 75%，占远郊区的 77%。

（15）国家统计局统计科学研究监测显示，到 2008 年，北京全面小康程度逾 90%（铜陵《北京青年报》2009 年 12 月 22 日）。

（16）设施农业面积 30 万亩，设施农业与籽种农业对农业总产值的贡献率达 155%；设施蔬菜总收入已占蔬菜总收入的 43%。

（17）“十一五”期间农林水投入 540 亿元，比“十五”增加 2.9 倍。

（18）农民专业合作社 4 400 个（登记注册）覆盖农户的 70%。

（19）全市林木绿化率达 53%，城市绿化率为 45%，人均绿地 50 米^2；山区林木绿化率达 67%，森林覆盖率达 71%，生态环境指数达到 65.9。

（20）有生态区县 6 个、生态村 1 204 个，首都绿色村庄 260 个。

（21）“亮起来、暖起来、循环起来”已使 3 955 个村 300 万农户受益。

（22）2 484 个集体组织完成产权制度改革，占全市总数的 59.6%。

（23）乡镇文化站 310 个覆盖达 98%，行政村文化大院 3 702 个覆盖率 98%。

（24）到 2009 年实现第一次现代化（何传启《农业现代化报告》2012）。

（25）农林水生态服务价值达到一万亿元，与全市 GDP 相当。

（26）主要粮食作物耕种收综合机械化率达到 64%，农机总动力 276 万千瓦。

（27）农田保护性耕作 13.4 万公顷，有效地治理了季节性裸露农田。

（28）全市观光休闲农业园 1 332 个、年接待观光、旅游宾客 3 328.5 万人次，收入 25.1 亿元。

（29）2010 年“三农”投资 61.2 亿元，显示出农业为投资重点。

（30）2010 年测土配方施肥面积 32.07 万公顷，总增产 20.17 万吨，总增收节支 5 亿元，减施化肥 1.32 万吨。

（31）生物防治 8.04 万顷，减用化学农药 77.9 吨。

（32）农业用水量由 2006 年的 12.8 亿米^3 下降到 2010 年的 11.6 亿米^3，占全市用水量的比重由 37.3%下降到 32.5%，农业节水灌溉面积占总灌溉面积的 83%。

（33）规模化猪场 834 个，出栏生猪占全市生猪的 60%，禽类规模化养殖占数量的 75%以上。

（34）全市 189 个企业、556 个产品新获得无公害农产品认证，全市无公害农产品获证企业数累计 881 家，获认证产品数 1 868 个，其中种植业获证企业 577 家，获证产品 1 470 个，认证产地规模 44 007 公顷；农产品质量安全抽样检测，样本总体合格率为 87.53%；蔬菜产品抽样检测合格率为 99.6%；对 435 家生鲜奶抽检违禁添加物质合格率 100%；水产品质量安全检测合格率 96.7%。

（35）建立果类蔬菜、生猪和观赏鱼三支科技创新团队，聘任岗位专家 37 人，建立功能研究室 16 个、综合试验站 14 个，农民田间学校 119 个，努力为对应的三类产业提供创新服务。

（36）建立创意农业园 113 个，农业节庆活动 60 多个，创意农产品 20 多种。

（37）农村信息通达：广播、电话覆盖率达 100%；有线电视、网络覆盖率达 100%，网络入村率接近 100%；农业远程教育站点 452 个，农村党员干部现代远程教育站点 4 233 个；农村“数字家园”站点 823 个；农村文化信息资源共享站点 3 118 个；政务公开触摸屏站点 400 个（市农委《北京农村产业发展报告》2010 年）。

（38）空间农业——养蜂业（不专占用土地，可跨地域采蜜），全市养蜜蜂 26.3 万群，引进优良种蜂王 1 500 只，蜜蜂良种率达 50%，蜂蜜产量 627 万千克；建立蜂业合作组织 54 个，有蜂业产业基地 56 个，养蜂总产值 1.7 亿元；蜂产品加工产值超过 9 亿元，出口创汇 1 000 万美元。

（39）建立奶牛、种猪、蛋鸡三座具有国内先进水平的畜禽良种产业科技示范园。

（40）按 1990 年不变价计算北京市农业科技进步贡献率，2007 年和 2008 年分别为 65.26%和 76.17%，远高于国家平均水平（即“十一五”期间计划达到 60%）（市农委《北京农村产业发展报告》2009 年）。

（41）山区 546 条小流域原有水土流失面积 6 440 平方千米，已治理 327 条，共 4 543 平方千米，其中有 76 条共 1 017 平方千米小流域达到了生态清洁型小流域治理标准。

（42）全市有 62 个山区乡镇对 164 条沟域的资源状况进行了系统摸底，对具备一定开发条件的沟域开展了初步规划设计，其中 69 条沟域已完成整体规划。有七条沟域已进入开发创业。

（43）建立十大果树主题公园总面积 18 288 亩，品种 993 个，可发挥示范带动和观光增值作用。

（44）围绕 12 个优势主导产业开办农民田间学校 700 多所，培养村级示范户、农民技术带头人、乡土专家、种养能手等。

（45）京郊农民受教育年限为 12 年，虽无学历当是“有文化、懂技术、会经营的新型农民”。

（46）主导农产品标准覆盖率已达 90%，打造商标品牌产品 4 500 多件，认定地标产品 22 个。

（47）农业灌溉水利用系数已提高到 0.65，高于全国的 0.45，农业万元

GDP 耗水量下降到 29 米^3。

(48) 农业动植物优良品种的覆盖率达 95%，蛋用鸡雏鸡占全国市场的 10%，肉用种鸡雏鸡占全国市场的 12%，奶牛良种冷冻精液生产量占全国市场的 35%，虹鳟鱼苗种全国市场占有率为 72%；鲟鱼苗种为 50%以上，观赏鱼苗种占全国市场 15%等。

(49) 农产品品种不断推陈出新，传承百年以上的动植物优良品种及其加工品（史称“贡品”）50 多种；引进、培育、推广名特优新蔬菜良种 2 000 多种、果树品种 3 000 多个、花卉品种 2 000 多种等。

(50) 驯生种质资源丰富：①中国农业科学院在京建有国家级农作物种质资源库，现贮种质 40.18 万份，居世界第二；北京农林科学院拥有蔬菜种质 3.1 万份、小麦种质 12 500 份、玉米 5 000 份、杂粮 2 500 份，果树种质 1 500 份等；②“世界花卉大观园”集纳有国内外名特花卉 1 800 多种；③中药材种质 1 641 种；④菊花种质 2 327 份；⑤驯生家养动物 169 种；⑥天敌养殖 20 多种；⑦食用菌 500 份……

(51) 保存有百年以上至 3 000 年的古树名木 40 721 株，共计 31 科 45 属 65 种。其中古树 39 408 株、名木 1 313 株。有适于城乡绿化的乡土植物 191 种，其中乔木 86 种、灌木 86 种、藤木 19 种等有待开发利用；有特有植物物种 5 种；有国家二级保护的植物 25 种；列为市级保护植物物种 187 种。

(52) 农业（一产）在全市三项产业中的比重变化：2006 年一、二、三产业产值比为 1.1∶27∶71.9；而 2011 年则为 0.9∶23.4∶75.7。

5. 都市型现代农业的发展前景——“消费主导型”驱动创新发展态势更加强劲 北京市社会科学院发表的（2012—2013）《北京蓝皮书〈北京经济发展报告〉》指出，北京率先进入发达经济初级阶段。其理由是基于 2012 年北京经济总量已达 17 801 亿元，不仅是用人均 GDP 水平，还综合考虑了经济总量、产业结构，以及第三产业的发展情况——2006 年，北京即已实现第三产业就业人口占总就业人口的 70%，而且第三产业占 GDP 的比重也突破了 70%。这表明北京已率先进入了以服务性经济为主的后工业经济时代。更值得注意的是延续“十一五”时期以来内需为主导、消费支撑更加巩固的发展态势。伴随收入分配改革的深入推进、社会保障制度的不断完善，居民消费支出预期不断有所改善。自 2006 年消费率超过投资率以来，消费对北京市经济增长的拉动作用持续提升。

《北京青年报》（2007 年 1 月 6 日）报道：2006 年北京人均 GDP 突破 6 000美元（达到 6 210 美元）。这标志着北京已达到中上等收入国家的水平。北京经济增长的动力将由过去的投资拉动型开始向消费拉动型转变，消费由过去的“吃、穿、用”为主向“住、行、娱”升级。这也标志着北京市综合发展水平开始进入一个新的发展阶段。

清华大学国情研究中心主任胡鞍钢先生 2007 年在接受记者专访时指出："2006 年北京市人均地区生产总值为 49 505 元人民币，按照汇率法计算，为 6 210美元，已经超过中上等收入国家平均水平（2005 年为 5 625 美元）"他按照北京市每年接近 9%的经济增长速度，预测道：到五年之后，北京的人均地区生产总值无论如何能够达到 10 000 美元，很明显已经跻身于世界高收入组［注：《北京市 2012 年国民经济和社会发展统计公报》（2013 年 2 月 7 日）（见同日《北京日报》）：全年实现地区生产总值 17 801 亿元，按常住人口计算，全市人均地区生产总值 87 091 元，按年平均汇率折合 13 797 美元］，正在向高收入水平加速过渡。北京市第十四届人民代表大会《政府工作报告》（2013 年 1 月 22 日）中提出：城乡居民人均收入到 2020 年比 2010 年翻一番；人均地区生产总值达到 2 万美元，到 2020 年实现地区生产总值比 2010 年翻一番。胡鞍钢先生从北京城市发展趋势看，认为北京正加速从国内大都市向国际大都市转型，从生产为主城市向消费为主城市转型；从工业为主向服务业为主城市，特别是现代服务业城市转型；从劳动密集型城市向知识密集型转型。他比照对其他一些发达国家和地区的考察，认为凡进入世界高收入组的地区居民，生活方式和消费的兴趣点会发生转移，其中休闲娱乐是一个热点。

北京市社会科学院 2013 年 6 月 10 日发布的《北京经济发展报告》指出：北京市消费有望保持平衡向好势头。根据历史数据测算，社会消费品总额增长 12.1%，可推动最终消费实际增长 10.5%。市统计局在发布的 2010 年全市经济运行情况中，披露在推动经济增长的三驾马车中，出口受外部环境影响处于恢复中，投资则出现明显回落，而消费保持平稳。2010 年社会消费品零售客 6 229.3亿元，比上年增长 17.3%；2012 年全年实现社会消费品零售额 7 702.8亿元，比上年增长 11.6%，可见消费这驾马车已是经济增长中的不竭拉动力。

就北京农业来说，虽因农地向非农用地转移而锐减，农民劳动力向非农就业转移，但在北京建设有中国特色世界城市也不可没有农业。尽管农业在北京地区生产总值中所占比重不到 1%，在社会消费品中所占比重不大，但它事关百分之百人的日常生活或民生，关系到居民消费价格指数的涨落。考查历年来居民消费价格指数的涨落，多与农产品及与农有关的食品价格涨落相关联（当然不是唯一的关联因素）。如 2010 年全年，北京居民消费价格指数（CPI）比上年上涨 24%。而这一年 12 月份 CPI 同比上涨 4.7%，11 月份迹达 4.4%。市统计局发言人指出："食品类价格在 12 月份 CPI 上涨的 4.7 个百分点当中拉动 2.8 个百分点。"发言人还进一步指出："当年鲜菜、鲜果、粮食的价格涨幅比较高"。国家统计局于 2013 年 6 月上旬的数据显示：5 月份全国 CPI 上涨

2.1%，环比下降0.6%。究其原因，他指出：鲜菜价格环比下降13.8%，影响CPI环比下降近0.5个百分点，占CPI环比总降幅的八成多，是拉低当月CPI的主要原因。

与去年（2012年）5月份数据相比，今年5月份食品价格上涨3.2%，影响CPI同比上涨约1.05个百分点。其中粮食价格上涨5.1%，鲜果价格上涨6.5%，肉禽及其制品价格上涨1.6%，蚕价格上涨11.5%，水产品价格上涨2.2%，鲜菜价格下降1.9%，同比涨幅最高的是牛肉，涨幅29.1%，羊肉涨幅同比为15.4%。

环比今年4月份，食品价格下降1.6%，影响CPI环比下降约0.52个百分点。其中鲜菜价格下降13.8%，油脂、肉禽及其制品、蛋价格环比分别下降1.3%、1.2%和0.4%，鲜果和水产品价格环比分别上涨0.9%和0.7%。从上列CPI的涨落分析显示，农产品及其相关食品价格的供给状况是CPI变化中比较敏感的因素之一。

农产品及与其相关的食品的消费价格的涨落或平稳主要取决于以下三种情况：

一是产品短缺，供不应求或质优档次高。前者是因“物稀为贵”，后者是优质优价。

二是大宗产品、供大于求，一般是价格平平、随行就市。

三是政策调控或非正常流通。前者价格或升或降或平稳，后者多为不法商贩倒买倒卖造成物价暴涨，如已出现过的“蒜你狠”“豆你顽”等。

这三种价格状况在北京市场上，对于北京农产品消费价格的影响都是存在的。但只限于农业产品的消费，而现代人们对农业的消费已不限于农产品的直接消费，已扩展到农产品的营养保健价值的消费、农业文化的消费及农村民俗消费。总之，现代人对农业的消费已呈多元化需求。这是“消费主导型”驱动都市型现代农业创新发展第一表征；北京作为国家的政治中心、文化中心和对外交流中心，自古以来就形成三大人流潮，加之日益庞大的“北漂”就业潮，北京的常驻及流动人口已突破两千万，不仅对农业的消费量是十分可观的，尤其农业质的需求更为凸显。国际经验表明，当一个国家或地区经济发展到人均GDP 1 000～3 000美元阶段时，经济增长方式、产业结构和消费结构与需求都会发生重大变化。从消费结构看，消费者已不满足于产品的物质属性消费，而是追求包括服务、时尚、品位等在内的文化精神属性消费，也就是说不仅消费商品，而且消费品牌。随着消费升级，人们的价格敏感度降低，对品牌的认同度提高，愿意为之付出溢价。北京与日俱增的人口对农业品牌认同度的不断提升，已促进都市农业向着“消费主导型”方向强劲迈进。从20世纪90年代后期以来，北京农业在生产物质属性消费品（农产品及其加工品）同时，先后推出了观光休闲农业、创意农业、景观农业、会展农业，以及各种形式的农园大观等具有文化精神属性的消费型农业。还推出以农业文化为底蕴的民俗村、民俗户，以及山寨版的农业景点等。它们依托农业，但其消费价值与价格空间及潜力远远超过物质属性消费。这是认定“消费主导型”驱动都市农业创新发展的又一重要佐证；早在“2005 年中国城市论坛北京峰会”上正式发布的国内首部《中国城市生活质量报告》中，百个城市生活质量北京排名第四（前三名是深圳、东莞、上海）。在列定的 12 项指标中，消费结构位于第三，教育投入位于第四，生命健康位第一，文化休闲位于第二；中国社会科学院发布的《2007 年中国城市竞争力蓝皮书》中写道：“在内地 50 个主要城市中，北京城市品牌竞争力居第一位”。“在各项子品牌中，北京的‘原产地品牌’‘旅游品牌’居第一，‘营商品牌’居第三，‘宜居品牌’居第二。”“报告”分析指出“消费环境、教育环境和自然环境优美度对于一个城市的竞争力影响较高”。而这三项“均排在全国前三位”。中国社会科学院发布的《2010 年中国城市竞争力蓝皮书》中写道：“在城市竞争力的八个分项竞争力排名中，北京的生活环境竞争力以绝对优势力压上海和香港，排名第一”，“北京的消费性服务业竞争力在大陆地区‘一枝独秀’，生产性服务业和物流服务业排名第一。”由此可见，“消费主导型”驱动都市农业创新发展已具深沉的前期积淀基础。

按照“消费主导型”驱动都市型现代农业创新发展走向，思考北京都市型现代农业的结构创新应着力于：

一是着力于满足消费者对营养保健产品的物质属性的消费需求，重点发展鲜嫩活动植物产品及其应急基地，建立丰富多彩的名特优动植物和微生物产品尝鲜基地。实践表明，只有就地生产才能保证消费者所需求的鲜嫩活、营养损失少、价格合理的商品，这是外埠进京农产品所无法比拟或取代的，也是应急时外埠无力顶替的。再就是要持续不断地在质优（包括特）、多彩、高端、时令上下功夫，进行创新与发展。

二是着力发展具有文化精神属性的消费农业品。从观察中人们认识到，以产品的物质属性消费价格或价值是比较低，而将同质物的农业透入文化精神的品位，其消费价值或价格连城。如同一块地的富士苹果园命为观光采摘园，任游客自己采摘，其售价在 10 元左右一斤，而由业主自己采摘上市一般只有几元一斤，还得付出劳动和叫卖。市场上的草莓 10 多元一斤时，而到观光园采摘一斤得花 30～40 元。这种价位差就在于消费者在购物的同时获得了服务、时尚、愉悦、品位等文化精神属性的消费品——如他们在市井生活中的沉闷、视野的狭窄等，一到乡村农园视野变得开阔，市井中满目砖头水泥砌成的房屋，一下子变成一片充满生机的大自然，顿然沁怡开朗，清新愉悦，仿佛进入返璞归真的绿色世界。这种精神上的放松享受远超出在市井里口中吃一顿饺子的享受！因此，有人说："农业园是市民回归大自然的精神乐园。"这话一点不假，也不虚。

对于精神属性的消费品生产不能一劳永逸，应与时俱进，要用新时代的文化精神品位来哺育富有时代风韵的消费品，供现代人乐于尝鲜的需求。2013年端午节当天，京城到郊区自驾游客即增五成，全市重点监测的235景区共接待游客77.7万人次，同比增长25.8%。丰台园博园一天接待7.5万人，超过故宫和颐和园。可见农业景观创新消费的魅力。

北京在建设有中国特色的世界城市，在其建设中当以中国特色为主导，就农业而言北京应率先建成具有中国特色的现代农业样板，成为向世人展示的"窗口"；要发挥北京是对外交流中心的优势，创办世界农业的微缩园。一是重点引进名特优新优良动植物品种及其栽培技术，扩充本市农业生物的多样性，既可增加农业文化的多样性和光彩，又可增加市场供给的多样性；二是引进外资（企、或自然人）来京开办具有异国风韵的农业园，现在已有多家，但不成气候，形不成影响力；要乘建设有中国特色世界城市之势，把北京都市型现代农业建设成世界城市的"后花园"。把农业纳入世界城建设的规划之中，使农业由城乡隔离形成城乡一体，重在"绿和美"与"唯一、高档"上下功夫，既具可食性，又具可赏性；以创意引领创新，用科学与艺术的结合来改造旧农园，创建新农园，不断提升观光休闲在农业园的文化精神品位。要在工业化、信息化、城市化、农业现代化"四化同步"的基础上，使北京农业现代化实现集约化、专业化、组织化、社会化的"四化结合"，加快发展现代农业的综合生产力和消费价值；要依靠首都科技、人才优势，加强农业科技创新，提高科教兴农水平，把都市型现代农业的发展真正转移到依靠科技进步和提高劳动教科学文化素质的轨道上来，在第二次现代化征程上继续攀登。把北京都市型现代农业建设成为科教兴农惠农高地！

第三章　北京农业经济发展中的历史性跨越

古今两种社会制度和两种重农思想体系。这两种制度与两种思想之间的本质区别在于前者维护地主阶级私有制及其统治地位，后者则立党为公，执政为民，二者之间存在公与私之间的鸿沟。在中国共产党领导下，中国人民经历了艰苦卓绝的革命与建设顺利地跨越了鸿沟登上社会主义康庄大道，促成了一系列历史性转变：

1. 由传统农业演化为现代农业　京郊地区在春秋战国时期即进入学界认定的传统农业起步阶段，一直至近代（即1840年到1949年止），其显著特征就是使用铁器农具与牛耕，其技术源自农业生产过程中的经验——其中也有在历史上居于世界领先的，如康熙皇帝采用单株选择法培育成水稻新品种，比西方早100多年等。新中国成立后经过一番农业恢复阶段，便进入现代农业发展阶段，起步时的主要标志是机械化、水利化、电气化和化学化（化肥与化学农药）。在改革开放的推动下，在这“四化”的基础上又进入信息化、集约化、专业化、社会化及精准、可续的发展阶段。经济景气十分活跃，农民收入大幅提升，2012年农村居民人均纯收入16 476元，扣除价格因素后，比2011年实际增长8.2%；农村居民恩格尔系数为33.2%，只比城镇居民高出1.9%；农村居民人均住房面积49.08米^2，比城镇居民人均住房面积高出19.82米^2。

就农民人均纯收入来说，由于底子薄，进入农村经济有所恢复的1952年，农户人均纯收入也只有81.4元，即便排除物价膨胀因素，2012年农村居民人均纯收入也是它的200多倍。2012年第一产业（农业）150.3亿元，而1949年只有2.25亿元，简直是天壤之别。到2009年，农村“小康”实现度即达90%（《北京青年报》2009年12月22日）。

2. 农村面貌呈现翻天覆地的变化　家前屋后堆柴禾，院内庭外猪粪球；风起黄土满天飞，雨落粪水遍地流；……。这是对古代一些农村面貌的写照。而如今的新农村则是“生产发展、生活宽裕、乡风文明、村落整洁”。涌现出一批“最美丽的乡村”，即“村在林中，路在绿中，房在园中，人在景中”，初步实现了“以绿净村，以绿美村，以绿兴村，以绿富村”，可谓是人间美好家园。

3. 农业生产力得到空前的解放和发展　古代在封建地主阶级和外国殖民

统治与剥削下，农业生产力十分低下，直到1949年京郊粮食亩产也只有63千克。所用的工具是铁制的犁铲、犁铧、镰刀、镐头、铁铲等，动力是牛、马、驴、骡；所用肥料是土杂肥；种、养的植物与动物是传统的农家品种；水利设施常常年久失修，农业基本上是“靠天恩赐”。进入现代，农业发展一靠政策，毛泽东同志曾讲过：政策和策略是党的一切经济工作的生命线。新中国成立后，北京市按照党的政策进行土地制度改革，使广大贫下中农分得土地；按政策引导小农经济走向合作化道路；在改革开放中又按政策实行家庭承包经营责任制，并引导分散的农户走集约化、专业化、组织化和社会化的“四化同步”，进行解放和发展生产力；二靠科技，到2008年，科技进步对农业经济的增长贡献率达76.17%；三靠投入，古代封建统治阶级对农民只取不投。进入现代，国家对农民实行“多予、少取、放活”的扶持政策。进21世纪初期取消了农业税。在实施城乡一体化中又将投资的重点（超过总投资的50%）由城市转移到农村，对农业实行一系列资金补贴加以扶植。

在社会主义建设中大量荒芜资源（荒山、荒水、荒地）得以开发与利用。京郊山场广阔，但到新中国成立前夕，旧中国留下的仅有残余天然次生林30来万亩，人工林不过4 000亩。郊区到处是荒山秃岭、荒滩沙丘，森林覆盖率仅1.3%。新中国成立后，大力开展植树造林种草，到2010年，全市森林覆盖率达37%，林木覆盖率达53%，城市绿化覆盖率达44.4%，人均绿地达到49.5米^2。山区林木覆盖率达到67.8%，生态环境指数达到65.9。

据中国科学院现代化研究中心评估，到2009年，北京地区已“进入第二次现代化”阶段。

4. 由公田私有演进为公田民使 在2 300多年的封建社会中，土地制度一直是公田私有，即由具有最高支配权的帝王将大部土地分授给皇室、王公、贵族及地主，小部分土地分给农民，并成为拥地者私有，且可自由买卖，允许地主依势兼并。而进入社会主义社会后土地仍为公有（包括国家和集体公有），但将使用权平分给农民，实行家庭承包经营。农民对具有使用权的土地无权买卖，但可有偿转让使用权。这样做的目的在于有利于土地流转发展规模经营，鼓励发展专业大户、家庭农场、农民合作社。

5. 农民由求生跨入自立创业 在封建社会中农民在兼并中有的失地成为地主的雇佣，有的成为地主的佃农，有的成为自耕农。他们都被称为农村自给自足的小农经济，除了少数自耕农可逐步走向“富裕”外，多数只能维济生计。小农的自给自足还包括家庭手工业，如从事纺织解决自己的穿衣问题，亦有从事其他手工业以换取零花钱。进入社会主义社会后的农民虽然从事家庭承包经营，但因以市场为导向，创新或经营自己的产业必须融入社会主义市场、大农业之中，并寻求自己的经营特色、创新社会大生产中的新的生长点或亮点，方可立于不败而走强之地。创业走强是现代农民的特征；有文化、懂技术、会经营是现代农民的特质。在旧社会农民几乎都是文盲，更谈不上受到职业技术教育。进入现代，他们接受九年制义务教育基础上还受到职业培训，平均受教育年限达12年。

6. 小农由农民成为拥有集体资产的市民　在旧社会农民几乎都是文盲，更谈不上受到职业技术教育。进入现代，他们接受九年制义务教育基础上还受到职业培训，平均受教育年限达12年。在城乡分割的二元体制中农村居民因其务农为业被称为农民，被市人称为“乡巴佬”。如今在城乡一体化中则成为拥有集体资产的市民，在城镇化中农村则成社区公民。寓意着城乡差别的逐渐消失。

7. 农村经济结构由农林牧副渔五业扩展至工商建运服共含十业，使农村经济涉及的领域十分广阔，财路更加宽广，景气更加昌盛。

8.　农业及农村的功能的显现由单一的生产（经济）功能扩展到生产、生活、生态功能。现在的农村不只是农民居住生息的地方，也成了市人度假休闲、回归大自然、返璞归真的腹地；农业已不只是生产供人们食用的农副产品和工业原料，还成为人们观光、愉悦、体验农耕、陶冶情操的乐园，成为农民不仅生产、经营实物产品，还生产、经营精神文化产品，获取更高的农业附加值。

9. 农村经济已由依靠农业生产的原始积累为主、扩展到产加销一条龙、农工商一体化的增值链；已由依稀的做点小手工业品赶集或拿鸡蛋换油盐、用口粮换钱的小买卖，而如今既可务农亦可务工、务商，办企业搞流通。

大面积“荒水”过去只供人们捉鱼摸虾，却没人用其放养鱼虾（因为个人没有条件能办到）。新中国成立后在政府扶植下依靠集体的力量陆续在低洼积水地上或自然坑塘上建立鱼池，发展淡水鱼养殖业；有大片荒地开垦为农田。如今京郊大地实现“无裸露、无撂荒、无闲置”，做到了“农田林网化”“大地园林化”。全市森林总价值达到6 148亿元，森林生态服务价值达5 539亿元。

据《北京农业综合志》的记载，1995年与1949年相比：土地产出率大幅提高：粮食播种面积亩产增加342.4千克；蔬菜播种面积亩产增长2.15倍；油料播种面积亩产增长3倍。

劳动生产率：平均每个农业劳动力生产的粮食增加3.19倍；平均每个农业劳动生产的蔬菜增加24.4倍；平均每个农业劳动力生产的肉类增长24.9倍；平均每个农业劳动力生产牛奶增长68.9倍。

到1995年，平均每个农业劳动力向社会（主要是城市）提供蔬菜2 428.5千克，果品285.9千克，肉类181.2千克，鸡蛋174.0千克，牛奶125.9千克，淡水鱼45.6千克（《北京农业综合志》）。这种贡献是古近代农业劳动者所望尘莫及的。

10. 由粗放经营跨入集约经营 在旧社会农民承受着赋税、地租和徭役等多重沉重的剥削与压迫，劳动所得除维济生计外再无力改善生产投入，只能靠自己勤劳去垦荒或租佃以扩大耕种面积，否则就无奈地守着有限土地进行几乎是自然再生产，生产力十分低下，产出极为有限。进入现代，随着社会的进步，科学的发展，国家的扶植，农村经济建设不仅要千方百计地发掘资源的拥有量，同时要向有限资源的深度开发，既要让资源物尽其用，又要它物增其值。就京郊来说已历经两千多年的开发利用与转化，现在所剩与农村经济相关的不可再生资源如土地中的耕地随着城市化建设占用面临锐减。如何在有限的土地上发展农村经济？其出路在于利用现代科学技术和科学文化素质不断提高的劳动者，走高技术、高投入、高产出之路，彻底改变外延或低效的粗放经营而转向依靠内涵式挖潜的集约型经营，使资源利用效益最大化。

纵观古近代农村经济和亲历的现代农村经济，它们之间既有伦理与实践上的大异，也有脉络上的相通。伦理上的大异是由不同社会制度及其政纲所约定的。而脉络上的相通同是由事物的存在与演进的客观规律所决定的。作为一种社会的经济基础，它既决定上层建筑，也受到上层建筑的反作用。经济基础的存在既可为封建社会占有而为其服务，也可为社会主义社会占有而为其服务。但实践表明它的先期是在封建社会孕育问世的。天然的印有封建私有制社会伦理的烙印。而社会主义社会在我国是从封建社会脱胎换骨产生的，是马克思主义与中国革命实际相结合具有中国特色的以公有制为主导、多种所有制并存的社会主义社会。作为衔接这两种不同社会制度下的北京农业演进超越了西方农业历经资本主义私有制阶段的现代化，而径直跨入社会主义公有制的现代化，这是历史性创举。

“以史为镜，可以知兴替”。农业的演进决定于社会制度与生产关系的变革：农业发展的各个不同阶段，都是由不同的生产关系所决定的，而在不同的生产关系之下，不只是生产力的发展水平不一样，就是人对于自然界的关系也不一样，在剥削阶级统治下的社会里，不可能对自然的利用和改造作出全面的长远规划，相反的却往往是为了少数人的目前利益而盲目地掠夺自然，从而造成了人为的严重破坏，导致自然的“报复”。诚然，在人剥削人的社会里，随着社会生产力的发展和科技进步，在一定的范围内和一定条件下，也可取得利用自然、改造自然的一定效果，但却不可能作出造福于整个人类社会的长远规划。只有在剥削阶级被消灭的社会主义社会里建设现代农业阶段，劳动人民才能成为“自然界的自觉的和真正的主人”。就是恩格斯早期预言所指出的：“只有一种能够有计划地生产和分配的自觉的社会生产组织，才能在社会关系方面把人从其余的动物中提升出来，正像一般生产曾经在牧种关系方面把人从其余的动物中提升出来一样。”(《自然辩证法》导言。恩格斯还进一步指出：“一个新的历史时期将从这种社会生产组织开始，在这个新的历史时期中，人们自身以及他们活动的一切方面，包括自然、科学在内，都将突飞猛进。使已入的一切都大大地相形见绌。”就北京农业的发展亦遵循着这一规律。现代化为农业的“突飞猛进”如虎添翼！

第四章　北京农业动植物产品结构的演化

人类创造世界、创造历史的第一项活动就是创新新石器与发明用火进行农业生产——种植作物、饲养动物，以获取食物的和衣作。从考古发掘出土的足迹表明，早在距今一万年前北京地区已出现原始农业。这地是从出土的早期新石器所作出的判定，并没有发现当时种（生产）什么植物、养什么动物。传说中的原始农业传播者神农曾到过北京地区，并与黄帝战于阪泉。亦见有神农在此地“教民稼穑”之说。史书《淮南子·修务训》中写道：“神农乃始教民播种五谷”，《逸周书》中亦记载有“神农时……五谷兴”。《史记》记载有黄帝于涿鹿阪泉一带“艺五种，抚万民，度四方”。其中“艺五种”可能是教种“五谷”。至于“五谷”是什么？当时书中没有指出。直至汉代及汉以后人的解释主要有两种：一种说法是稻、黍、稷、麦、菽（大豆）；另一种说法是麻（大麻）、黍、稷、麦、菽（万国鼎《五谷史话》，见《古代经济专题史话》，中华书局出版，1983）。那么北京地区种的是这“五谷”吗？两千年前的《周礼·职方》中只写道“幽州……谷宜三种”。汉代郑玄方作出明确注释：三种为“黍、稷、稻”。农史学家万国鼎研究认为稷即谷子、黍即黄米。谷子的野生种是狗尾草，这种草古往今来随处都有，而黍（黄米）也是中国北方原产。关于远古时饲养的动物，《周礼·复官·职方》中记载有“东北幽州，……其富四扰”。汉代郑玄注：“四扰：马、牛、羊、豕”。关于远古时的果品业，《战国策》中记载有“北有枣栗之利”。《史记》：“燕有渔盐枣栗之饶”。关于远古时期的蔬菜，陈藏器在《本草拾遗·解纷·大小蓟根》中记载有：“蓟城（今北京地区）就是以其遍地生长蓟菜而得名的”。可见那时蓟城人们吃的菜是蓟菜。据传，直到清代，北京地区民间还保持着每逢农历三月初三吃“蓟菜馅饺子”的习俗（《帝京岁时纪胜笺郊》）。以下，即跟踪这一道道曙光牵出的普照阳光来追踪北京地区古往今来农业生产中的主要粮、菜、果、畜、禽、渔产品结构的演化与进步，让散落在古籍中的点迹汇集成勤奋的北京人继往开来的业绩。

第一节　五谷结构的演化

一、[illegible]→稷（谷子）

谷子，是俗名，古代称稷，又称“禾”，甲骨文写作“[illegible]”，原产我国。据农学家研究，最早栽培粟是由狗尾草一类的野生植物培育而成。西安半坡遗址里挖掘出厚达18厘米的腐烂了的谷子。距今已6 000多年。

谷子抗虫耐旱、不怕瘠薄，适应性强，其籽实又耐贮藏，被称之为“带盔甲的粮食”，营养价值比较高，口味也不错。因此在古代生产条件差和现代的山地都以它为主进行生产。京郊农谚说：“有福有福，坡地种谷”，“旱谷涝豆”，“小谷（苗）旱一旱，秋后收一石”。在古代社会中长期被用着缴纳赋税的标准农产品，对缴纳其他产品的都以粟为准折纳。在东汉末年一斗谷子要值五十万钱，意相当于小麦或豆子的两倍价钱。

古人咏谷：李白，“虽有数斗玉，不如一盘粟”。杜甫，“古人供饭米，瘦地翻宜粟。”李绅，“春种一粒粟，秋收万颗子”。

前面引道《周礼·职方》：“幽州……谷宜三种”郑玄注：三种为“黍、稷、稻”。可见黍、稻是古代北京地区种植最早的三大粮食作物。因黍在古代虽曾是重要作物——它的生长期较短，适于高寒地区种植。但它的单位面积产量不如谷子（稷），做饭也不如小米好吃，种植面积并不大，直到分在京郊山区苟存零星种植。本文中只提到其有，不赘其文。

谷子（稷）是古代“五谷”中最重要的粮食作物。据2013年11月5日，《北京青年报》报道，距今6 500～7 000年的平谷上宅遗址检测出粟、黍的遗迹。之后在延庆玉皇庙遗址（青铜时期）、房山丁家洼（春秋）遗址中都发现有粟、黍等遗迹。我国商代甲骨文中称其为禾，周代拿稷来代表谷神和社神（即土神）合称社稷，并用社稷作为国家的代名词。农官也称为后稷，周族自己说他们的始祖弃曾做过后稷。谷子是周代的首要作物。谷子的专名叫禾，粟是指谷子的籽粒。从远古到南北朝，谷子在我国栽培的作物中一直占着首要地位。此外，是水稻、小麦等。

在北京丰台区大葆台西汉广阳王（燕王）墓的1号墓中，在北而外回郡的陶瓮中发现带壳的小米；在2号墓中也发现小米和枣。由此可见，西汉时粟仍是北京地区主要农作物。据分析，可能与粟类作物耐旱、易于种植、粟实易于长期贮存保管有关。

魏晋南北朝时，史称“水溉灌蓟城南北，三更种稻，边民利之”。所谓

“三更种稻”，是指包括水稻在内的黍、稷、稻3种农作物而言。与《周礼》中“谷宜三种”是一个意思（于德源语）。后赵时“众役烦兴，军旅不息，加以旱谷贵，金一斤直谷二斗，百姓嗷然无生赖矣”（《晋书》卷一百六十）。足见当年谷子在国民生活中重要地位。北齐后期，“开幽州督亢旧陂，长城左右营屯，岁收稻粟数十万石，北境得以用赡”。

隋唐时期，幽、妫、檀三州地区农作物种类，主要是粟、小麦、水稻，粟仍是主要作物，其他还有胡麻、豌豆、大麦、穬麦（即燕麦）、荞麦等。唐代，今北京地区的延庆县与河北的怀来盆地一带是产粟区。唐代，粟在北方十分普遍，并作为杂粮折纳田赋的标准。

辽金时期，从史料或史书中看不到谷子的遗迹，《北京史》中写道：“稻粱之类，靡不毕出”，“水稻是南京近郊的主要农作物”。而金代“京郊农民以种植稻麦……为主”（孙健《北京古代经济史》）。

元代，粮食种植结构为稻、麦、粟、黍、豆、高粱。谷子排名第三。但从元代起史籍中出现多品种的记载。于德源先生在《北京农业经济史》中记载有：耐旱、不畏猛风烈日的高苗青、诈张柳、撑破仓等6种，宜于在平川播种；秆粗耐风的八棱、狗见愁、饿杀狗等6种，宜于在高坡地播种。毛谷专门作为贡品进上。还杂种白糙、临熟变、狗虫青、奈风斗、麻熟等品种。元代的赋税仍以纳粟为主，如“全科户丁税，每丁三石……”。

明代，粮食作物结构为粟、黍、大麦、小麦等。到明万历年间引玉米、甘薯，但生产上尚未大面积推行。粟又进入排名第一地位。

清代，粮食作物结构：前期以高粱、粟、小麦、莜麦为主，后期以玉米、小麦、水稻等为主。乾隆年间兵部侍郎雅尔图称：“直隶民食首重高粱、粟米，其次则春麦、莜麦。”（《清高宗实录》卷二百一十四）。粟已退为第二位。

清后期，因玉米适应性强、产量高，得到广泛推广，成为排名第一取代了粟；小麦、水稻属于细粮，商品性强，适应京城人口大增的需要而重视，粟便由此退出主要地位。

民国时期，粮食作物结构主要是玉米、小麦、水稻、粟、甘薯等，粟退居山区种植，成为山区人民的主要食粮。

新中国，粮食作物结构主要是玉米、小麦。一度有水稻，从20世纪70年代遇旱后陆续退出；粟只有山区零星种植或成片种植。新中国成立后，谷子种植面积不大，但品种则挺多，据1961年北京市农业局编印的《北京市郊区粮、棉作物品种介绍》中记载，谷子品种就有48个。其中种植面积较大的有紫根白、牛毛黄、大白谷、小白谷、干尖黄、大青谷、大黄谷、薄地多、气死水、猫爪谷、红苗蹲、海里站；还有引进的华农4号、燕大811、磨里谷、竹叶青、二青谷、金钱子、钻尖黄、北郊12等；到20世纪70～80年代换用由科研单位培育的品种有大黄谷、大白谷、毛毛黄、胶谷、气死水、齐头白等，以及中国农科院选育的水里混、北郊红，东北旺农场选育的丰收红及国外引进的朝鲜茎谷，市农业科学研究所选育的 2122 及密云具选育的过江 1 号，还有引进的晋汾 69、大寨谷、承农 2 号、谊香谷、东风等品种；20 世纪 90 年代又引进河北省农业科学院培育的冀谷 888；21 世纪初引进河北省张家口市农业科学研究所培育的张杂 5 号杂交种，亩产超过 500～700 千克。

二、来·麦→麦

麦有多种——小麦、大麦、矿麦（燕麦）、莜麦等。本文只讲小麦，其他麦古今有种但不普遍。小麦的原始祖先是野麦草——野生一粒小麦。原始农业种植的小麦就是经过人工选择的一粒小麦。在长期的栽培中一粒小麦（它是单倍体只有 7 条染色体）与野生二倍体拟山羊草在自然传粉杂交后产生了变异和杂交，经过染色体自然加倍，进化成有二十八条染色体的四倍体二粒系小麦——再与一种叫节节草的野生二倍体植物与二粒小麦自然杂交，再经加倍，便形成了具有四十二条染色体的六倍体普通小麦。我国是世界上小麦的起源中心之一。1955 年在安徽亳县发掘出距今四千年前新石器时代遗存的小麦炭化籽粒。北京地区至今尚未发现小麦遗迹。新中国成立后，我国就开始利用小麦与黑麦杂交与染色加倍育种，经过二十多年的反复研究，中国农业科学院育成了异源八倍体小黑麦，开创了且有小麦血缘的粮种作物新种。据《房山区志》（1999 年）记载："燕地植麦当为召公奭被封于燕或其后。但历代种植不及粟、黍广泛。"到明代，小麦成为主要作物。万国鼎先生在《五谷史话》中写道："麦和黍相反，在甲骨文和《诗经》里，麦的出现次数远比黍少。春秋以后，麦的重要性已渐渐超过黍。《春秋》这部书里已记载了禾和麦的灾，而没有提到黍的灾。《吕氏春秋·十二纪》中，强调劝民种麦，到时不种要治罪。汉武帝时也曾劝种冬麦。《氾胜之书》特别重视麦，而且说明当时麦的栽培技术的水平已经相当高了，对黍则谈得很有限。"万先生此书中还写道："大概从战国到汉代，在北方，麦的栽培已相当普遍，和谷子或大豆轮作；在粮食中间，它的重要性次于谷子而和大豆相上下，或者还超过大豆。"

麦在万先生搜索到的两种"五谷"中都有，而史籍一直传承神农"乃始教民播种五谷"、黄帝在幽蓟地区"艺五种"，当应有种麦遗迹，可惜无文字记载。当时所讲的麦多指小麦。

另据顺义地区相传东汉渔阳太守张堪在任时领兵在孤奴开辟稻田 8 000 余顷，让人民耕种，改善了当地的农业生产和人民的生活，百姓赞道："张堪为政，麦穗两歧……。"据此，可认为北京地区种植至迟在汉代。但从《周礼·职方氏》中所记载的幽州"其谷宜三种。"汉代郑玄注："三种，黍、稷、稻"看，在春秋以前幽州地区可能没有种麦，或即有种也不成气候、不引人注意。

魏晋南北朝时，史籍中只有黍、稷、稻，不见有种麦的记载。

隋唐时期小麦生产是仅次于粟的农作物，房山云居寺所藏唐代石经题记中有“幽州磨行”。另据考证唐代京郊“麦庄”一词甚为通行。今北京昌平区、大兴区均有“麦庄”地名。有学者认为这可能“为唐代农业（小麦）生产活动遗迹”（于德源《北京农业经济史》）。“幽州磨行”的磨已不是新石器时代的由石磨棒加上石磨盘的磨，而是由上下两块相对面凿成带齿的圆盘形石板以轴心相合，且上块于偏心处凿一圆形进料之洞。此磨可以人力驱动（磨盘较小），也可牲口拉动（磨盘较大），亦可制作成水力驱动的水磨。据《京畿古镇长沟》（续集）记载，三国时被曹操徙封为“西乡侯”（长沟为所在地）的张既，到任后先为该地区引进“水碓”，之后又发明了“水磨”——因为西乡（长沟）地区水力资源丰沛，水磨可用“水力”代替人力或畜力。据传磨更多用于磨面，而面又多由麦子磨成。所以“磨行”的出现从一个方面反映当时麦类生产的兴盛。

辽金时代，麦子在农业中占有一定位置。据《燕州国志》记载：“析津府户口三十万，大内壮丽，城北有市，膏腴蔬菜瓜果实稻粱之类靡不辈出，而桑柘麻麦牛豕雉兔不问可知”。孙健先生在《北京古代经济史》写道：“辽代水稻是南京近郊的主要农作物”，而对麦子只引用“桑柘麻麦……，不问可求”表达之。就史实中辽道宗清宁中，高勋以南京近郊内多隙地清疏畦种稻，但遭耶律昆的反对，未准。辽朝于是有禁南京决水种稻之令。列咸雍中，方废禁令，允许除军行地外，概可种稻。金代“京郊的农民以种植稻麦桑麻为主”（孙健语）。公元 1008 年正月，幽州（即辽南京）大旱，冬小麦大量枯死，为了补种春小麦，特遣使向北宋“求市麦种”（《宋史》卷七）。

元代，在粮食生产中小麦排于谷后第二位。麦类有小麦、大麦、荞麦等（《日下旧闻考》卷一百五十一）。

明代，城郊地区的商品经济得到进一步发展。从明代起已出现粗粮（黍、稷、高粱等）、细粮之分。这时在旱作物生产中“小麦是北京地区主要的农产品，……小麦的耕技术已经胜过南方。‘农人左手挟器盛种，右手握而均掷于地既遍，则用耙劳复之，又颇省力，此北方种麦之法……若力省而功倍，当以北方为法’”（孙健《北京古代经济史》）。当时小麦和杂粮主要是农民自用以及完纳赋税。

清代前期，小麦在粮食作物中排第三位，当时北京地区两种小麦（春小麦和冬小麦）都有种植。“小麦和大麦统称二麦，在清朝实录和方志中，常可看到有关北京地区春、夏抗旱以至二麦无收的记载，即指小麦和大麦而言”（于德源语）。

清代后期，小麦生产则排列玉米之后的第二位。

民国时期：小麦生产亦排在玉米后的第二位。

小麦育种：20世纪20年代燕京大学培育出小麦“燕京白芒白”和“燕京919号”良种。这是北京地区科研育种的开局。“燕京大学师生在清河试验区与金陵大学合作，从事小麦等作物的选种试验，使小麦产量比以前提高20%～24%。”（《北京通史》卷九）宛平新房庄设有农业推广所，从事小麦品种改良（《河北省宛平县事情》）。

1938年，“中央农事试验场”成立后，于1941年开始从事小麦等作物品种选育的良种推广，在小麦方面推广了“华农一号”“华农2号”“华农三号”及“华农六号”；“华北农事试验场”于1938—1945年，先后在北平本场及外埠分场开展小麦品种改良研究。其研究方法及研究成果主要有引种试验、纯系选育、杂交育种三大类，先后育成小麦新品种10个（《伪华北农事试验场农业部分试验成绩摘要》1947年）。在育种过程中，搜集到小麦品种资源2 300份，经用纯系播种法选择优良纯系再经严格的品种比较最后确定推广有9个优良小麦品种，依次以“华农”一、二、三、五、六、七、八、九号；1936年燕京大学农场用单株选择法选育出“燕大1817”及“燕大1885”，自1939年在试验场开始进行杂交育种，共配置组合195个，至1942年选出了8个接近育种目标的品系，其中“北系3号”最为理想，经鉴定予以推广。其余品系因试验中断未果。“1946年北京大学农学院从美国引进早洋麦、钱交麦，通过试种选育出农大1号和农大3号等品种。”但这时生产上主要还是“群众自种自留的农家品种”（《北京种业五十年》2003年）。

新中国成立后，小麦生产仍排在玉米后为第二名。1949年播种面积100.3万亩，占粮田总面积的13.6%，亩产31.0千克，总产量0.31亿千克，占粮食总产量的7.4%；近60年来，京郊小麦种植面积峰值是1976年292.7万亩，占粮田面积的33.1%，亩产207.6千克，总产量6.07亿千克，占粮食总产量的35.7%。

新中国成立后，科研院所、高等院校纷纷开展小麦育种工作，并取得一批又一批优良品种，从1949—1999年的50年中，京郊冬小麦生产的主推品种更换了五次：1949—1958年主要是农家品种有红芒白、大红芒、五花头、大白芒等；1959—1964年，第一次由育成品种更换农家品种，主栽品种有“农大183”，种植高峰是1963年收获面积达70.9万亩，占当年小麦收获总面积的71.9%，其次是碧码1号，占37.3%；1965—1971年，主栽品种“农大311”，种植高峰是1971年达100万亩，占当年总收获面积的50.4%，次之是华北187、农大183；1972—1983年主栽品种“农大139”，种植高峰1977年收获面积153.8万亩，占当年小麦收获总面积的55.8%，其次是农大东方红3

号；1984—1990 年，主栽品种丰抗 8、丰抗 2，丰抗 8 种植高峰 1986 年收获面积 91.8 万亩，占当年小麦收获总面积的 33.4%；1991—1999 年，主栽品种“411”，种植高峰 1999 年收获面积 145.3 万亩，占当年小麦收获总面积的 57.6%，其次是“京冬 8 号”。在每次换代中都还间杂着一些其他具有不同特点（长）的新品种，种植面积大小不一，因需而异。

进入 21 世纪以来，出现一批产量无大突破，但品质有所提升如“9428”等可用做面包配粉的品种。有的是由新的育种方法培育成功并有应用价值的新品种，如由光温敏不育系育成的“京麦 6 号”等。

小麦生产工具：古时西汉武帝时搜粟都尉发明播种用三脚楼，并全国推广。到唐代出现了曲辕犁耕地省力、高效，收获用镰刀、脱粒用石碡子压。小麦生产机械化发展较晚。有资料表明，从 1880 年（光绪六年）前开始引进国外农机具，直到 1910 年都有引进，但表中没有标明北京市参与引进。北京《种植业志》（2001 年版）记载道：1953 年，北京建立农业机械拖拉机站……1954 年秋，为 1 个国有农场和 8 个农业生产合作社（机耕）机播小麦 10 624 亩。由此，开创了本市小麦生产耕、种机械之路。

1955 年 1 月，北京农业机械厂生产马拉摇臂收割机；4 月 15 日生产出中国第一台牵引式谷物联合收割机，当年首次出现机械收获小麦。到 1990 年，平原地区麦收基本实现机械化。

1959 年 4 月 5 日，本市首次由中央农垦部派出“安-2”飞机在红星农场 6 000亩麦田喷撒石硫合剂，防治小麦锈病。由此直至 20 世纪 90 年代飞防在小麦生产上大面积应用。

1966 年 1 月 29 日，中共市委工业生产委员会提出“应采取机械化和半机械化同时并举……加快郊区农业技术改造的步伐，促进农业生产的稳产、高产。”

2000 年 10 月 27 日，由国家计委立项，总投资 5 296 万元，占地 2 500 亩，以全球卫星定位（GPS）、地理信息系统（GIS）、卫生遥感系统（RS）等高新技术装备为依托的“北京精准农业（小麦）示范工程”在小汤山启动，并以此“工程”带动国内精准农业的发展。其“工程”起步作物是小麦生产。

小麦施肥：新中国成立前，京郊种麦，基本上是“白吃面”。新中国成立后，20 世纪 50 年代进口化肥（硫酸铵），因供肥量少，只作种肥和少量追肥，平均每亩只有 10～15 千克。60 年代开始推广使用钙镁磷肥（自产的过磷酸钙）；70 年代开始推广碳酸氢铵及氨水、液氨；80 年代大量推广应用磷二铵复合肥；80 年代后期，开始推广秸秆还田和免耕覆盖。之后，相继推广测土配方施肥。

小麦耕作制度：历史上是宽行大垅稀植，种植方式有“单挑杠”“大对垅”、“大隔楼”；20 世纪 50 年代初，推广小麦密植技术；60 年代推广“小对垄”“三密一稀”间作套种（玉米）；70 年代间作套种“三种三收”，小麦占地 75%，到 1972 年种植面积达 150 万亩，1973 年即达 200 万亩，占当年麦田面积的 90%；80 年代推广小麦、玉米上下两茬平作，到 1995 年面积达 232 万亩。进入 21 世纪，小麦不仅具有生产功能，还拓展出生态功能，政府对其给予一定的生态补偿。

小麦的病虫害与防治：新中国成立前后，北京地区的主要病害是锈病，其防治办法喷洒石硫合剂。北京农业大学小麦育种特别是注重培育对锈病免疫的品种。之后所推广的新品种基本上对锈病免疫；到 20 世纪 70 年代曾发生由灰飞虱传染的丛矮病。防治办法就是铲锄田间杂草，消除灰飞虱的繁衍寄主，同时施药消灭灰飞虱。20 世纪 80～90 年代多蚜虫危害，多采用飞防超低量喷雾技术防治；21 世纪初，出现小麦腥黑穗病。

小麦的科学研究与创新性成果：1906 年，清政府在北京成立农事试验场，其中有农艺试验内容。这是本地首开科研基地，但未见有小麦方面的作为记载。仅见上述燕京大学选育出小麦新品种。

20 世纪 50 年代，北京农业大学、中国农业科学院（在京）等科研、教学单位都陆续以杂交育种的方法培育出上述主栽品种和搭配品种；80 年代北京市农业科学院从 1976 年开始采用花粉培养技术培育出“京花一号”“京花五号”等新品种，并大面积推广应用于生产，这在世界上处于领先地位，曾获北京市特等奖。从 20 世纪 70 年代起，北京地区的农业科研机构与高等农业院校的科研工作者合作，深入系统地研究了小麦生产发育中的形态建成、生理代谢、物质积累和产量形成的规律，创造性地建立了“小麦叶龄指标促控法”为核心的小麦栽培管理技术体系；为生产上提出了可操作的因地制宜、因苗制宜的“大马鞍”“小马鞍”水肥管理模式。进入 21 世纪，市农业科学院利用光温不育系成功的培育出杂交小麦“京麦 6 号”等新品种，在国内外率先创造了冬性二系杂交小麦制种技术体系，据称该杂交小麦品种较常规品种可增产 15%（《京郊日报》2013 年 1 月 25 日）。据不完全统计，本市科研院所及院校、区县农科所等单位所从事的小麦科研、推广及成果转化到 2000 年获得各类奖励共约 60 个（包括国家和本市的科技进步奖、星火奖、都市级的丰收奖、推广奖等）。

小麦的品位：据史料记载，清代已有粗粮与细粮这各粮食上的社会等级之分，小麦是城市和上层阶级的食粮，而高粱、玉米、白薯是贫民的食粮。当时社会就流行着“富家多食麦，贫者以高粱为主食”“富者稻米为饭，麦面为饼，贫者食黍粥豆渣”。直至今，人们仍认麦面、稻米为细粮，而玉米、小米、白薯等杂粮（粗粮）。在总体进入“小康”以来，人们不再以“适口”认“粗与细”，而以营养与健康来搭配粗细。不过小麦不仅适口性好，而且再加工潜力大、附加值高，仍不失粮中之“细”。对杂粮虽追求其营养保健的特异性，因其适口性差，亦不失其“粗”。不过，如今细者已成为人们生活必需品，其市场价格受到一定调控，而杂粮（粗粮）如玉米面、小米、白薯（鲜的以五斤折一斤粮算）市场价格都高于一般白面。

小麦生产潜力的发挥：1928 年，顺义、怀柔两县平均亩产量最高 100 斤（合 50 千克），各县平均亩产量为 82.5 斤（41.25 千克）。再向前难寻小麦亩产量数字资料。

1949 年亩产只有 62.0 斤（31 千克）；1950 年提高到 80.3 斤（40.15 千克）。

1963 年，全市提出 100 万亩水浇地用三年时间亩产达到 300 斤（150 千克）。1965 年 8 月 5～8 日，市委、市人委召开小麦生产会议，时任国务院副总理谭震林到会讲话。他说，“你们达到了第一个目标，就是 100 万亩水浇地小麦亩产 300 斤（150 千克）。”

1978 年达到 452.0 斤（276.0 千克）。2012 年，在小麦高产竞赛中，出现 253 亩小麦亩产 1 155.6 斤（577.8 千克）（房山区窦店村二农场农民沙志刚）。

1994 年，北京市农林科学院作物研究所在《京郊粮食高产理论与对策研究报告》中指出此研究“采用 FAO 的农业生态区划法计算模式”，有关参数资料系统可查，其研究结果显示：北京平原地区只要热量充足，生产条件较好，技术水平较高的地方，粮食亩产具有 1 000 千克以上的光、温、水、土潜力——一季春玉米即可实现 1 000 千克/亩，小麦、玉米、水稻的光温水土潜力分别为 518 千克/亩、725 千克/亩、673 千克/亩。按照目前一般生产水平，小麦还有 32％的增产潜力。

从目前京郊小麦生产中先进典型已实现的情况看，该项目研究所提示小麦生产潜力是可以预期的，关键在于科技创新。

小麦的生态适应性：北京地区地处北纬 40°，一年四季分明，但冬季较长，且寒冷干燥，极端低温在－17℃以下，并有短期延续期。欲使冬小麦安全越冬除了适时浇透冻和适时镇压等精心管理，最根本的是选用抗寒（冻）品种（能抗－17℃低温）。这样才能保住麦苗安全越冬，保证亩穗数和穗粒数；秋、春季节短，秋播后分蘖期短，春季穗分化时间紧促穗粒数较少。为争取一定产量从育种到栽培都主要着眼于以基本苗拿穗数，以穗数保产量；北京地区历史上小麦锈病（黄疸）比较流行，因此小麦育种又都注意选育对锈病免疫的品种或抗性强的品种；本地区光照充足（属长日照地）、昼夜温差大，有利于光合作用积累与物质转化。因此，被农业部划定为强筋小麦（或称面包小麦）生产最佳地域之一。事实上，北京地区生产的小麦蛋白质含量是比较高的，一般在

12%以上；北京地区有着多学科的人才与技术密集的优势，在密切合作下，研究、探索出与特定生态环境及品种的区域性特点、生育规律相适应的栽培技术体系——“小麦叶龄指标促控法”和因地、因苗制宜的“大马鞍”“小马鞍”水肥管理模式——这套技术在国内是独特的。

麦的诗文与农谚：

清代乾隆《咏麦诗》：平畴膏雨足，夏麦芃芃美。良苗将秀时，翠浪翻数里。朝曦淡以暄，珠露垂累累。缓骑眄绿畦，香风扇饼饵。祈年廑渊衷，敬志心中喜。

《博物志》：啖麦令人多力。

《管子·轻重已篇》：麦者，谷之始也。

《诗经》：麦秀渐渐，穗浪千重。

京郊农谚：一麦顶三秋；麦是胎里富，种好是基础；麦收三件宝，头多、穗大、籽粒饱。

三、[illegible]→稻

栽培稻是由野生稻经由劳动人民长期选育而成。我国云南是野生稻的王国，我国是栽培稻的发祥地之一。根据目前的考古发现，世界上最早的稻作遗址在我国浙江省余姚县的河姆渡村，距今已有七千多年。1977 年，考古学家们曾在这里发现厚达 80 厘米的稻米、谷壳、稻秆和稻叶的堆积物层，并搜集到迄今所发现的世界上最早的栽培稻标本。在北方黄河流域的仰韶文化的陶器上，也可看到稻叶、稻粒的遗迹。因此，考古者认为至少在新石器时代早期，稻的栽培已经出现在我国的南北大地上。从三千多年以前我国最早的甲骨文字《卜辞》，到《诗经》《周礼》《月令》《说文》等历代典籍，都对野生稻或栽培稻留有详略不同的论述。

稻是主要的谷类作物，但在商、周时期，却远不如黍、稷、豆、粟、麦的地位重要。在《诗经·小雅》里，各种作物的排序是：“黍、稷、稻、粱，农夫之庆。”这可能是当水利条件限制了稻的种植面积，尤其在北方干旱少雨，水利不善的情况使水稻难以发展。不过稻在当时人们的生活中被看作珍贵的食粮，史料记载有一斗稻的价钱可顶两斗半的粟（小米）。所在春秋战国时期，人们把吃稻米饭和穿锦衣相提并论：“食夫稻，衣夫锦，于汝安乎？”商、周的王侯每值“季秋之月”，用被称为“嘉疏”的稻米祭祀宗庙。

随着水利、农具的发展，稻作技术的不断提高，稻的种植面积日益扩大。据公元 1637 年成书的《天工开物》记载，到了明朝，稻米已占人们食粮的 7/10。我国现代稻的栽培面积占粮食作物总面积的 22%，稻的产量占粮食总产量的 42%，食用稻米占商品粮的 50%。

古人咏稻：

杜甫：香稻啄残鹦鹉粒；稻米流脂粟米白。

陆游：稻陂雨细丰年候。

辛弃疾：稻花香里说丰年，听取蛙声一片。

白居易：绿秧科早稻。

北京民谣：京西稻米香，炊味人知晌，平餐勿需菜，可口又清香。

北京地区历史上何时开始种稻？稻种何来？准确定位缺乏准确的史料。现有文字可查的，最早见于西周时期。2007 年由北京燕山出版社出版的《京畿古镇长沟》续集中写道：“据记载，早在西周时期长沟地区即已种植水稻，并盛于明、清至今。”农业自古以来是靠着“天时、地利、人和”，而长沟地区自古以来地形地貌天设地造，“青山叠翠，绿水环流”，在京郊实属“山环水绕无双地，神乐人欢第一区”，可谓“青山不墨千秋画，绿水无言万古诗。”再加上这里“物华天宝，人杰地灵”，神农“教民播种五谷”中的稻在这里落地生根是有得天独厚的“天时、地利、人和”条件的。因此，说“早在西周时期已种稻”是可能的。此后，每个时代所种作物多有记载：

春秋战国时期，《周礼·职方氏》里记载有：“幽州（以今北京为中心）……谷宜三种”。汉代郑玄注云：“黍、稷、稻”。稻作生产排第三。

秦汉时期，粮食作物为粟、稷、稻、麦等。稻作仍排列第三位，但在种植面积上已有很大突破。东汉渔阳太守张堪首次开发水利，于孤奴（今顺义县东北）引沽水（今白河）和鲍丘水（今潮河）“开稻田八千余顷，劝民耕种，以至殷富。”当地百姓因种稻受益，甚感张堪政绩，使歌曰：“张君为政，乐不可支”。由此，开创了北京地区农田水利建设的先河，水稻生产也随之有所发展。

魏晋南北长时期，魏征北将军刘靖遣部下丁鸿军士千人，在今石景山附近的累水河道弯曲处，“积石笼以为主遏，名为戾陵遏”。戾陵遏截引的永定河水经所凿的车厢渠，东入发源于今北京西部紫竹院的高粱河，“灌田岁二千顷，凡所封地百余万亩”（《水经注》）。由此，北京地区的水稻种植出现了崭新面貌。到魏元帝景元三年（公元 262 年），曹魏遣谒者樊晨至蓟城整顿农务。樊晨至蓟后再次兴修水利，把永定河水引至昌平、潞县，“凡所汉润四百里，所灌田万有余顷”，灌溉面积是嘉平年间的 5 倍。北魏时，幽州刺史裴延儁“射自履行，相度水利，随力分督，未几而就”，“溉田百万余亩，为利十倍”（《魏书》卷六十九），使水稻生产迅速发展。北齐皇建中（公元 560 年），“开幽州督亢旧陂，长城左右营屯，岁收稻粟数十万石，北境得以周赡”（《隋书》）。

隋唐时期，水稻生产仍排在第三位次，并“保持在一定水平”。《册府元龟·牧守部·兴利》载：唐高宗永徽中，“裴行方检校幽州都督，引卢沟水广开稻田数千顷，百姓赖以丰给”，连今紫竹院公园东西在唐代应是稻作区。《旧唐书·张允伸传》载：唐懿宗咸通十年（公元869年）庞勋兵变时，幽州卢龙节度使张允伸“进助军米五十万石，盐三万石”。由此，学者认为水稻虽非幽州主要农作物，但也决非仅存在区区数处，在水源充足的地方均可能种稻，否则张允伸拿不出那么多的助军米。

辽金时期，辽进入北京建南京后，汉族官僚高勋“以南京郊内多隙地，请疏畦种稻”。当即遭到契丹族大臣耶律昆的反对，他认为有碍骑兵行进。因此，契丹统治者即令禁止农民种稻。直到咸雍四年（1068年）辽道宗方始放弃不得种稻的禁令，诏曰：“除军行地，余皆得种稻”（《辽史》卷二十二）。从此，幽燕地区水稻生产正式得到恢复。

金朝金世宗大定十一年（公元1171年）曾开金口河引卢沟水充实漕河，“其水自金口（今石景山附近）以东，燕京以北灌田若干顷，其利不可胜计”（《元史·卷一百六十四》）。这里的“其利”当是种稻（因为由史以来，凡兴修水利都与发展稻作有关，几无例外）。但据史料记载，“总的说，中都水田多被豪门霸占，一般百姓无力种稻”。

元朝时期，水稻生产排位第四。元代大都地区兴修水利的规模远远超过前代。在元朝统治的百余年中，元政府集中了大量的人力物力，对大都境内的浑河、坝河、金水河、双塔河、卢沟河和白河、潮河都进行了大规模的修治。至元三年、二十八年分别占领了双塔河和通惠河，引浑河水溉田，使大都的水稻生产得到日益扩大。据史书记载元大都地区出现专门生产稻米的“稻户”。元末农民起义爆发后，为了解决北方粮食问题，至正十三年（1353年），元政府在“西至西山，东至迁民镇，南至保定，北至檀（今密云区）顺（今顺义区）”的广大地区内推广水稻种植，并招募江南农民来指导，“立法佃种，岁乃大稔”，年守成稻谷二十万石（《元史·脱脱传》）。“除了城郊外，檀、顺、范阳等州县都是著名的水稻产出”（孙健《北京古代经济史》）。

明朝时期除了宛平、大兴、顺义等地种植水稻外，京郊附近的德胜门内的积水潭附近的三圣庵一带，“南人于此艺水田，粳粳分塍，夏日桔槔声不减江南”（《古今图书集成》）。丰台草桥亦是水稻区。“草桥众水所归，种水田者，资以为利”（《古今图书集成》）。海淀亦为一重要产区。“帝京西十五里为海淀，……丹稜沜，沜之大以百顷，十亩潴为湖，二十亩沉洒种稻厥田上”（孙承泽《春明梦余录》卷六十五）。房山县大石窝所产石窝稻，“色白粒粫，味极香美，以及饭虽盛暑经数日不馊”（《燕山丛录》）。此外，西湖（今颐和园附近）一带、西苑、先农坛等都是著名的产稻区（孙健语）。近郊的青龙桥、郑公庄、大马房及京东的通县、京西南的良乡等，在明朝中叶以后，水田皆发展起来，其中京东产米尤著。万历时御史田生金指出：“迩来垦城地熟者十八九，京米之不甚贵，皆由于此”（《明神宗实录》卷六十五）。

明朝稻作生产发展得快，种植面积大与明代在京建都后大量从南方移民有关，他们带来了种稻技术，再加以往日积月累传承下来的农田水利的保障。还有从明代起市民生活也讲究粗粮与细粮之分，稻米作为细粮适应了明代农业商业性发展的新形势。

清朝时期，清朝前期因残酷圈地，激起农民强烈反抗，农业无大发展。康熙初年，清政府为了缓和民族矛盾和阶级矛盾，除停止圈占土地之外，还宣布了“以直隶废藩田予民”，且免缴租，“视民田输纳正赋”。清朝前、中期比较重视京畿水利。雍正五年（公元 1727 年），应怡贤亲王允祥之请，清政府在水利营田府下又分设京东、京西、京南、京北四局，加强对京畿水利的开发与管理，“愿耕水田者，皆给以农本”。京东局在平谷置闸疏渠，引泃河及山泉，开辟稻田 6 顷 11.5 亩；京西局在宛平县引永定河水营造稻田 46 顷；房山县引玉塘泉、拒马河水营造稻田 23 顷 15.4 亩。史料显示，京畿稻田主要控制在皇室、官府和旗人手里。乾隆之世，曾对京西海淀一带水系进行整顿，使昆明湖以东的海淀地区“水田日辟矣”。乾隆二十八年（公元 1773 年）清政府又疏浚右安门外凉水河，“自凤泉至马驹桥，其河旁辟稻田数十顷”。此外，顺义、昌平、怀柔等地也辟出一批稻田。

水稻分粳稻和籼稻，北京种的是粳稻（适宜）；又分水稻和旱稻，大面种的是水稻，只有一些易涝地采用“代田法”——高畦（埂）种旱作物，低畦（沟）种旱稻，北京人称之为“旱粳子”。清代出现一批具有地域特色的水稻产品，如海淀玉泉山一带的“京西稻”；房山县大石窝产的“玉塘米”、顺义区东西府村产的“大白王”稻米、延庆县丁家堡村产的“贡稻”等。

从 20 世纪 20～40 年代，郊区建立起一批庄子（农事场），大多由城里商人兼营，为求与天津“小站稻”竞争。据北京市种子站水稻专家巫国舜生前提供的资料：1931 年的统计，郊区共有稻田 1 866.7 公顷，到 1949 年发展到 3 866.7公顷，每公顷 1 590 千克，总产 618 万千克。这时的水稻种植面积只占当年粮食总耕地面积的 0.9%，总产只占粮食总产的 1.5%。

新中国成立以后，由于大力兴修兴水利和平整土地，逐步实现农田水利化，水稻种植亦迅速扩大。1949 年稻田面积仅有 3 866.7 公顷，每公顷 1 590 千克，总产 618 万千克。稻作面积仅占粮田总耕地面积的 0.9%，总产只占粮食总产的 1.5%。到 1971 年稻田增加到 6.45 万公顷，总产量 3 亿多千克，水稻面积和总产量分别占粮食耕地总面积和总产量的 16.8%和 22.2%，为历史所仅有。1972 年大旱并一直后延，因缺水迫使水稻种植面积快速减少，进入 21 世纪初只剩下几处零星种植。如海淀区的“京西稻”、房山区长沟镇的“御塘米”“延庆贡米”等共约几千亩。

水稻品种的更换：20 世纪 50 年代前期，引进“银坊”替换了农家种白马尾、小红芒、紫金箍等并推广“小株密植”技术，代替传统的“大撮稀植”。使水稻公顷产量由1941—1951年的1 500多千克提高到1953—1954年的3 300千克的水平，产量翻了一番。

1958—1959年引进“水原300粒”，公顷单产达6 000千克以上，在栽培上试验推广了“湿润育苗”→“半旱育苗”取代传统的“水育苗”，减少了烂秧危害。

进入60年代推广施用化肥，并重施穗肥。1962—1993年水稻公顷产量增至3 750多千克。

1964—1965年引进推广“白金”（日本），公顷产量达5 221.5千克（1965年）。

自70年代引入日本“越富”，进而由海淀区农业局王东光选出“越富系3”，成为京郊水稻生产中的高产、优质稻，一直沿用至今，并成为“特供米”。

70年代后期引进杂交稻“黎优57”，作为旱种，占了2/3的面积。在高产竞赛中夺得冠军。

1979—1983年，越富3系仍是主栽品种，其他有喜丰、丰锦、秋光、中丹2号、京引134等。

1984—1989年，中花8号、中花9号、中作180、秋优20、幸实、秀优57、秦爱（旱种型品种）等。

1990年至今，金珠1号、中作93、中百4号、京花101、京优6号、中作321、中系5等。

在以上几年期间种植的水稻品种中都有“越富系3”和“秋光”，因为它们品质好，价格高，一直占据主栽品种地位。

这一时期京郊水稻生产中的重大技术突破与应用：一是试验推广“半旱育苗”解决“水育苗”低温烂秧危害问题；二是注意引进、推广新品种，促进品种更新换代；三是花粉培养用于并育成水稻新品种；四是针对干旱缺水的情况，推广旱种水管技术；五是针对人工插秧劳动强度大的问题，推广了“抛秧”种植法等。

四、大刍草→玉米

玉米的故乡在美洲。19世纪初，在中美洲的墨西哥城地下70米处发现了野生玉米的花粉粒化石，经年代测定，距今已有八万年的历史。

在新石器时代的原始农业中，印第安人首先栽培了玉米。考古学家们还在墨西哥、秘鲁、智利的古墓葬中发掘到玉米的植株和果穗的遗迹。“秘鲁”这个国家的名字原意在印第安人语里就是“玉米之仓”。印第安人称玉米为“丰收之神”，是世人公认的“饲料之王”；德国一项研究认为在所有主食中，玉米的营养价值最高，被称之“天下第一主食”，是儿童最好的“益智食物”。

据考古学家的研究，玉米的原始祖先是大刍草或此类蜀黍。据传玉米是16世纪，从海路经过南洋群岛引入我国的。公元1573年，明代田艺蘅在《留青日札》里记载："御麦出于番，旧名番麦，以其曾经进御（皇帝），故名御麦"。北京地区种植玉米始于明万历年间，当时仅为果蔬辅助食品，零星种植于田畔园圃。18世纪以后种植面积逐渐扩大，到清代发展成为主要的粮食作物。到20世纪，种植面积和总产量均占粮食作物的1/3多（北京《种植业志》2001年P40）。但由于耕作粗放，据历史资料记载，民国三十三年（1944年），北京地区的玉米亩产平均只有76.0千克。

新中国成立后，北京地区的玉米种植面积基本保持在200万～300万亩，占粮食总种植面积的30%～35%。进入20世纪80年代，由于推行小麦玉米两茬平作，玉米播种面积一度达到300万亩以上。其产量变化，大致是每10年亩产提高50千克。进入80年代，平均每年亩产提高10千克。1991年亩产突破400千克。1995年亩产提高到426.6千克，比1949年增长6倍。总产量占粮食作物的比重超过50%。2012年京郊100个高产竞赛户，小麦、玉米平均亩产量分别为441.1千克和651.7千克——其中春玉米亩产778.9千克、夏玉米亩产588.4千克，较全市平均水平分别增产25.9%和54.4%。亩效益为360.7元和871.3元，分别较全市平均水平高39.2%和67.2%。冬小麦、夏玉米最高单产创历史最高纪录。首次在北纬40°突破600千克和800千克大关，房山区窦店村二农场83亩小麦亩产达604.8千克，亩效益704.7元；大兴区东路州村120亩夏玉米亩产达814.3千克，亩效益1 468.8元。

玉米的品种更换：

清光绪二十六年（1900年），京师大学堂罗振玉连续发表论著，介绍玉米种植新法和欧美的良种及栽培技术。清光绪三十年（1904年），清政府农工商部在西直门外成立农事试验场，开始收集和整理地方农家品种，并从国外引进"意国白""非立玉""马士驮敦"等7个玉米品种，首开北京地区玉米品种比较试验。20世纪30年代初，中央农业试验所在北平成立，征集玉米材料。1928—1933年北平大学农学院沈寿铨征集农家品种选育自交系，配制出"杂206""杂236"，分别比当地品种增产33.9%和47.0%。燕京大学农学院卢伟民从1929年起通过单株选择育成第一批自交系，同时引进一批外来自交系配制杂交种。1935年，将258个玉米杂交种进行比较试验，产量比对照高出43%～53%，择优在近郊区示范种植。1938年4月，在北平设立中央农事试验场（1940年更名为华北农事试验场），1939年对农家品种"北平黄玉米"进行混合集团选择，经纯系育种程序育成春玉米"华农1号"；1940年，又从农家品种"通州早生"选育出夏玉米"华农2号"。这两个杂交种均在平、津及华北地区推广，直到50年代仍保持较大种植面积，且为杂交育种的优良亲本。1946年，蒋彦士在北平农事试验场引进美国40多份玉米育种材料，选育出20多个产量超过“华农1号”“华农2号”的双杂交种，但未能大面积推广。

50年代，郊区玉米生产的主农家品种为主，诸如白马牙、英粒子、金皇后、小八趟、墩子黄、把粗、火棒子等。同时，科研单位和北京农业大学分别培育品种间杂交种如“春杂1号”“春杂2号”等及由自交系配制成的双杂交种，如农大4号、6号、7号等。

60年代，在以优良的传统品种——“白马牙”“小八趟”“英粒子”“金皇后”等为主外，同时示范性推广一批杂交种。1966年，全市双杂交种种植面积发展到13.7万亩。由于受大斑病、小斑病严重危害，1967—1969年期间，杂交玉米在生产上几乎绝迹。

70年代开始，注意玉米抗病性育种，并着力于培育单交种的选育。到70年代末，75%的玉米生产采用单交种，到80年代基本普及。

玉米品种的更新换代：

1949—1959年，主要生产品种主要是农家品种，总约40多个品种。

1960—1969年，以农家品种为主和双杂交种搭配。农家品种有：春播的白马牙、金皇后、英粒子等为主；夏播的有小八趟、墩子黄、小白磁等为主。1965年，白马牙种植面积达100多万亩，约占春玉米的70%，约占玉米种植总面积的41.8%；小八趟种植面积达70多万亩，约占玉米面积的29.3%。

1970—1977年，1970年开始推广玉米单交种，其面积仅1.9万亩，占玉米种植面积的0.8%，其余99%的面积是农家品种；1973年，杂交种面积达78.7万亩，约占玉米面积的30%多；1978年，杂交种的面积达239万亩，约占玉米面积的94%，基本取代了农家品种，主要组合是白单4号等。

1978—1987年，玉米生产全部采用单杂交种：春播主栽品种京杂6号、中单2号、京白10号等；夏播品种主要是京早7号、京黄417等。

1988—1991年，春播以京杂6号、农大60为主；夏播以掖单4号、京早7号为主等。

1992—1995年，春播以掖单13号为主，夏播以掖单52号为主等。

1996年至今，春播以农大108为主，夏播以唐抗5号为主。

进入21世纪初以来，玉米杂交种的育种目标由以产量型转向多功能：粮饲兼用玉米、鲜食玉米——甜玉米、糯玉米、彩色玉米、水果玉米等，并且各都育成与推广的一批优良杂交种。北京市农林科学院先后培育出京科968、京单28、京玉11、京科25、京单68、京玉7号、京单38、京科青贮516；鲜食玉米：京科甜183、京科糯2000、京紫糯218等，并在生产上推广应用。同时还有郑单958、中单28、联科96、中金368、北农青贮316、中农大甜413等。

在玉米育种与生产技术上，先后研究推广了DNA分子标记技术、SSR标记在育种上的应用；玉米旱作节水技术、玉米真实性检测技术、鲜食玉米保鲜技术、玉米超高产创建技术、雨养玉米栽培技术、玉米免耕覆盖栽培技术、玉米景观创意（迷宫）技术，以早期玉米间作套种技术等。

五、大豆——“田中之肉”“绿色牛奶”

世界公认大豆原产中国。在我国古代通行全国的“五谷”中有大豆，时称“菽”。它的祖先是野生大豆，在我国各地广泛分布，特别是黄河流域和东北地区生有很多类型的野生、半野生大豆。北京的房山区十渡、怀柔区喇叭沟门、延庆县松山、密云县雾灵山、门头沟的妙峰山等山区湿地至今仍有野生大豆存在，并受一级保护。据推测，我国种植大豆的历史有4 000～5 000年之久。早期人们将大豆只是当作粮食食用，且为粗粮，大概也因此而被列入“五谷”之一。两千多年前的教育家孔子在士大夫阶层中提倡“啜菽饮水尽其欢”的“君子”“孝道”，要求他的门徒不管家庭怎么贫困也要熬豆而食，奉养双亲。陆游有诗云：“俗孝家家饮菽水”。我国古今历代都种植大豆，但一般面积不大，北京地区亦如此。就其原因可能是其产量不高所致。两千多年的小农经济，即便是自耕农因土地有限为维济生计多种谷物，零星种豆，力争多收点粮食。据李洪甫《农作物小史》揭示：“近代农业科学研究，因为大豆是光呼吸作物，对光能利用率很低，只相当于玉米的百分之五十。”低产使大豆在一般土地有限的地区难以大面积发展，多居零星种植的“十边地”或做间作套种之物。

六、甘薯——“抗癌之星”“长寿食品”

甘薯原产中南美洲，后传入东南亚，明万历二十年（1592年）由文莱传入福建。清代雍正八年（1730年），福建海关官吏将甘薯呈送进京，只在圆明园内栽种，作皇室御用品，未能推广。清乾隆十四年（1749年）新任直隶总督方砚承将甘薯传至直隶等地（包括今房山、大兴、良乡一带）。乾隆二十二年（1757年），陈云、陈树两兄弟将甘薯引到朝阳门至通州一带种植。由于甘薯味美、产量高、适应性强，其茎蔓又是家畜的好饲料，因而很快在京郊扩大种植，一度成为北京地区重要粮食作物，并公认为“救荒”作物。《光绪顺天府志》记述道：“甘薯，即番薯，又呼山薯。煮食味甘，生食亦干脆，微有药气，色白，亦有微红者，土人传呼为白薯……良乡、涿州俱有，味甘性温，可代粮，宜广种”。20世纪50年代，京郊甘薯种植面积占粮食作物的6%～7%，总产量占粮食总产量的15%左右，曾被认为是“高产作物”，1958年种植面积猛增到120万亩，主要分布在山区和平原地区的沙土地上。60年代一直保持在50多万亩。70年代以来逐年减少，到2010年只有六七万亩。如今甘薯种植面积不大，但其身价窜高，由“救荒”作物变为养生食物。鲜薯价格由远低于大米、白面变为高于或近于大米、白面。

甘薯品种的演变：

北京地区最早引进的甘薯品种是“大红袍”“大白蛋”等农家品种。20世纪50年代引入“胜利百号”，耐旱耐肥，适应性强，产量高而稳定（亩产鲜薯2 000～3 000千克），受到群众欢迎，广为种植。华北农业科学研究所和中国农业科学院甘薯所育成的“52-45”“华北553”“华北117”“一窝红”，60年代在京郊广为种植。60年代后，引种有“红皮早”“新大紫”“农大红”“遗字138”与“徐薯18”。70年代，引种“宁薯一号”“丰薯1号”“济薯1号”与“济薯2号”等。还有“北京蜜瓜”“京薯1号”与“京薯2号”等。

甘薯种植一直采取育苗起埂扦插方法。春薯每亩3 000多株，夏薯4 000多株。早期贮藏是深窖冬贮，操作不便。20世纪70年代推广“高温大屋窖”。1980年，全市建大屋窖344处，储种薯500多万千克。进入21世纪，甘薯生产中出现三大创新：一是茎尖组织培养繁殖脱毒（病毒）苗；二是采用大棚设施栽培，鲜薯早（6月）上市；三是“空中结薯”，建立甘薯观光园。

关于甘薯的生育特点，有诗人言道：垅垅绿土块块果，蔓蔓长藤节节根。

民间赞语：甘薯一身都是宝，香甜可口味道好；生熟烹调都好吃，灾年备荒价值高。

第二节　蔬菜结构的演化

蔬菜，“乃纤维营养之源也”。说起蔬菜至少应有两层意思：一是蔬菜和粮食一样是人类生活中不可或缺的食物，因它蕴含着粮食短缺而人类新陈代谢、生长发育所需要的营养物质。现代人类营养学的研究表明，成年人每天主食（实际上就是粮食）400克左右，蔬菜400～500克。从绝对量上看，人每天对蔬菜的需要与粮食几乎相当。但在实际生活中特别是在古代人们生活中吃菜的消费量要少；在现代人的生活中蔬菜所占份额越来越大，在人们营养金字塔中粮食是塔基，而蔬菜则为粮食之上的第二层。现蔬菜在人类生活中很重要。二是蔬菜的商业性发展随着城市的发展而加速。北京城市有三千多年的发展史，其蔬菜生产的发展也经历了三千多年，也是城郊蔬菜演进发展的三千多年。据北京市农业技术推广站王树忠站长提供的《北京蔬菜业三千年简述》便可一目了然。他指出：“北京地区的蔬菜业经历了周初的发端，汉代的草创，元明至清初的发展，清末及民国时期的停滞，到新时代首都蔬菜业的飞速发展。”2015年是北京建城3060年，其从初建到今日的国际化大都市经历了侯国都会、北方重镇、中华首都的发展过程。在城市初起时，蓟城是以遍地生长蓟菜

（野生）而得名，城市居民也以蓟菜为蔬。《帝京岁时纪胜笺补》记载有“直到清代，北京地区的民间还保留着每逢农历三月初三（这一天俗称‘蓟菜生日’）吃‘蓟菜馅饺子’的习俗。”

西汉时期即有蔬菜栽培的记载，班固《汉书·循吏传》记载有汉宣帝时（前74—前49）地方官渤海郡太守龚送曾用行政手段，命令境内（包括今北京市南郊及大兴的采育）所辖的每户农家，都要按人口的多少定量种植葱蒜类蔬菜。同时还倡导人们每逢秋冬季节尽量贮藏菱角和茨实等水生类蔬菜。

南北朝时期，北魏政权推行授田制时，每人都可分到一定数量的耕地用作种菜的园田。这时幽州城的近郊地区（时称“负郭”），出现了专业菜农和菜商，二者结合为城市居民供应蔬菜（《魏书·食货志》）。

唐代，幽州都督府设有“农圃监”和“农圃丞”，负责管理幽州的园圃蔬菜生产等事项（欧阳修《新唐书·百官志》）。

辽代，在南京城北建有蔬菜市场（叶隆礼《契丹国志·四京本末·南京》）。

金代，在中都政府中设立“上林署”管理皇家果蔬栽培事宜。在“太府监”中还设有“市卖司”，专为皇家采购所需的其他蔬菜。

元代的大都城，政府设立“上林署”和“宣徽院”，负责管理皇室所需蔬菜的生产和供应工作（宋濂《元史·百官志》）。在推行的《农桑辑要》农书中还着力推广蔬菜栽培、贮藏以及漂烫、干制等加工技术。原金中都禁苑故地因土壤肥沃、水源充沛，被开辟为菜田。其中还包括今广安门外到右安门外一带的菜户营地区。据《析津志·古迹》记载：在原厚载门（又称红门，即皇城北门）内的御苑（即今地安门以南，以及景山公园北部地区）当时“种莳……瓜果、蔬菜”。据《析津志辑佚·物产·菜志》记载：元代大都城栽培及野生蔬菜种类涉及36种，累计达到100余种。当时人工栽培的蔬菜有白菜、赤根（菠菜）、莙荙菜（叶莕菜）、苋菜、茼蒿、茄子、黄瓜、瓠瓜、萝卜服（胡萝卜）、蔓菁、葱、蒜、回回葱（洋葱）和韭菜等二三十种。

元代在大都城的交通要道和城乡结合部，陆续建立起三处“菜市”，成为蔬菜集散场所。

明代，北平菜地（田）遍布四郊。明成祖定都北京后，京郊的菜田按照其坐落地段的不同，分为三等：位于近郊的菜田为上等；稍远的分属中、下等（张廷玉《明史·食货志》）。经营形式有官营和民营两种。城近郊区的“菜户营”一带为官办的皇家蔬菜生产和贮藏基地。总面积为118顷* 99亩9分**（张爵《京师五城坊巷胡同集》）。

---

* 顷为非法定计量单位。1顷=10 000/15 米²。

** 分为非法定计量单位。1分=1/150公顷。

明初，征调山西等地的菜农900户约2 000余人来京，担负蔬菜生产任务，专供宫廷需要。到明末，北京地区的蔬菜种类不但超过南方，而且在品质方面，黄芽菜（即大白菜）等蔬菜也成为海内外的“绝品”（史玄《旧京遗事》）。

明代不仅在北京地区大力发展蔬菜生产，大规模的“南菜北运”也始于明代。并且开始采用“冰（自然冰）窖”贮藏。

清代，北京地区的菜田划分为“御用”和“民用”两类。据《清会典·内务府》记载，清代专门为宫廷服务的“御用瓜菜园”共计有93处，占地总面积达628顷，约合6.28万亩，相当于明代的5.2倍。主要分布在南郊的南苑和菜户营等地。此外，还在直隶的安肃（今河北徐水）设立大白菜生产基地，计有菜田3 600亩。御用的瓜菜园可以生产各种蔬菜50多种（昆冈等《清会典·内务府》），并采用露地与保护地栽培相结合及贮藏、加工等手段调节，大白菜、菠菜、韭菜、萝卜等10种蔬菜初步做到“季节性生产、常年供应”（清·内务府掌郑方处《内务府掌·清册·菜蔬清册》）。

民间菜园散布在城近郊区，如今天的丰台、海淀和朝阳区。常年上市的蔬菜当时分属于“蔬属”“瓜属”和“果属”，共50多种。蔬属包括有白菜、菠菜、莴苣、芹菜等叶菜，苤蓝、茭白、芋头等茎菜，水萝卜、胡萝卜、蔓菁等根菜，蕨菜、荠菜、薇菜等山野菜和蘑菇、木耳等食用菌；属于瓜属的有黄瓜、甜瓜、菜瓜、丝瓜、冬瓜、瓠瓜、倭瓜、绞瓜和西瓜等；果属包括莲藕、荸荠、茨实、菱角等水生蔬菜（周家楣《（光绪）顺天府志·食货志·物产》）。

清初，《大兴县志·物产考》载蔬菜33种，具有地方特色产品有：山药集中于采育和黄村的高米店一带；屯韭（又名韭黄）产于西红门，这里还盛产心里美萝卜；盖韭（又名五色韭……）产于瀛海庄一带，长成后，根为白色，依次向上为黄色、绿色、红色、紫色共五色；大对叶葱，产于青云店；礼贤产串铃冬瓜等。

为使蔬菜生产与销售形成一股力量，清代郊区的菜农开始自行组建起同业组织——“园行”。到清咸丰六年（1856年），加入“青韭园行”的菜农有70余家（《创办青韭园行历年功绩碑》）。

蔬菜流通中的批发、销售环节，在清代由“瓜茄青菜行”的经纪所垄断。蔬菜交易由官府设定的“蔬菜牙行”（清初为93家，到清末还剩70余家）主持。北京城内蔬菜批发交易市场主要集中在菜市口、红桥和蒜市。零售商们分别以“菜局”“菜床”“菜铺”“菜棚”“菜挑”与“菜车”等形式出现设店、摆摊销售。

民国时期，全市共有菜田4.6万亩，占总耕地面积的17.8%。主要分布在外城的西、南部，以及环绕城区5千米以内的近郊区。这期间北京地区种植的蔬菜有50～60种（吴廷燮等《北京市志稿·货殖志·物产》）。

蔬菜行业的销售环节仍由中介组织——牙行所控。到民国后期，全市菜市剩下 39 家，从业人员 770 余人。

新中国成立后，北京市的蔬菜生产被提到市政府的议事日程，并被明确服务城市的目标或方向定位，纳入计划经济的统筹规划与计划之内，实行统购统销、服务城市。

60 多年来北京地区的蔬菜生产经历了翻天覆地的变化或变革：在布局上由城内到城外、由近郊（朝阳、海淀、丰台、石景山四区的近郊 17 个乡镇十几万亩菜田）到远郊（扩展到顺义、通州、大兴、昌平、房山、密云、延庆等区县）总面积达 70 万亩耕地，播种面积达 130 多万亩，并形成服务首都的蔬菜生产基地。在都市型现代农业实施中还扩展到与周边地区建立蔬菜合作生产基地 10 万～20万亩；在生产、供应上，由季节性（露地）生产、供应为主转为设施种植、周年生产、均衡上市，彻底打破了过去半年生产、半年贮的状况，保障了首都市场、市民四季吃上新鲜菜品；在蔬菜产品配置上，由大路菜品，如大白菜、大萝卜、大葱、土豆、柿子椒、黄瓜、冬瓜、洋白菜、莴苣、芹菜、扁豆、豇豆等，扩展到来自国内外的名特优新蔬菜品种，总数达 2 000 多种，这是历史上所没有过的；在品种来源上由农家品种进入到杂交育种，大大提高了蔬菜的抗病性、品质和产量，丰富了蔬菜花色品种，提高了耐贮性。有多种蔬菜产品不仅有大小之分，还有多种颜色之分，同一类产品可因大小不等、色泽差异、形态多姿而呈满目琳琅蔬菜景观；在蔬菜生产功能上，不仅为市场提供蔬菜商品与食品，还可供人们观光怡神，成为人们返璞归真的精神乐园——蔬菜观光园；在蔬菜品种要求上，不仅着力于作物自身品质的提升或改善，还着力于蔬菜产品的无公害、绿色、安全生产，并对产品实行原产地追溯。有人说，如今北京地区的蔬菜生产基地已成为世界名特优新蔬菜品种集结的“地球村”，亦称为国内外“特菜大观园”；在菜农的素质上，由靠经验的“菜把式”转化为“有文化、懂技术、会经营的新型农民”，菜农已由过去的小生产者，逐渐演进为社会主义大生产的商品生产经营者。关于新中国北京地区蔬菜生产状况及品种类型，《北京志·农业圈·种植业志》留下详细记忆，需求者可查阅。

北京地区历史上曾经大面积种过而如今几乎退出的作物有棉花、水稻；有的虽有种植但面积不大，有的处于零散种植状态，在经济领域处于边缘化，本文不予赘述。

第三节　西瓜产品结构的演化

西瓜原产非洲东北地区，什么时候传到中国？现有三种说法：一说是南宋绍兴十二年（1142 年）由洪皓由金归国时带入中原；二说是“五代传入中国”。《新五代史》卷七十三转录的胡矫日记《陷虏记》：“自上京东去四十里，至真珠寨，始食西瓜。云契丹破回纥得此种，以牛粪覆棚而种，大如中国冬瓜而味甘”，并由他引入中原；三说西瓜“汉代传入中国”。其证据是在经典名画《清明上河图》上，人们可以清晰地看到张择端在这幅旷世作品上画有当时“首都”街道的水果摊上已有西瓜出售。若是五代时期才引入栽种，西瓜断然不会这么快就进入百姓市场的。由此，有学者认为西瓜“汉代传入中国说”比较可信（赵柒斤《西瓜入华时间表》，北京青年报，2013 年 6 月 20 日）。李春碧在《光明日报》（1993 年 8 月 14 日）发表的《西瓜史话》中写道：经考古学家考证，邗江县汉墓墓主卒于汉宣帝本始三年（公元前 71 年），在其墓穴中发现有西瓜籽。证明西瓜自汉代起，从埃及传入希腊、罗马和中亚细亚，再经“丝绸之路”传到我国回鹘（今新疆等地）。那么什么时候传入北京地区的呢？大致有两说：一是说是五代时期传入。欧阳修在修《新五代史·契丹传》明确指出西瓜“大如中国冬瓜，而味甘”。南宋诗人范成大在《西瓜园》诗注中说：“西瓜本燕北种，今河南（黄河以南）皆种之”。《五代史·契丹附录》中写道：“胡矫入契丹，亡归中国，道其所见，云入平川始食西瓜。云契丹破回纥得此种。”五代郃阳令《胡矫陷北记》云：“矫于回纥得瓜种，以牛粪种之，结实大如斗，味甘，名曰西瓜，是西瓜至五代始入中国也”。二说“西瓜是由回鹘人从西方传入辽朝内地的，辽代的幽燕地区的西瓜种植不见于记载。但在近年北京门头沟斋堂辽朝墓壁画中，一侍女手捧果盘，上置西瓜。这一发现有力地证明，西瓜种植当时已传到这一地区”（曹子西《北京通史》卷三，P241）。《北京志·农业卷·种植业志》（2001 年）中写道：“北京地区种植西瓜”，较早见于文字记载的是元末熊梦祥《析津志》一书和明代沈榜《宛署杂记》一书。这算不上“三说”——缺乏占有先期信息。据《大兴文史》（1988 年，内部版本）中《西瓜何时传入北京》（作者李丙鑫）写道：契丹早在 1 000 多年前已种植西瓜。公元 938 年辽王朝将幽州升为南京，幽州地区人民与北方少数民族之间的经济贸易往来日益增多，西瓜开始传入幽州地区。另文中又写道：“辽圣宗太平五年（公元 1025 年）驻跸南京，幸内果园宴，京民聚观”。在“内果园，种植较多的有枣、栗、桃、杏、梨等，还有西瓜”（引自《北京通史》卷三）。这说明，至迟在辽太平年间，今北京地区已开始栽培西瓜了。这么看来，北京地区种西瓜已有近千年的历史。而传承至今越兴旺的则是大兴区种西瓜。特别是该区庞各庄镇生产西瓜已有 600 多年历史。该镇地处永定河冲积平原，为沙土、沙性二合土，蒙金沙地（泥沙二合土、沙壤土）占 90%以上。这里年平均最高温度 25.9℃，最低为－5℃，年均日照为 63%，太阳光辐射量达 560 千焦/厘米^2。产瓜季节昼夜温差明显，雨量比其他地区少，适于西瓜耐旱的生育特性，适宜糖分积累。所产西瓜以质地沙、甜、脆、爽著称。从明万历二十一年（公元1593年）至今已有420年的贡瓜史。1995年4月6日，在国务院发展研究中心等单位召开的“首批百家中国特产之乡”命名大会上，大兴区被命名为“中国西瓜之乡”。之后，“大兴西瓜”又被国家有关部门认定为“地理标志保护产品”。自古以来，大兴地区一直是本市西瓜的主产区，其次是顺义区小店、北务、大孙各庄等。据有资料可查，1949年，大兴县种西瓜5 000亩，平均亩产只有500千克，之后年度之间有增有减，但幅度不大。直到20世纪80年代以后，西瓜种植面积逐年扩增，目前一直稳定10万亩上下。

西瓜品种：清代以前未见有名录记载。20世纪50年代以前是“大花翎”“核桃纹”等，后为“黑蹦筋”所替代。60年代，开始以引进育成品种“早花(旭东)”替换了“黑蹦筋”；80年代中期引进“郑州3号”“中育6号”逐渐替换了“早花”瓜；80年代末，有本市育成的“京欣一号”和引进的“郑杂5号”“丰收2号”“新红宝”“黑客无籽2号”等优良品种，进入21世纪的前10年中，西瓜品种出现多样性：有大的（单瓜重十来斤）、有小型瓜（单瓜重1～1.5千克）；有有籽的、有无籽的；有红瓤的、有黄瓤的等。由于西瓜的大小、色泽、形态不一，形成了品种多样性，适应了现代人的不同需求。

西瓜种植技术亦有创新。20世纪70年代以前主要是露地种植，一年一茬。一般是四月中旬播种，七月中旬上市，到8月上旬几乎才罢市。从20世纪80年代开始试验推广地膜覆盖栽培，使是西瓜提早7～10天播种，后期提前半月上市，与露地栽培相结，可使夏季西瓜供应期由过去的15～20天延长到30天以上。既迎合了市场，农民也获得增产增收。之后，又相继发展起多种形式的设施栽培，在北京条件下使西瓜的上市期由五月份延长到“十一”前后。再就是普遍推广的瓠子或南瓜作砧木的嫁接栽培，有效地解决西瓜连茬种植病害多的问题，使有限的土地可以连作西瓜。为了解决西瓜人工授粉用工难的问题，适时研究开发出蜂授粉技术，大大地解放劳动力紧张的问题，还改良了西瓜品种。

第四节　果品结构的演化

北京地区现在的平原在二三百万年前还是一片汪洋。而西边、北边及东北边则是连接巍延的山脉与山地。古人称北京的地形是“负山带海、龙盘虎踞”。汪洋种不了庄稼（农作物），但山坡、山丘等山地则可长树结果，是远古人类（包括先前的猿人，甚至猿类）赖以为生与进化的主要阵地。在周口店遗址发掘到的食物遗迹中除了动物，就是山野植物果实。京郊三面环山所形成的广阔的山场是天然林果生息不已的得天独厚的基地。在自然的“优胜劣汰”规律下，适者生存，并不断优化如枣、栗等；不适者被淘汰，如水杉（曾一度消失，现有的是从外埠移植过来的）。

一、核桃

在现有果树中已发掘出土的遗迹历史最长的是核桃。1978年出版的、由中国科学院植物研究所和南京地质古生物研究所编著的《中国植物化石》一书中记载有："北京地区始新世至早渐新世地层……曾有核桃孢子花粉的存在"。说明早在2 500万年以前北京地区就有核桃分布。京郊门头沟区是本市核桃主要产地，已有2 000多年的栽培历史。如今在全区17个乡镇的200多个村的沟、川、台地广为分布。主要地方良种是"灵水核桃"，其次是绵核桃，薄壳香，东岭6号、9号，燕家台1号等；还有引进的新疆核桃等。核桃是门头沟区的传统优势产品，是全市的核桃产区，被评为全国年产核桃200万千克以上的10个重点区县之一，是本市传统出口农产品之一。20世纪70年代末，出口量占国家北方港出口总量的1/4。目前，北京七个山区县都有较大规模的核桃生产基地，名特产品有门头沟区的"灵水核桃"，该区燕家台村还生长着一株全国著名的"核桃王"，树龄已有三四百年；怀柔区的"花木核桃"；密云县的"坟庄核桃"等。

京郊除了盛产可食核桃外，还有玩核桃（麻核桃），其品种有"虎头""狮子头""鸡心""公子帽"等，产地主要有门头沟、房山、昌平等区县。它们的特点是皮厚又硬，且多皱褶，但纹理美，既可雕刻观赏，又可揉搓健身。清代乾隆皇帝曾赋诗赞道："掌上旋明月，时光欲倒流。周身气血通，何年是白头?"。民谣说："核桃不离手，能活八十九。超过乾隆爷，阎王叫不走"。古来人们玩核桃基本手法是：揉、搓、压、扎、捏、蹭、滚等技法运动双手，压扎掌上穴，刺激手上反应区，以达到舒筋活络、活血化瘀、强身健体的功效。

二、→栗

板栗是本市考古发掘中发现遗迹历史悠久的果树之一。赵丰才《中国栗文化》（中国农业出版社，2006年）中记载有："北京周口店中国猿人遗址，也发现有板栗化石"。周口店遗址据考证距今"已约七十万年"（《今日北京》北京燕山出版社，1986年）；平谷区上宅遗址出土有板栗孢子花粉遗迹。据考证，该遗址迄今也已6 500～7 000年。《北京志·农业卷·林业志》（2003年）中写道："远在全新世时期……"，"平谷上宅有松属、栎属、栗属……等，乔灌树种分布"。《战国策》记有"北有枣栗之利"，西汉司马迁的《史记·货殖列传》中写道："燕秦千树栗……此其人皆与千户侯等"。三国时陆玑在《毛诗·草木鸟兽鱼蔬》中称道："五方皆有栗，唯渔阳（今密云境内），范阳（今涿州）栗甜美味道，他方者悉不及也。"这些记载都说明北京地区自古以来就盛产板栗，并且品质优良，也说明板栗的经济价值很高。

关北京地区古代板栗生产和经济领域的地位，各朝都有所文字记载：

《吕氏春秋》："果之美者有箕山之栗（箕山在今密山县内）"。

《战国策·燕策》苏秦说燕文候曰：燕国"民虽不由田作，枣栗之实足食于民怡。"又曰：燕国有"渔盐枣栗之饶。"《淮南鸿烈》曰："时至战国秦汉之时，草木之实已成为国民的口粮，其中最重要的就是枣栗。""那时中国北部和西北部的'民食'，真在有赖于枣、栗。"古人流传着"栗木生谷，一种千收。"

唐代，幽州的生长有大量枣、栗树。特别是幽州产的栗，闻名天下。《新唐书·地理志三》曰："幽州范阳郡"："土贡……栗。"幽州栗能作贡品运往市场，其品种必定非常优良。

辽代，据《辽史·百官志四》记载，辽南京设置有"南京栗园司，典南京栗园。"可见辽代进入幽州后对栗子生产极为重视。从辽代起，南京（现北京）已出现糖炒栗子，只是炒法杖艺不到位，出现"小煮熟，则大必生；大煮熟，则小者必焦。使大小均熟，始为尽美。不知其他"。

金代，仍继辽代栗园的做法，时中都香山大永安寺植栗七千株（《金史·世宗下》），赵秉文：《闲闲老人滏水文集·栗》曰："渔阳（今密云县境内）上谷晚风寒，秋入霜栗玉干，宾朋宴罢煨秋熟，儿女灯前爆夜阑。"

明代，洪武二十五年（1392 年）正月，朱元璋指示五军都督府："令在屯军士，人树桑枣百株，柿、栗、胡桃之类，随地所宜植之。"史玄《旧京遗事》曰："当时北京市场板栗之丰于其他地方和其他干果。"

关于清代，赵丰才《中国栗文化》："受明朝的影响，清政府对各地板栗等果树的发展也很重视，曾多次鼓励农民种植板栗等果树。"

《河北省林业志》："在两千多年前河北省栽植的栗树和枣树，面积大，且果品品质好，已在群众生活中占有重要的地位。灾荒之年，群众多以枣栗维持生活。"

国民时期，战争频繁，日伪占领区板栗因受到严重破坏，板栗生产一度陷入倒退。

新中国成立后，北京地区板栗生产发展很快。1968 年，北京地区的板栗产量达到 495 万千克，比 1952 年的 130 万千克增长 2.8 倍，到 21 世纪初，北京地区板栗栽植面积达 70 万亩左右，成栽培面积最大的果树。其主产应为密云县（40 来万亩）、怀柔区和昌平区。其他山区县亦有零星种植。

板栗品种：历史上人们常把北京地区的板栗统称为"良乡板栗"。良乡位于房山区境内，当地并不产板栗，但因它地处交通要道，成为北京地区板栗商贸的集散地，密云、怀柔、昌平的板栗都通过良乡运往全国各地和出口。包装物上都标明由良乡发货，因此得名"良乡板栗"。

《客燕杂记》："京师佳果栗三，霜前栗、盘古栗、鹰爪栗。"

《光绪顺天府志》："栗，昌平宋志：有板、锥、莘、茅、山、契六种"。

现代由科研选育而成的板栗优良品种有：燕红、燕昌、燕丰、银丰、怀黄、怀九等。密云县和昌平区的"燕山板栗"和怀柔区产的"怀柔板栗"都被国家有关主管部门认定为地理标志保护产品。

纵观古往今来北京地区板栗衍生的历史：从已发掘到的遗迹看，早在2 500万年前即已存在（野生种），近在距今6 500～7 000年前亦存在（上宅）。这是国内尚未见到的历史明证。

纵观其生物学特点：《北京名果》曰："北京板栗属于中国栗中一类非常特殊的群体。该群体主要生长在北京和河北北部的燕山山脉南麓，长城沿线海拔300～400米的沟谷中。"并指出："在中国栗中，北京板栗所属的群体又是佼佼者。"北京市农林科学院综合研究所周连第等通过分子标记和生态学分类研究提出北京板栗属于"北京生态种群。"该研究是建立在与国内区域所产板栗比较的基础之上的。再就是北京板栗比较耐旱、耐寒，这就是与本地原生态环境相适应的，并成为其遗传特性；其经济性状：表现为坚果，多小粒坚，涩皮易剥离，果肉蛋白质与糖的含量较高，且肉质糯性，淀粉含量低，风味佳，被古人称"他方者悉不及也"，历史上就产生独特的经营方式和加工技术。北京地区早在辽代就建立起板栗生产园，亦称"板栗园"，实行有计划的规模经营，既能提高产量，又能保证质量。元朝熊梦祥在《析津志辑佚》中记载有房山西部"紫荆灵下有栗园，尤富，岁收数千斛"，早在800～1 000年前即出现"糖炒栗子"，到清朝进入盛期，并一直延续至今。清乾隆皇帝还专为糖炒栗子吟诗一首："小熟大者生，大熟小者焦。大小得均熟，所恃火候调。堆盘陈玉儿，献岁同春椒。何须学高士，围炉芋魁烧。"至今北京还流传着吟咏糖炒栗子的佳句："堆盘栗子炒深黄，客到长谈索酒尝。寒夜三更灯半灺，门前高喊灌香糖"。

宋代诗人范成大的《良乡》诗曰："新寒冻指似排签，村酒虽酸未可嫌。紫烂山梨红皱枣，总输易栗十分甜。"把良乡栗子推为百果之佳。

古今之栗当数怀柔，怀柔板栗栽培的历史悠久，素有"中国板栗之乡"的美誉。唐代怀柔板栗被定贡品，清代《日下旧闻考》记载"栗子以怀柔产为佳"。

清代富察敦崇在《燕京岁时祀》中说："十月以后，则有栗子……栗子来是，用黑砂炒熟，甘美异常，青灯诵读之余，剥而食之，颇有味外之味。"

如今（2000年3月7日）怀柔区被国家林业局命名为"中国板栗之乡"。该区九渡河镇共有板栗树10万亩，365万株之多，年可产板栗500多万千克，由明代传承下来的板栗树就有10万株，最古老的"板栗王"，树龄在600年左右。黄花成水长城旅游区内的百亩明代板栗园内有古栗树40余株，其胸径均在90厘米以上，树龄多在500年以上。这可是一笔板栗生产上不可多得的物质与文化财富，吸引着游客熙来攘往，络绎不绝。

北京地区板栗生产历史悠久，栗文化底蕴深沉：

良　乡

宋·范成大

新寒冻指似排签，村酒虽酸未可嫌。
紫烂山梨红皱枣，总输易栗十分甜。

栗　园

石　介

游困归来访栗园，栗园树老又生孙。
莫惊头上见白发，拾栗儿童长几番。

栗

赵秉文

渔阳上谷晚风寒，秋入霜林栗玉干。
未析棕榈封万壳，乍分混沌出双丸。
宾朋宴罢煨火熟，儿女灯前爆夜阑。
千树候封等尘土，且随固芋劝加餐。

食　栗

清·乾隆帝

小熟大者生，大熟小者焦。大小得均熟，所恃火候调。
堆盘陈玉儿，献岁同春椒。何须学高士，围炉芋魁烧。

栗语佳句：“林晚栗初拆”“霜迎栗罅开”“风高栗开刺”“坠栗涤新味”“栗叶重重复翠微”，引来贯休“残霞照栗林”，“终愿一相寻”。

民谣“堆盘栗子炒深黄，客到长谈索酒尝。寒夜三更灯伴灺，门前高喊灌香糖。”

王逸荔枝赋：“北燕荐朔滨之巨栗。”

梁代昭明太子七召：“牧垂苍栗。”七契：“北燕之栗。”

栗谚语：“要想富，栽栗树。”“家有千株栗，不愁奔小康。”

“种板栗，价钱好，野猪吃不到，鸟儿吃不了。”

画作：北京女画家田风银以怀柔九渡河的一棵“板栗王”为主景创作了

《古栗新蕊》画作，展现出：苍老的树干，鳞翘的树皮，枯糟的树洞，仿佛诉说着六百年的沧桑；而虬枝上绽放着黄绿相间的新蕊，又暗示着美好的今天和未来。此图已收藏于北京民族文化宫。

腊八粥之配伍：《燕京岁时祀》：“（北京）腊八粥者，用黄米、白米、江米、小米、菱角米、栗子、红豆、去皮枣泥等，合水煮熟……。”孔传“腊八粥”用薏米、桂圆、莲子、百合、栗子、红枣、粳米等熬成。

栗的民俗文化：“栗子”与“立子”谐音，因此在产栗地区民间就把“枣栗子”代称“早立子”，并作为喜庆之吉祥用语，其表达方式就是在新婚桌上或帐中或新妊怀中放上或塞有枣栗物品，以求“早生贵子”。

栗的饮食文化：《植物名实图考》：“栗於五果（李、杏、桃、栗、枣）属，水潦之年则栗不熟，类相应也。”这里的“水”是哲学概念中“金、木、水、火、土”（或五行学说）中之“水”。《中医心理学》提出五果对五味与五脏。栗对碱（五味之一）、对脾（注：五味是酸、苦、辛、咸、甘，分别对心、肺、肾、脾、肝）。就营养保健而言，栗对养肾有特别好处。

北京地区自古以来栗食文化中比较有名的有：糖炒栗子（已有 850～1 000 年的历史）。栗羊羹、栗子面窝窝头、栗子鸡，以栗为配伍的各种营养粥等。

三、棗→枣

北京的栽培枣，多是野生的酸枣（棘）演变而来。古书中常有“荆棘遍野”之说。《北京果树志》（1990 年）中记载道：“酸枣在一千年以前即产于我园”。“北京是古代枣树栽培中心之一”《战国策》中记载道，苏秦对燕文侯说：“北有枣栗之利，民虽不由田作，枣栗之实，足食于民。”可见在战国之前北京地区栽培枣树之盛，枣已成为重要的木本粮食而受到重视。在历代史料中枣与栗多被同时提及，犹如双胞胎一样，形影不离。故此，本文不再追踪枣在各个朝代的踪迹。

北京地区由于栽培枣的历史悠久，至今枣的花色品种甚多，更可喜的是传承下不少珍贵的名枣树和古枣树。野生酸枣树几乎遍布京郊山坡、丘陵。昌平区桃洼乡王庄村的“酸枣王”树高 14 米，树冠面积 9 米×10.55 米，距地面 1.5 米处干周 4 米，据估计树龄千年左右，现每年仍在结果。房山区南尚乐乡辛庄村一株二百年生一株大枣树，每年仍有 250～300 千克的产量。

枣的适应性强，在北京各区、县，无论山坡、沙地、河旁、市井、郊区都有种植、都有产量。据《北京果树志》记载：到 20 世纪 70 年代，全市共有枣树 5 万多亩、306 万株，一般年份产枣 2 000 吨左右。

枣树品种状况，有资料可查的：元代《析津志》记载有 4 个北京地区枣的品种，清代《顺天府志》，搜集到 11 个枣品种，近代大木谦吉（1932 年）在

《北京枣》一文中，列有12个枣品种；曲泽洲及哈贵增（1942年）整理北京枣的品种时认定19个枣品种；《北京果树志》搜到45个枣品种（1990年）（表17和表18）。

表17 北京栽培枣的品种

序号	名称	序号	名称	序号	名称
1	郎家园枣	12	嘎嘎枣	23	葫芦枣
2	长辛店白枣	13	苏子峪大枣	24	龙爪枣
3	洪村白枣	14	密云小枣	25	泡泡红大枣
4	海淀白枣	15	西峰山小枣	26	大红袍枣
5	苹果枣	16	西峰山大家枣	27	大糠枣
6	马牙白枣	17	北车营小枣	28	莲蓬籽枣
7	北安河脆枣	18	笨枣	29	老虎眼枣
8	坠子白枣	19	晒枣	30	酸枣
9	牙枣	20	璎珞枣	31	苹果酸枣
10	香山小白枣	21	无核枣		
11	小红枣	22	鸡蛋枣		

表18 古籍中有关北京地区枣品种核对表

核实结果	品种名称	古书名、出版年代、品种特点说明
至今仍被栽培利用者	马牙枣、酸枣	《顺天府志》，光绪十二年，1886年
	红枣	《大兴县志》，康熙二十四年，1685年；《平谷县志》，康熙六年，1667年
	大枣（糖枣）	《房山县志》，1928年，“非熟不甜，生则无味”
	匾枣	《打枣谱》，1300年；《析津志》，1408年
	牙枣	《打枣谱》，1300年
	边腰枣（葫芦枣）、白枣	《尔雅》，公元前1000年
	璎珞枣（莺不落）	《广群芳谱》，1708年；《顺天府志》，1886年

（续）

核实结果	品种名称	古书名、出版年代、品种特点说明
至今仍被栽培利用者	脆枣	《农政全书》，1639年；《尔雅》，公元前1000年
	密云枣（密云小枣）	《打枣谱》，1300年；《顺天府志》，1886年
	无核枣	《农政全书》，1639年；《尔雅》，公元前1000年
找不到实物者	乐氏枣	《本草纲目·拾遗》，1370年
	山枣、赛梨枣、合儿枣	《顺天府志》，1886年
	甜瓜枣、安平枣、野枣	《顺天府志》，1886年
	瓶儿枣	《怀柔县志》，康熙六十年，1721年，“较常枣大而圆，其顶尖起如瓶之有盖”
	牵丝枣、胖小枣、蜜龙爪	《析津志》，1408年
	牛心枣	《北京枣》，1932年
	鸡心枣	《北京枣》，1932年
	算盘子枣	《枣品种研究》，1942年

（资料来源：《北京果树志》1990年，北京出版社）

北京地区枣文化：

“铁杆庄稼”：在生态环境恶劣的山地、沙地、旱地、寒地等地方都显示出旺盛的生命力，被产枣区的农民称为“铁杆庄稼”。这里的“铁杆”是拟人化的顽强不屈的精神。

富含吉利、吉祥：枣与栗结合与“早立子”相谐音，便成人们向新婚夫妇祝福“早立子”的吉祥之物。

民谚：“一日食三枣，百岁不显老”；“五谷加红枣，胜似灵芝草”；“农家三大宝，栗子、核桃、枣”。

进入21世纪（前10年）发展起一批枣园：丰台区长辛店镇千亩“百枣园”，有品种320个，房山区大石窝镇万亩“菱枣园”，怀柔区桥梓镇“尜尜枣园”，海淀区百亩“京城古枣展示园”，朝阳区孙河乡2 000亩的“郎家园大枣园”等。这些枣园的建立迎合了当今人们的观光、采摘和枣营养的需求，展示了枣产业的发展前景。

在这些丰富的枣资源中不仅有供食用的与营养保健的，还有可兼具欣赏的枣类。

①葫芦枣：因果形酷似葫芦而得名，品质中上等，可食率93.4%；②磨盘枣：枣果中部有一条缢痕，上部略小，下部宽大，上下合一呈磨盘状，品质中等；③辣椒枣：枣果长呈辣椒形，品质上等；④龙爪枣：枣树枝条、主干梢头及枣吊皆蜷曲不直，似龙爪状，故得名，品质中等；⑤茶壶枣：其形特似茶壶，故而得名；⑥胎里红枣，其幼叶、花、果皆为紫红色，故名胎里红。它们

既具田园观赏价值，又有用作盆景于室内或庭院观赏。

四、→桃

桃原产于我国，约有三千年以上的栽培历史，是我国古老的果树之一。目前，起源于我国的桃品种约有 800 多个。

北京地区在 750 年前即已栽培桃。据元末熊梦祥《析津志》（辑佚）本记载，“早在金元时代，北京地区就栽植洛丝桃、麦熟桃、大拳桃、山红桃、鹦嘴桃、御桃、九月桃、冬桃等”。据康熙三年（1661 年）的《房山县志》记载：“桃有黄、白、青、红数色，种类甚多；《平谷县志》（1667 年）记载的桃品种有金桃、秋桃、宣桃、麦熟桃等品种。《宛平县志》（1674 年）记载的桃品种有毛桃，扁桃、玉桃、金桃、银桃等”。

新中国成立前，引进早生水蜜、白凤、大久保、冈山白等。

新中国成立后，从 20 世纪 50 年代后期开始陆续选育出一批优良品种：如“北农 1 号”“燕红”“秋香”“绿化 9 号”“麦香”“早香玉”“庆丰”“京玉”“京红”“京燕”“京蜜”“京黄”等。从 20 世纪 80 年代以来，平谷区成了本市桃品种的集大成者和产业基地，形成了白桃、蟠桃、油桃（又称理光桃）、黄桃（主要用于加工）四大系列，全区桃品种共达 218 个。品种数量据全国首位。大桃品种的优种率达到 90%以上，全年“平谷仙桃”出口世界 10 余个国家和地区，出口数达 1 300 万千克（《平谷桃志》2007 年），2000 年 3 月被国家林业局认定为“桃之乡”；2011 年 9 月被中国果树产业委员会认定为“中国桃乡”，平谷区现有大桃 22 万亩，是世界最大的桃园。2002 年，上海吉尼斯总部认证授给“大世界吉尼斯之最”。

目前生产应用的品种有：

本地古老品种有：五月鲜、五月鲜扁干、魁桃、秋宝珠、迎霜、秋蜜、早久保、早黄金、萝卜桃、晚熟大蟠桃等。

引用品种有：阿布白桃、沙姆阿斯、川中岛白桃、白凤、大久保、岗山白、阿目斯丁、都白凤、金童五号、金童六号、金童七号、金童八号、NJN72 等。

造育品种有：早美、庆丰、京红、京玉、华玉、京艳、艳本 1 号、八月脆、晚蜜、燕红、早露蟠桃、瑞蟠 2 号、瑞蟠 3 号、瑞蟠 4 号、碧霞蟠桃、早红珠、香珊瑚、瑞光 5 号、瑞光 7 号、瑞光 18 号、瑞光 19 号、瑞光 22 号、燕黄、瑞光 28 号、京川、瑞光 27 号等。

另有零星栽培的桃品种约有 80 多个（《北京果树志》1990 年）（表 19）。

桃文化：

——桃韵：

白居易：人间四月芳菲尽，山寺桃花始盛开。

杜甫：桃花一簇开无主，可爱深红映浅红。

苏轼：竹外桃花三两枝，春江水暖鸭先知。

崔护：去年今日此门中，人面桃花相映红。

乾隆帝：柳态笼烟际，桃姿过雨时。（《御制丫髻山诗》于平谷）

刘爱：半山残雪永难消，三月桃花尚未娇。（作者为明代平谷县知县）

马一骥：草嫩摇新绿，桃飞扫落红。（作者清代邑人）

吴融：满树和娇烂漫红，万枝丹彩灼春融（作者唐人）。

——散文：

《周南·桃夭》："桃之夭夭，灼灼其华，之子于归，宜其室家"。"桃之夭夭，其叶蓁蓁，之子于归，宜其室家"。意为娶了新娘就像桃一样，会给家庭带来兴旺，幸福与吉祥。庭院种桃意在"桃李罗堂前"。

近些年来，京郊以桃园观光比比皆是，平谷"桃花节"已创办多年，吸引游客络绎不绝，展现出"人面桃花相映红"的和谐。即便是"人面不知何处去，桃花依旧笑春风"。

表 19　栽培较多的桃品种

序号	名称	序号	名称	序号	名称
1	麦香（362）	19	五月鲜扁干（363）	37	早凤（363）
2	早香玉（364）	20	阿目斯丁（364）	38	白鹰咀（365）
3	早魁（366）	21	北农早艳（366）	39	庆丰（367）
4	红鹰咀（367）	22	京红（368）	40	北农1号（368）
5	七月鲜（369）	23	五月鲜（369）	41	萝卜桃（370）
6	软吊枝白（370）	24	硬吊枝白（371）	42	早生水蜜（371）
7	初笑美（372）	25	土仓（372）	43	和尚帽（373）
8	早白桃（374）	26	七月红（374）	44	桔早生（375）
9	香山水蜜（376）	27	小林（376）	45	撒花红蟠桃（377）
10	沟子白（377）	28	秋玉（378）	46	大久保（378）
11	白凤（379）	29	绿化2号（379）	47	冈山500号（380）
12	离核水蜜（380）	30	传十郎（381）	48	兴津油田（382）
13	秋艳（382）	31	京玉（383）	49	冈山白（383）
14	大叶白桃（384）	32	京蜜（384）	50	八月脆（385）
15	京艳（385）	33	大兴无名（386）	51	燕黄（386）
16	晚黄金（387）	34	阿里巴特（387）	52	魁桃（388）
17	燕红（389）	35	秋蟠桃（389）	53	秋香（390）
18	国庆桃（390）	36	绿化5号（391）		

（资料来源：《北京果树志》北京出版社，1990年）

五、→梨

梨是北京地区栽培的主要果树之一，遍及京郊各县区，是北京地区栽培历史悠久的主要乡土树种。早在1621年的《群芳谱》一书中就记载有“梨，北地处处有之”。到清朝末年，梨已成为北京城果品供应中最主要果品之一，在经济上占有一定位置。

清朝光绪三十二年（1906年），清政府将西直门外三贝子花园与乐善堂合并兴办京师农事试验场，开始引入西洋梨。当时引进的主要有中生太平梨、晚生赤龙梨、太白早生、今村学等品种，与经京郊鸭梨、鸭广梨等定植在成片的梨园内，30年代又引入日本的20世纪等。1958年中国科学院植物研究所在北京植物园建立了梨品种资源圃，栽有30多个品种的梨树。1959年，北京市农林科学院果林研究所建立梨品种园，引入30多种品种梨树。1960年，北郊农场，平房果园建立有约80个品种梨的品种园。到80年代中期，北京地区流传下来的，原有的梨品有白梨系统的鸭梨、秋白梨、麻梨等；秋子梨系统的京白梨、鸭广梨，子母梨、八里香等，以及沙梨系统的糖梨等，加上引进和选育的品种约计有183个，其中至今仍表现优质特色的有黄土坎鸭梨、京白梨，红宵梨、金把黄梨、糖梨等。

北京地区梨的栽培面积：1949年3万亩，60万株；1958年6万亩，146万株；60年代9.5万亩，162万株；70年代12万亩，196万株；80年代中期14.7万亩，162万株。总产量50年代末1 537万千克，60年代末3 823万千克，70年代末3 945万千克，1984年达4 000万千克。

20世纪90年代后期，引进日本水晶梨和丰水梨，韩国的新高梨、黄金梨、华山梨，由美国引进的红巴梨、红考密斯、乔纳金、红国光、金冠、红星、首红、红玉等，引进英国的有巴梨，康佛伦斯等。

京郊大兴区庞各庄镇梨花村有“金把黄”梨园666.67公顷，其中有一批百年以上树龄的梨，有一棵树龄近400年的明代“贡梨树”，被明皇封为“金把黄梨”。密云县黄土坎鸭梨栽培历史已有600多年，密云、平谷相邻山区产的红宵梨，据专家推测，距今已有900年的历史，今亦还“童”。

有关梨的诗文：

李白：梨花白雪香。

杜甫：三月雪连夜，未应伤物华。只缘春欲尽，留着伴梨花。

白居易：风寒露重梨花湿。

苏轼：共藉梨花作寒食。

岑参：忽如一夜春风来，千树万树梨花开。

六、杏→杏

杏原产我国，是最古老的栽培果树之一。杏，远在古代就与桃、李、栗、枣并称为“五果”，据史料记载，“卧佛寺面面皆杏花、杏树可十万株，此香山第一胜处也”。至今西山一带仍有许多野杏树，俗称“山杏”。《北京名果》中写道：“北京西山一带历史上曾经是杏树的原产地和栽培地”。如今海淀区北安河一带杏的栽培品种很多，与房山地区可并称本市两大杏品种资源地。据20世纪90年代一次调查，北京地区原产的杏品种（类型）近150个（《北京名果》，2004年）。本市杏分为鲜食杏和仁用杏两种。北京市农林科学院林果研究所在延庆县辛庄堡建有上千亩的杏品种园，集聚品种200多个，向社会展示与推广杏的新品种和栽培技术。

目前著名的杏产区，如昌平、房山、怀柔、延庆、门头沟等地都有许多百年以上的杏树。杏中名品有门头沟区龙泉务村的香白杏、龙王帽杏（仁用），顺义区北石槽镇西赵各庄的铁吧哒杏，这里曾是清朝的“御杏园”。“铁吧哒”是乾隆赐名，意思是“最好”。

平谷区北寨村万亩“北寨红杏园”；海淀区北安河地区的玉巴达杏等在历史都曾是贡品杏（表20）。

表20　栽培较多的杏品种

序号	名称	序号	名称	序号	名称
1	大巴达	15	早香杏	29	大白杏
2	骆驼黄	16	白玫	30	北车营2号
3	串铃	17	桃巴达	31	白玉杏
4	玉巴达	18	桃白杏	32	白梅子
5	灯笼红	19	红火燎眉子	33	串铃白
6	龙泉务香白杏	20	周口店香白杏	34	大黄杏
7	二白杏	21	水晶杏	35	桃杏
8	金玉杏	22	果子杏	36	蜜陀螺
9	北寨红杏	23	海红杏	37	鸭蛋白
10	拳杏	24	苹果白杏	38	黄尖嘴
11	延庆香白杏	25	火村红杏	39	小黄扁
12	铁巴达	26	大黄扁	40	一窝蜂
13	龙王帽	27	柏峪扁		
14	柴扁	28	大梢子黄		

（资料来源：《北京果树志》北京出版社，1990年）

有关杏的诗文：

范成大：杏花墙外一枝横，半面宫妆出晓晴。看尽春风不回首，宝儿元自太憨生。

蜡红枝上粉红云，日丽烟浓看不真。浩荡风光无畔岸，如何镇得杏园春。

叶绍翁：春色满园关不住，一枝红杏出墙来。

杨万里：道白非真白，言红不若红。请君红白外，另眼看天工。

白居易：杏花结子春深后，谁解多情又独来。

王安石：独有杏花如唤客，倚墙斜日数枝红。

《全芳备祖》：杏者东方岁星之精也。

七、→樱桃

樱桃果实成熟早，为“百果之先”，又被称为“春风第一枝”。樱桃在我国有三千多年的栽培历史。北京地区栽培樱桃的历史，据清康熙年间，《房山县志·土产篇》以及《宛平县志》及光绪年间的《昌平县志》中均有记载樱桃的栽培。民国十七年（1928 年）《房山县志》记载有“樱桃圆小而色红，味甘美，房地虽有，年出不多”。民国二十年（1931 年）《顺义县志》载：“樱桃有红白两种，白者为酸，不及朱樱”。据专家认定是中国樱桃和毛樱桃。北京地区最有名的樱桃产地是海淀区香山的樱桃沟和门头沟区妙峰山的樱桃沟所产樱桃，曾是辽金及以后清代的贡品，但历史上种植面积不大。到 1959 年全市的栽培面积也只有 948 亩，47 628 株，年产樱桃 57 490 千克。到 1984 年中国樱桃和毛樱桃则有所减少，只有 4 万多株，年产仅 1.5 万千克。

到 20 世纪 20 年代，有裕民、琅山两果园最先引进欧洲樱桃试栽，到 2013 年全市有 12 个区县共建立樱桃园 254 个，供游客观光采摘。

目前主要栽培品种，有红灯、红艳、红蜜、玉泉大红、艳阳、拉宾斯、萨米托、先锋、雷尼、坎尼达克斯、那翁、美红、芒果红、早玉红、巨红、佳红、玉泉晚红、意大利早红等。

关于樱桃文化：

白居易：有木名樱桃，得地早滋茂，……莹惑晶华方，醍醐气味真，如珠未穿空，似火不烧人。

佚名：樱桃花万树，春来想灼灼。

杜甫：山风犹满地，野露及新尝。

杨万里：并蒂随意好，连心称意红。只堪惊老眼，持此与谁同。

谢冰心：樱花热烈，纯洁、高尚，严冬过后把春天的气息带给人们。

八、→李

李被号称“灰姑娘”，是因为它比不过苹果的硕大，比不过桃的娇嫩，比不过柿的富贵，也比不过梨的冰清玉洁，又被人们称之为“只争夺香不斗艳”，“桃李不言，下自成蹊”。

中国李原产中国，是中国栽培历史最悠久的古老果树之一，也是古称“五果”之一。据史料显示，远在5 000～6 000年前，我们的祖先就已开始采食李的果实了，其栽培历史至少有3 000年以上（《北京名果》，2004年）。北京地区李的栽培，距今400余年。当年的《顺天府志》中曾记载有数个李品种资料，密云和延庆两县一带很可能是我国古老的优良品种御（玉）皇李的原产地。

栽培的李品种有：晚红、小核、无核、玉皇李等均原产于北京，由外国引进的李品种有：黑琥珀（美国）、大石早生（日本）、澳李14号（美国）、安格诺（美国）、秋姬（日本）、李王（日本）、美丽李（美国）。

玉皇李是清代皇宫贡品，现在密云县石峨村种植万亩园，供游客观光采摘。

李子诗文：

《卫风·木瓜》：“投我以木桃，报之以琼瑶，投之以木李，报之以琼酒”。

《管子》：“五沃之土，其木宜梅李”。

杜甫：轻笼熟李香。

韩愈：米李沉不冷。

颜延年：瓜田不纳履，李下不整冠。

苏轼：米李扶踈禽自来。

九、柿

植物学家茹考夫斯基说过：几乎地球上所有的柿子品种都起源于中国。我国有3 000多年栽培柿子的历史，据汉初成书的《礼记》记载，柿子在周代已有栽培，并在重大祭祀礼仪上被作为贡品。我国柿树资源丰富，有柿属植物40种，有品种800多个。北京房山区大峪沟群众相传，在明代朱元璋时期（1368—1399年），当地就有柿子栽培，栽培历史至今至少有600多年。明代万历年间（1573—1620年）的《房山县志》就记载有：“柿，为本境出产之大宗，西北河套沟，西南张坊沟，无村不有，售出北京者，房产最居多数。其大如拳，其甘如蜜。”在北京地区，柿的分布宛如一条金色飘带，缠绕着山地与平原之间的山麓地带，北部以长城为界，东部从平谷靠山集向西经密云、怀柔、昌平、门头沟、丰台等地区。直至西南部房山区的张坊、十渡，遍布于山前暖区。

北京名柿当属磨盘柿，其果硕大，果形美，光洁艳丽，口味甘甜，年产量6 000万千克左右，是北京地区的主栽品种。磨盘柿（门头沟、昌平两区称为

“大盖柿”）因生长环境及品系不同，有水柿和黏柿之分。水柿皮薄，汁特多，甘甜。房山张坊、北车营、佛子岭，昌平十三陵，平谷井峪村等所产的水柿品质极佳。近年来，国内外专家，学者公认磨盘柿是目前世界上最优良的涩柿品种，北京地区的自然条件最为适宜，其中以房山的磨盘柿最为突出。1990年7月，农业部、财政部考察房山区柿基地建设后，在张坊镇立碑，将这一地区确定“大磨盘柿商品基地”；同年秋，房山区磨盘柿被中国果品流通协会评为“中华名果”；2003年，国家工商管理局通过了“房山磨盘柿”具有地方特色的注册商标。张坊镇被称之“磨盘柿之乡”，这里已有630年的栽培历史。

磨盘柿约占柿树总面积的85%以上，其中房山区的柿树几乎全部都是磨盘柿。

柿树栽培的主要品种中有：磨盘柿、八月黄、杵头柿、杵头扁、火柿、金灯柿、杵桃柿、柿子的传统加工品是柿饼，现在房山开发出柿醋、柿酒等。

柿文化：

佚名诗：“色胜金衣美，甘逾玉液清”；“昨夜卧听西风过，晨看黄叶满村落。莫道秋来风景暗，岭上柿子红火”（这是对张坊地区柿秋的写照）。

韩愈：想见水盘中，石蜜与柿霜。

白居易：柿林绿阴合。

刘禹锡：晓连星影出，晚带日光悬。本因遗采掇，翻自保天年（咏红柿子）。

京郊昌平人说柿有七绝：“一多寿、二多阴，三无鸟巢、四无虫蠹、五霜叶可玩，六佳实可吃，七落叶肥大，可以临书”（表21）。

表21　栽培较多的柿品种

序号	名称	序号	名称
1	磨盘柿	7	杵桃柿
2	八月黄	8	金灯柿
3	火柿	9	四瓣柿
4	杵头扁	10	禅寺丸
5	杵头柿	11	富有柿
6	红灯柿		

（资料来源：《北京果树志》北京出版社，1990年）

十、桑葚

桑，在我国已有两千多年的栽培历史。《禹贡》中记载："桑土既蚕"。北魏至北周行均田制时，葚男子授田，给桑田二十亩，规定至少种桑五十株。北京地区植桑养蚕及以桑葚为果历史亦久。东汉时，张堪任渔阳太守，领导平民开荒种稻，使民"乐不可支"。百姓歌日中有"桑无附枝"的说法，意即桑树没有很长的繁枝，长势旺盛。这里显示出当时植桑养蚕亦为兴旺。北魏幽州刺史张衮对恢复幽州地区产业生产有一定贡献，史称他"清俭寡欲，劝课农桑，百姓宴之。"可见这时植桑养蚕亦常重视。

唐代，幽州地区种植桑树仍很普遍，桑蚕业也比较发展。其地丝织技术，产品质量具有一定水平（于德源《北京农业·经济史》）。

辽代时，耶律休哥"劝督百姓从事农桑"。史料反映当时"桑柘麻等羊豕雉兔，不问可求。"

金、元、明三代植桑养蚕仍是农业中一项产业。

清代时，桑蚕业已成进入商业性生产。旧时桑葚成为果类产品之一。

当今，大兴区安定镇北野厂、高店村一带仍保存着西汉时期就已存在的千亩古桑园，其中最为古老的大树，干经约 1 米，所产桑葚曾作贡品。相传西汉末年，王莽篡位，东宫太子刘秀起兵作战，兵败幽州，孤身一人，负伤落魄于这片桑林中三十余天，靠吃桑葚养好伤。刘秀登上皇位后，曾封救其命的桑树为王。

北京桑葚名优品种："白蜡皮"已有数百年的历史，是清代贡品，五月中旬开始成熟，单株可产桑葚 200 千克以上。"大十"本地原产。引进品种有：格鲁诱 2 号，国森优选 2 号、国森优选 1 号，红果 2 号，白玉王，和田 2 号，伊朗黑，圣树 1～4 号，圣反 1 号、2 号，龙桑等。

大兴区已有企业用桑葚制作桑果汁，桑果酒等产品，自具特色。

桑文化：

诗韵：

张俞：昨日入城市，归来泪满巾，遍身罗绮者，不是养蚕人。

王继：蚕眼桑叶稀。

杜甫：桑麻深雨露；桑柘绿如云。

李白：春桑低绿枝；桑柘罗平芜。

王安石：缫成白雪桑应绿。

陶渊明：代耕东非望，所业在田桑。

梁简文帝：寄语采桑伴，讶今春日短。

谚语："小家碧玉别样俏"，"别有一番滋味在心头"。

散文：桑葚——小家碧玉，虽说一年中露面很短，但却在“昙花一现”中绽尽芬芳；别看生来小模小样，却也婀娜多姿，极具风味。

十一、山楂

山楂是北京地区冰糖葫芦的原料，食者因其又酸又甜，甚为善食。古今冬季京城街头巷尾都有叫卖。同样有名的制品还有金糕（山楂糕）、果丹皮、山楂脯等。

我国栽培山楂的历史已有 3 000 多年，是我国的特产果树。北京位于全国山楂六大栽培区中“燕山栽培区”的中心，在唐宋时期的北京地方文献中就有关于山楂栽培和利用的记载。至明清时期特别是清朝中期，由于社会比较稳定，皇城市场对山楂制品和入药的需求量不断增大，因此极大地促进北京山楂种植和山楂加工业的发展。清《帝京岁时纪胜》：“山楂种二，京产者小而甜，外采者大而酸，可以捣糕，可糖食。又有蜜饯，质似山楂，而香美过之。”

新中国成立后，北京山楂开始恢复发展，20 世纪 70 年代末至 90 年代初，密云、怀柔、延庆、平台、门头沟、房山一带呈现快速发展。

北京地区山楂栽培品种有：金星（原产怀柔区）、寒露红、燕瓤青、灯笼红、敞口、大绵球、辽红、京短 1 号、秋红、西坟实生、辽宁 11 号、佳甜等。

第五节　花卉产品结构的演化

北京地区花卉生产形成一定气候的大约是从辽代开始。这时即有芍药、牡丹、荷花栽培。元代在大都厚载门的范围中开园田，建花房，很多达官显贵在丰台花乡一带建养花园亭，时有万柳园、遂初园、廉园、玩芳亭等，其周围多是花农所建花圃。明代法源寺内花圃，莳养花卉出售。草桥一带花卉栽培更是盛极一时。丰台十八村，泉甘土沃，养花最盛，居民以养花为业。草桥河连接丰台，为京师养花之所。丰台一带，京师花贾比比，于此培养花木，四时不绝，而春时芍药，尤甲天下。草桥一带十里花畦，有莲池，香闻数里。牡丹、芍药栽如稻麻。之后又兼有培育白兰花、茉莉花等。

清代，草桥一带仍为养花胜地，花卉种类繁多，有桃花、李花、西府海棠、贴梗海棠、垂丝、海棠、丁香、牡丹、梅花、报春、石榴、无花果、菊花、一品红与米兰等。草桥养花技术特殊，“惟冬花支尽三季之种，培土窑藏之，温火坑烜之，十月中旬，牡丹已进御矣”。生产的花卉除供应宫廷外，大部分挑担入城，在花市出售。朝阳区的鬼王庵以生产露地草花为主，有三色堇、翠菊和矮麋等。

光绪庚子年（1900 年）后，京城外国人增多，对花卉需求大增，隆福寺集中了万盛、同春等10家花店；护国寺出现7家花店；崇文门一带出现了7家花店；台基厂等地出现7家花厂。到1936年，全市有花木商店37家，1936年11月至1937年7月，市内7个庙会共有花木草虫商摊147家。据1940年商业统计，全市共有花卉业40家。

新中国成立后，1951年西郊苗圃建立北京地区第一座国营花卉温室，面积160米^2，专门从事花卉生产。

1954年，丰台区草桥14户花农组织起本市第一个鲜花生产合作社。1958年，黄土岗乡将各合作社合并成立园艺大队，种植花卉120公顷，温室发展到228间，养盆花30万盆以上，栽培花卉近400个种类。仅1991—1995年，全市花卉种植面积达到1 906.67公顷，年产商品盆花3 800万盆，生产用温室发展到23万米^2，其中现代化的温室3.5万米^2，规模在2公顷以上的花卉生产场家由71家增加到95家，花卉销售门市部由58家发展254家，职工由3 800人增加到5 038人，花卉品种达到600多个，鲜切花生产能力由300余枝增加到1 860万枝，应用品种由62个发展到188个，鲜切花生产单位由16个发展到29个，插花制作已由150人发展到500人。

先后建立起丰台花乡花卉生产基地，到1995年种植花卉面积169.5公顷；北京市林业局系统花卉基地，种花面积20公顷以上；市农场系统花卉基地面积125.3公顷；市园林系统花卉基地，面积33公顷。

（1）花卉种植品种结构的演化

民国时期的农事试验场园艺室花木品种107种。

新中国成立后，据20世纪80年代出版的《北京花卉》一书介绍，北京地区花卉220种，其中：

盆栽花卉：木本的40种，草本的40种。

露地草木花卉：多年生的31种，一、二年生的39种。

露地花木：观花类41种，观叶类8种，观果及花叶果兼赏类21种。

在这次花木中栽培历史悠久，品种繁多，长盛不衰，久为人们喜爱的有10种：

①月季，1987年被定为北京市市花，共约156个品种。

②菊花，1987年被定为北京市市花，共约100个品种。

③芍药，从明代盛栽芍药，由扬州引来，早先主要有6个品种，20世纪80年，丰台区从菏泽引进100多个品种。

④白兰花，昔日同春花场栽培白兰花最有名，再就是黄土岗种植的白兰花。

⑤石榴，品种——花石榴有红穿心花、白穿心花、杂色穿心花、打鼓锤段红花等。

果石榴有大叶甜、小叶甜、银红、串枝红、墨石榴、酸石榴等。

⑥碧桃，明、清即已大量种植。

⑦桂花，由南方引进种植已有百余年种植历史。

⑧梅花，已有数百年种植历史，主要品种有宫粉梅，白梅，骨红梅，杏梅等。

⑨茉莉花。

⑩一品红。

据北京市农委主编《北京市农村产业发展报告》（2010 年）记载，2009 年年底，北京市花卉生产面积 4 470 公顷，其中，现代化智能温室 114 公顷，日光温室 496 公顷，大中小棚 139 公顷。产值 12.2 亿元，亩效益达到 1.8 万元。直接从事花卉生产的企业 306 家，农户 1 096 户，从业者超过 3 万人，有 38 个花卉市场，1 500 个花卉零售点，花卉消费额达 100 亿元，花卉需求量每年以 10%的速度增加。

2009 年，全市生产鲜切花 6 223 万枝，其中，月季 1 151 万枝，百合 1 295万枝；生产盆花（植物）13 715 万亩，生产观赏类苗木 1 818 万株，草坪 903 万米^2，干燥花 395 万枝等。全市销售鲜切花共 5 051 万枝，其中，月季 1 028 万枝，百合 1 239 万枝；销售盆栽植物 12 708 万盆，花烛属类 115 万盆，花坛植物 8 511 万盆。

（2）花文化

①月季花，又名“长春花”“月月红”，被国人誉为“花中皇后”。2008 年在北京举办的奥运会上，使用北京市园林科学研究所培育的“中国红”月季为主的颁奖用花，象征“红红火火”与“和平”。

月季花的诗韵：

杨万里：“只道花无十日红，此花无日不春风”。

宋祁：花亘四时，月一披秀。寒暑不改，似国常守。

韩琦：何似此花荣艳足，四时长放深浅红。

陈兴义：月季花上雨，春归一凭栏。东西南北客，更得几回看。

张新：惟有此花开不厌，一年长占四季春。

邵惠兰：四时添国色，月月舞娉婷。

②牡丹花：是我国古时十大名花之一，被人们称之“花中之王”，享有“国色天香”美誉。

《本草纲目》：“牡丹乃天地之精，为群花之首”。

白居易：冰肌玉骨钟琼萼，雪魄蟾魂孕秀根。

司空图：牡丹极用三春力，开得方知不是花。

苏轼：倾国姿容别，多开富贵家。临轩一赏后，轻薄万千花。

刘禹锡：惟有牡丹真国色，花开时节动京城。

③芍药花："牡丹为花王，芍药花为相"，"芍药与牡丹，花中呈二绝。"

"丰台芍药甲天下，雍容华贵亦典雅"。

佚名：芍药当春色倍娇，佳人头抖妖娆。丰台一片青青叶，十字街头整担挑。

白居易：开时不欲比色相，落后始知如幼身。

钱起：玉人不在花长在，更胜轻松守岁寒。

孟郊：芍药谁为婿，人人不敢来。惟应待诗老，日日殷勤开。

④玫瑰花："一丛春色入花来，便把春阳不放回"。

杨万里："接叶连枝千万绿，一花两色浅深红"。"别有国香收不得，诗人董入水沉中"。

⑤兰花：兰花与梅，竹，菊并称花中"四君子"。此花香袭人，素有"香祖"之尊。革命家董必武称其为"国香"，并称兰花有"四清"——气清，色清，神清，韵清。

屈原：气如兰兮长不改，心若兰兮终不移。

李白：临风若可佩，卒岁长相随。

陶渊明：幽兰生前庭，含董待清风。

苏轼：云何微起馥，鼻观已先通。

朱熹：秋兰迎初馥，芳意满中襟……颇忆孤根在，幽期得重寻。

⑥桂花："一枝桂花一片心，桂花林中结终身"。北京颐和园有一株300～400年的古桂花树。

屈原："援北斗兮酌桂浆"。

毛泽东："问讯吴刚何所有，吴刚捧出桂花酒。"

杨万里："尘世何曾识桂林，花仙夜入广寒深。移将天上众香国，寄在梢头一粟金。"

杜甫："丹桂风霜急，赏月延秋桂。"

张九龄："桂华秋皎洁。"

李白："相思在何处，桂树青云端。"

韩愈："穷冬百草死，幽桂乃芬芳。"

⑦石榴：人称"水晶珠玉"。

《燕京五月歌》："石榴花发街欲焚，蟠枝屈朵皆云崩。千门万户卖不尽，剩将儿女染红裙。"

梁元帝："叶翠如新剪，花红似旧栽。"

白居易："风翻火艳欲烧天。"

杨万里："石榴已着乾红蕾，却问春归有底忙。"

⑧梅花：

毛泽东："已是悬崖百丈冰，犹有花枝俏。俏也不争春，只把春来报。待到山花烂漫时，她在丛中笑。"梅与兰、竹、菊并称"花中四君子"，开花最早——"万花敢向雪中出，一树独先天下春。"寒梅，雪松，霜竹并称"岁寒三友"。元代诗人王冕说她"不要人夸好颜色，只留清气满乾坤。"

陆游："无意苦争春，一任群芳妒。零落成泥碾作尘，只有香如故。"

王安石："墙角数枝梅，凌寒独自开。遥知不足雪，唯有暗香来。"

⑨菊花："不畏风霜向晚欺，独开众卉花凋时"。"避桃李之妖艳，抱松梅之坚心。"可谓是"怀此贞秀资，卓为雪下杰。""宁肯报香枝上老，不随落叶舞秋风。"

汉武帝："兰有馨兮菊有芳"。

魏文帝："惟芳菊纷然独叶"。

元稹："不是花中偏爱菊，此花开尽更无花。"

陶渊明："采菊东篱下，悠然见南山"。

陆游："菊得霜乃荣，唯与凡草殊"。

朱德："奇花独立树枝头，玉骨冰肌眼底收"。

⑩荷花：北京栽培荷花已有 3 000 多年历史，有一种说法："先有莲花池，后有北京城。"现今荷塘满京城。大概是荷莲文化深沉的缘故。北宋文人周敦颐在《爱莲说》中有："出淤泥而不染，濯清莲而不妖"。此句一出，荷花便成为"君子之花。"

杨万里："接天莲叶无穷碧，映日荷花别样红。"

乾隆帝："温泉泻水碧池隈，荷菱长于五月开。"

梁元帝："荷香风送远。"

苏轼："浦莲浩如海。"

李白："荷花娇欲语，愁杀荡舟人。"

白居易："叶展影翻当砌月，花开香散入帘风。"

李商隐："此花此叶常相映，翠减红衰愁杀人。"

齐白石："不染污泥迈众芳，休嫌荷叶太无光。秋来犹有残花艳，留着年年纸上香。"

⑪杜鹃花："花木之王。"

白居易："杜鹃花落杜鹃啼。"

杨万里："冰肌玉骨擅无双，不与山花斗艳妆。欲染啼红冤杜宇，争如传粉伴何郎。""何须名花看春风，一路山花不负侬。"

⑫茶花："花中娇客。"

苏轼："细嚼花汤味亦长，新芽一粟叶间藏。""稍经腊雪侵肌瘦，旋得春雷发地狂。”

陈与义：“青裾玉面初相识，九月茶花满路开。”

⑬茉莉花：丰台地区引种已有 700 多年历史，属于该地十大传统名花之一。她纯洁、清白、雅丽，一尘不染。

民歌：“好一朵美丽的茉莉花，芬芳美丽满枝丫，又香又白人人夸。”

⑭玉兰花：老北京人称她为“望春树”，又称“东风第一枝”。有诗云：“一树玉兰满庭芳，淡雅素洁玉人妆。”

张茂吴：“但有一枝堪比玉，何须九畹始征兰。”

⑮紫藤花：怀柔区红螺寺有一棵“紫藤寄松”，已有 800 多年的高龄，“绿丛迎春到，紫蝶花枝俏。”

乾隆帝：“紫藤花发浅复深，满院清和一树阴。侭饶袅袅娜嫚态，安识堂堂松柏心。”

第六节　“六畜”结构的演化

动物，在旧石器时代是“北京人”的狩猎、肉食对象；进入新石器时代即成为人类饲养对象，并构成一业，即畜牧业或称养殖业。

从北京房山区周口店“猿人洞”遗址出土的动物遗迹中，考古学家们发现“北京人”猎取的动物多数是野生的鹿、马、牛、羊、猪等兽类，也有少数的虎、豹、狼等猛兽。据史料考证，那时在草地上一年四季都有成群的野马、野牛、野羊、野猪等在草原上奔驰追逐。山林、草地还有野鸡等禽类。在周口店“猿人洞”中出土野猪化石在 100 头以上；中国鬣遗骸 2 000 副以上，还有“北豺”（北方小狼），与“山顶洞人”共生；在平谷区“上宅”遗址出土了约 7 000 年前的陶猪头，堪称世界历史上以家猪为主题的最早艺术品。这不仅标志着猪已成为家畜，而且标志着北京地区是猪驯化最早的重要发源地（王东等《北京魅力》一书，王东等先生在书中讲到“北京地区是狗与猪驯养发源地”）。

《北京史》中记有：在四五千年以前的北京居民就“开始饲养家畜，用以增加肉食和皮毛。”从西周开始，燕国的畜牧业即已兴旺，当时燕国人民放牧牛、羊，畜养狗、猪和马等牲畜。房山区董家林村发掘的古燕国大型墓葬中就出土有马、牛、羊、狗的骨头，当是陪葬品。

甲骨文卜辞中有：“贞晏（燕……）乎取白马氏”即《北京通史》（卷一）：“燕地产白马，并作为向商王朝交纳的贡物。”

两千多年前的《周礼·夏官·职方》：“东北幽州，……其富官四扰。”汉郑玄注“四扰：马、牛、羊、豕”。

《左传》：“冀北之土，马之所生。”

《石雍记》："幽冀马四足，可当中人之产。"

《契丹国志》："……羊、豕、雉兔，不问可求。"

《北京通史》："到战国时期，燕之马已经很普遍了"，"燕地不仅产马，也产牛、羊、豕。"

《北京志·农业卷·畜牧志》(2007)：春秋战国时期，今北京地区已出现黄牛耕地，马匹用于军事、邮政等；历代朝都设有级别较高的专门机构专司马匹饲养，马匹饲养占有重要地位；辽、金、元三代官养马匹与牧养的牛羊规模远超前代；明清时期，设立专为马匹放牧的草场。

马场遍布京城周边地区。从明清开始，北京鸭、北京油鸡逐渐广面养殖；从 20 世纪 20 年代起开始引进、饲养黑白花奶牛。

到 1949 年，京郊养猪存栏 36.4 万头，年出栏肥猪 19.8 万头；养鸡约 60 万只，年产鸡蛋约 176 万千克；耕牛 3 万头；马 19 万头；奶牛饲养户 60 余家，养奶牛 1 100 头，年产奶 200 万千克；享誉京华的北京鸭也仅 6 000 只。

新中国成立后，到 1995 年，全市交售商品猪 335.9 万头，自给率达到 66％左右；鲜蛋 2.79 亿千克、肉鸡 4 842 万只、淘汰蛋鸡 1 320 万只、北京鸭 975 万只、肉羊 69 万只、肉牛 11 万头，牛奶总产量达 21 680 万千克。时按北京人口 1 100 万人计算，人均占有肉类 38.0 千克、鸡蛋 25.3 千克、牛奶 19.7 千克。鸡蛋、北京鸭、肉鸡不仅满足了本市需要，每年远销外埠。全市畜牧业总产值达 68.8 亿元，占农业总产值 164.5 亿元的 41.8％，京郊从事畜牧业的农民，平均每个劳动力年创造产值 8.61 万元，居农林牧渔各业之首。

古往今来，北京地区畜牧业结构随着社会经济的演化与发展而发生着深刻的变化。

关于我国自古以来畜牧业中最基本的物种及其结构，北京农业大学教授张仲葛先生在《畜牧史话》(《中国畜牧史料集》，科学出版社，1986 年）中写道："从殷墟出土的古文物和'卜辞'文字上来看，殷商（前 1783—前 1122 年）时代除目前所有的马、牛、羊、鸡、犬、豕，当时都已经成了家畜之外，还有……西双版纳的大象。"在这一段文字中，作者表达的意思有二：一是从殷商从事我国饲养的动物物种及畜牧业结构主要是"马、牛、羊、鸡、犬、豕"六畜；二是还已养殖其他动物物种，如象、驴等。张仲葛教授在同文中还进一步说明："六畜中地位，马一直被统治者列为首位，其顺序是'马、牛、羊、鸡、犬、豕'"。朱先煌先生在《殷代文化与畜牧》一文中写道："殷代早已驯化的六畜，至今当在四种以上。"但在该文中，朱先生讲到西周有六畜六兽之别时，则说"六兽指马、牛、羊、豕、犬本由野兽驯养（育）而来"，当称兽，而鸡则由野禽类的野鸡驯育而来，当称禽。因被列为"六畜"，这里把它由排序第四列为第六尚在情理之中，但不意味着六畜顺序的变位。不过在史料中也有不成主流的说法，如《贾疏》“牧人……掌牧六牲”（六牲即：马、牛、羊、豖、犬、鸡）。《贾疏》中还记载河南曰豫州、兖州，“其畜宜六扰”（马、牛、羊、豖、犬、鸡）；幽州“其畜宜四扰”（马、牛、羊、豖）；并州，“其畜宜五扰”（马、牛、羊、豖、犬）。这种记载从客观上讲是因地制宜地如实反映，当是可信的。直到 20 世纪 50 年代，六畜的物种与结构基本无大变，猪的地位一直在后三位中变动或居第六，或居第四。不过随着人类社会、经济的进步，犬在六畜一直占座，城乡亦有养殖，但逐渐转为宠物或称“看家狗”，不知从什么时候起已在养殖业之内。

就“六畜”而言，在新中国领导人毛泽东同志的思维里，猪当排首位。1959 年 10 月，毛泽东主席就河北省吴桥县王谦寺人民公社养猪大发展的情况，在给新华社社长吴冷西写的一封信中，提出了“一头猪就是一个小型有机化肥厂”，“猪多、肥多、粮多”的论述，并选赞誉“猪为六畜之首”，猪全身是宝。这是一次“六畜”发展史上以猪为首的大排行。

一、豕→猪

北京地区养猪生产历史悠久。前面已讲到猪是由野猪驯养培育而来，北京地区是猪驯养的发源地，野猪逐渐驯养成家猪，北京平谷上宅出土约 7 000 年前的陶猪头，堪称世界历史以猪为主题的最早艺术品，不仅标志着猪已成为家畜，而且标志着北京地区是猪驯化的最早最主要的发源地。距今 1 万年前的东胡林遗址，出土了猪的骨骼化石（王东等《北京魅力》）。养猪曾是小农经济中的“家庭副业”，农户利用农副产品下脚料和泔水每年养一两头猪，年终岁末宰杀吃肉或出卖，积攒点钱过年。只有一些开办粉坊、面坊、油坊和豆腐坊的人家利用“四坊”下脚料——粉渣、麸皮、油饼和豆腐渣等，可以多养些猪，一般可达几十头至百头左右。所养殖的猪一般称“民猪”，具体品种几无记载。直到 20 世纪初期开始由外国引进美国巴克夏和大约克良种猪。1923 年，北平燕京大学农科引进泰姆华斯猪、波中猪、约克夏猪。1932 年，北平大学农学院引入波中猪、泰姆华斯猪，从事杂交改良工作。20 世纪 40 年代初，北平华北农事试验场引进巴克夏和大白猪良种，并在颐和园后的青龙桥附近建立猪场。据《北京志・农业卷・畜牧业志》记载：“新中国成立前，郊区养猪数量不大，商品率不高。”

新中国成立，养猪业有了大发展。20 世纪 60～70 年代，引进内江、荣昌、陆川、梅山等国内名猪品种；1956—1976 年，先后从法国、瑞典、美国、荷兰引进 41 头长白猪，在张喜庆良种场繁育；20 世纪 80 年代以来，又先后从法国、美国、加拿大等国引进大白猪、长白猪、杜洛克猪、汉普夏猪、迪卡猪等瘦肉型猪良种，集中在市县级种猪场饲养。

从20世纪60年代，北京市有6个种猪场，饲养成年母猪700多头起到1987年以后，全市共有种猪场31个，其中有10个场担负着长白猪、大白猪、杜洛克猪、迪卡猪、北京黑猪、北京花猪等15个品种（品系）的选育任务，共有核心种猪群1 500头。全市有祖代种猪场和承担饲养祖代猪任务的原种猪场29个，饲养祖代种猪8 200头，每年可向规模猪场提供父母代种猪4万多头。

北京地区经科研配置的优秀杂交组合有：大白猪、长白猪、杜洛克三品种生产的“杜长大”和以引进品种与北京黑猪、北京花猪进行二元或三元杂交生产的商品猪。

北京黑猪、北京花猪是由北京市农场系统（北郊和南郊）为主体与科研院校合作育成，说得上是北京地区自古以来的地方名品。

二、马

就人民的直接经济利益说，猪是畜牧业中首要的。但在国家和社会层面上说，马是古近代军事、交通、邮政等方面的重要动力载体，特别是古代战备中的首要。在古代战场上谁占有骑兵优势，谁得胜的概率就大。因为骑兵的冲击力强，速度快。北京又地处于国家北方前沿，是北方重镇。从辽在此建立南京起，北京曾为金、元、明、清四朝国都，其中金、元、清三朝都是以骑士为伍的游牧民族统治，马是他们的为武之宝。明朝定都北京也注意战马的养殖。在民间，马车既是富贵人的交通工具，也是百姓的运输工具，乡下人进城卖农产品多有用马车运送，古称“拉脚”。因此，马一直占据六畜之首。不过一般老百姓养不起马，到1949年前，“有百亩耕地者，养骡马一匹，30亩至50亩土地者养耕牛一头，10亩至20亩者养毛驴一头，贫困农户一般没有耕畜。”

马除了军用和农用外，还是文体竞技中的重要活动者。中国的马赛有上千年的历史，战国时“田忌赛马”的故事，人们耳熟能详。老北京也有自己的传统的赛马活动。但作为一种正规的竞技活动项目，还是在鸦片战争后由西方传入。当年驻京西方人在北京西郊开辟了一个跑马场，时称“西绅跑马场”。1913年出版的《京汉旅行指南》记载道：这座“跑马场”……“距前门站十四里，自西便门车站至此计程二里，……车行过站之后，遥见四周乔木蔚然深秀者即跑马场也”。1935年马芷庠先生编辑的《老北京旅行指南》中写道：“跑马场在西便门外三里余，平汉铁路之第一站也。昔日为清室王公驯马之地，庚子事变后，西人鉴于该处广阔，遂在该地建筑跑马场。”

之前所养马种为蒙古马，后来渐渐改用阿拉伯马。1937年卢沟桥事变之后，被日本人改作赌博的场地。日本投降后就渐渐消亡。

新中国成立后，从20世纪50年代起，市政府提倡“增畜保畜，严禁屠宰耕畜，”鼓励“驴生驴，马生马，母畜不空怀。”到1954年，马属大牲畜的存栏数已达 27.9 万头，比 1950 年增加 46%。

1960 年以后，全市贯彻“自繁自养”方针；1963 年建立起配种站 249 处，其中国有 11 处，社办 94 处，队办 144 处，先后引进国外苏重挽、弗拉基米尔、阿尔登、顿河、苏高血、阿哈、奥尔洛夫、摩根、贝尔修伦和蒙古马等品种，对国内马进行杂交改良，使马属大牲畜得到恢复和发展，到 1971 年全市马属大牲畜存栏数达 223 440 头（历史最高）。

到 20 世纪 70 年代以后，随着农业机械化程度的不断提高和城乡间交通运输条件的改变，骡马的使役价值减弱，到 1989 年大家畜存栏 15.7 万头，其中马为 2.96 万匹、骡 6.94 万头；到 1995 年，马属大牲畜存栏下降到 90 558 头，其中马骡为 49 623 头。

三、→牛

就目前北京地区已发掘出土的考古遗址尚未见有古代牛的遗迹。那么，北京地区早在春秋时期即已开始牛耕的牛从哪儿传来？未见记载。所能见到的饲养、役用品种“以黄牛为主”（《北京畜牧业志》）。牛在古代起始是食用和用作牺牲（祭祀时敬神用），按春秋《周礼·天官》：“膳夫掌王之食饮膳羞……膳用六牲”“食医掌和王之……六膳”，即六畜中牛、羊、豕、犬四牲作膳。又据罗振玉研究，用作牺牲的种类在六畜中的牛、羊、豕、犬都列为牺牲品。牛在古时（春秋、战国时期及以后）主要用于农耕及农业作业。因此它一直处于排行第二位。

就北京地区而言，进入近代以后，随着国门开放，陆续引进国外荷斯坦奶牛和肉牛，专门用于生产牛奶和高档牛肉。

奶牛：1920 年，俄罗斯人带入黑白花和红白花奶牛，在北京办了“北馆”和“仿欧”奶牛场。1937 年后，主要从日本引进黑白花奶牛。从业多为私人小牛场，最多时有 110 家。最大的是俄国人开办的“石金”奶牛场和“福康”畜殖有限公司，饲养奶牛都超过 100 头。1923 年，北京清华大学虞振镛从美国购入荷兰黑白花奶牛 12 头，到 1937 年挤奶母牛发展到 200 头。1946 年，联合国善后救济总署输入北平一批奶牛，主要是黑白花、爱尔夏、娟姗等 3 个品种，在燕京大学、清华大学和华北农事试验场共饲养 157 头。1949 年年初，全市只有 60 多家私人奶牛场，养牛 1 100 余头，产奶 200 万千克。

新中国成立后，到 1955 年，全市私营奶牛场和个体养牛户发展到 655 家，饲养奶牛 2 957 头，年产奶 600 万千克，比 1949 年增长 2 倍。到 1965 年年底，全市奶牛发展到 19 103 头，其中成年母牛 10 080 头，牛奶总产量达到 4 876 万千克，头年产奶 4 964 千克，头日产奶 13.6 千克。到 1995 年全市奶牛总头数 59 576 头，其中成年母牛 34 981 头，总产奶量为 21 680 万千克，头年产奶量为 6 672 千克。

1981—1989 年，先后从美国、加拿大和德国等国引进优良种公牛共 21 头，引进胚胎所生公牛 44 头和 1 万多份优良公牛的冷冻精液。通过引进外血，自繁自养培育出自己的种公牛 207 头。经选种选配、育种、繁殖、改良等工作，使北京形成了优秀奶牛群。同时，兴建了北京市奶牛育种中心良种场，投资 200 万元，引进国外先进设备，拥有从美国、加拿大购进和从国有牛场挑选的良种奶牛 1 000 头，全部采取计算机管理。奶牛单产连续 5 年保持在 8 000 千克以上，成为本市和全国的示范良种场。推广了细管冷冻精液技术，全市推广面达 88%，47 个国有牛场达到 97.5%，居全国领先水平。

役用牛：俗话说，“牛是农家宝”主要讲的是役用，即用于农田耕作等各种农事活动。从春秋战国时期起，北京地区即已开始牛耕，那时役用的是黄牛，并一直延续至今。到 1949 年，全市有黄牛 3 万多头，多属血缘不清的黄牛，也有少数黑色或其他色的牛，统称为黄牛，多由农户分散饲养。到 1953 年，郊区黄牛存栏数量比 1949 年增加了一倍。1958 年一次从内蒙古、新疆、吉林、山东、四川、湖南购进黄牛 3 161 头。1968 年，全市黄牛存栏数量达 14 万头，是 1949 年的 4 倍。

随着农业机械化程度的提升，黄牛逐渐退出役用而转向肉用养殖。20 世纪 60 年代开始，1914 年，农商部在北京西山建立第二种畜试验场，1917 年引入美利奴羊 100 余只，用以改良民间羊。

本市先后引进国内南阳牛、秦川牛、鲁西黄牛和国外良种海福特、夏洛莱及西门塔尔等品种。1965 年 8 月。市政府号召“自繁自养”，力争几年内平原达到每 200 亩地有 1 头耕畜。1974 年澳大利亚在北京举办展览会，会后将 14 头良种公牛全部留给北京。这期间，全市建立配种站 266 个，其中国有 11 个，公社 88 个，大队 167 个。经过杂交改良，到 1978 年，全市已繁殖改良黄牛 2 054头。

肉用牛：北京地区饲养肉牛大体是 20 世纪 80 年代初开始，主要选用杂交一代牛，利用黑白花、西门塔尔、海福特、鲁西黄牛等优良品种牛改良本地黄牛生产杂交牛。1983 年出售肉牛 6 061 头，1993 年出售肉牛 111 012 头，1995 年出售肉牛 110 888 头。

1986—1988 年，北京市农林科学院开展高档肉牛的培育。经努力，采用优良品种和科学饲养方式，培育成功可满足四星级以上高档饭店需求的具大理石纹理的牛肉。

牦牛：1982 年 4 月，门头沟区畜牧局由甘肃引进 20 头牦牛（公 5 头，母 15 头），当年产犊 8 头，成活 5 头。1984 年 2 月，又由青海引进 101 头，运回途中死亡 11 头，存活 90 头，都集中饲养在灵山之巅（海拔 1 520～2 300 米），年平均气温 0℃，1985 年开始出售、宰杀。

四、[甲骨文]→犬（狗）

犬，前面已讲到在“北京人”时期已与“北京人”共生，到“山顶洞人”时期与人已是驯养关系。到殷商时期犬已被列为“六畜”之一（《卜辞》），之后一直延续至今。据杨钟健先生考证，“卜辞狩字作兽，从犬，犬用以田猎，当是家畜。”犬在古代作六畜之一，其因：一是用作田猎，为主人猎取动物性食物；二是为主人看家守院；三是作为祭祀的牺牲品。到近现代，犬的主要职能：一是给主人看家护院；二是作为主人的宠物；三是美食；四是信息追寻，如军犬等。

据北京农业大学张仲葛教授研究认为，北京狗源自中国本土，曾一度充做皇帝的圣狗。汉代皇帝把驯狗的人封为“狗监”“狗中”。过去记载的狗体型甚大，犹如狮子，号称“狮狗。”后来不知从什么时候起，人们按照自己的喜好，逐渐把狗向小型化培育，成为小型秀气的“北京狗”。1860 年，美国人在北京皇宫里发现有五种北京狗，并带到美国去。因此，北京狗在国外的都属这五种，成为最受喜爱的玩赏狗。新中国成立后，因狗易伤人，并传染狂犬病，政府对公众养狗严加控制，所以养狗并不成业。

五、[甲骨文]→羊

北京大学历史系《北京史》（1985 年）记载道：在“北京人”的时代，“在草地上，一年四季都有成群的野马、野牛、野羊在那里奔驰追逐。”“他们猎取的动物，多数是野生的鹿、马、牛、羊、猪等野兽。”可见在远古时代，北京地区就有野羊存在。“北京人”的后裔们是否将其驯化成家养的马、牛、羊？尚未见有文字记载或传说。但从已有“北京人”的后裔们驯养猪、狗的史料来推测当时人们亦可能也在驯养野生的马、牛、羊，它们比鬣、豺要温驯得多。两千多年前的《周礼·夏官·职方》所记载的“四扰”中就有羊；《北京通史》：战国时，“燕地不仅产马，也产牛、羊、豕”；《契丹国志》：“……羊、豕、雉兔，不问可求。”可见辽代，北京地区羊的养殖已相当旺盛了。鉴于北京地区古往今来都是北方游牧民族和中原农耕文化交融的地方，养羊在北京地区当是不会间断的。只是羊除了供人们食用和皮毛外，没有役用，不引人注意罢了。1914 年农商部在北京西山建立第二种畜试验场，1917 年引入美利奴羊 100 余只，用以改良民间羊。据《北京志·农业卷·畜牧业志》记载：“到 1949 年全郊区养羊 9 万多只，其中山羊 8 万多只、绵羊 1 万多只，全年出售商品羊 1.2 万多只。”因为北京地区山场比较广阔，京城对羊肉需求量比较大，郊区养羊持续不断，到 1995 年，出售商品羊 69.8 万只，产羊毛 55 万千克，羊绒 4.2 万千克。全市有县级种羊场 4 座，存栏种羊 1 700 只；乡级种羊场 18

座，存栏种羊 2 160 只。

羊种有山羊和绵羊两种。绵羊主要是“美利奴细毛羊”和新疆细毛羊、原产于澳大利亚的康拜克细毛羊、新西兰的考力代半细毛羊等。山羊有本市产的房山绒山羊、由内蒙古引进的白山羊、山东的小尾寒羊、辽宁省的盖县绒山羊，以及引自非洲的波尔山羊等。

六、鸡

北京油鸡：据北京市农林科学院王静同志研究，北京油鸡原产地在北京地安门和德胜门外的小清河、海淀一带，尤以该地区的洼里、大屯、北顶、金盏、小关等地饲养数量居多。北京油鸡品种的形成，大致在距今 160～170 年的清代后期。据王静考证，北京油鸡原是九斤黄鸡的变种，羽毛分黄色和红褐色两种。九斤黄鸡原产山东，繁殖在长江流域。可能是从明朝后期随南北漕运或是商旅带进京后经民间饲养繁殖选育而成。北京油鸡历来以肉质鲜美、营养丰富、蛋白质优良著称，是佳肴中的上品，并曾进入晚清朝御膳房成贡品。因此，被列为我国鸡中 10 大名品之一（张仲葛《我国家禽（鸡、鸭、鹅）的起源与驯化的历史》，《中国畜牧史料集》，科学出版社，1986 年）。

新中国成立后，在 20 世纪 50～70 年代，农村普遍由农户散养鸡，一是向市民提供蛋品消费，二是自己挣点零花钱，又称买“油盐钱”。当时农民养鸡下蛋卖钱被社会上称为农户攒钱的“小银行”。

当年养殖的蛋鸡还有“九斤黄鸡”“芦花鸡”等。1922 年秋，通县潞河中学附设有潞河乡村服务部鸡场，曾引进白色来航鸡并用其改良本地鸡（表 22）。

表 22　白来航鸡与通县土鸡杂交试验情况

种别	平均全年产卵量（枚）
白来航×本地土鸡	117.0
白来航一次回交	179.2
白来航二次回交	186.2
白来航三次回交	187.5
白来航四次回交	201.7

1971 年由英中协会赠送我国 500 只“海赛克斯”（后改名叫“红青鸡”），其中分给本市南郊农场科技站种鸡场一部分进行饲养繁殖。之后，相继从国外引进“星杂 288”“巴布考克”“伊沙”“罗曼”“星杂 579”“海兰 W36”“迪卡”等。在引进、消化的基础上，北京市畜牧局与科研单位合作培育出“北京

白鸡”“北京红鸡”，经专家考核鉴定，认为达到国际先进水平。进入21世纪初，华都集团峪口鸡场又培育出“京红”“京白”两个配套系。

在肉鸡养殖方面：1949年以前，以澳洲黑、新汉县、芦花鸡等为蛋肉兼用型品种。20世纪60年代，肉鸡饲养业开始起步，全市每年出口100万～200万只，到80年代出现肉鸡专业化生产。1980年，全郊区共有肉鸡饲养场（点）518个，年交售肉鸡226万只，其中外贸占92%。到1995年，全市肉鸡生产总量为4 889.64万只。肉鸡饲养56天，平均只鸡体重1.8～2.0千克，料肉比一般都在2.1～2.3∶1。所用肉鸡品种都改为引进的艾维茵肉鸡和爱拔益加（AA）肉鸡。

七、北京鸭

关于北京鸭的起源前面已讲到，此处不再赘述。有资料表明，北京鸭饲养起始于明代，多由个体农户养殖，时称“鸭子房”，分布于海淀玉泉山和昌平小汤山一带，而后逐渐向莲花池、朝阳门外、护城河等城近郊区发展。清代，全聚德、便宜坊等烤鸭店在北京先后开业，促进了北京鸭的饲养。

1926年，北京的养鸭户有300家，养鸭4 500只，每个养鸭户平均养数百只至千只。到新中国成立前，全市的填鸭生产仅6 000只左右。

1965年，全市生产填鸭104万只；1995年发展到975万只。

北京鸭种鸭，180月龄将开产时体重为3.0～3.25千克，年平均产蛋200个左右，小群可达230～250个。平均蛋重92.37克。

北京鸭是北京地区自育的著名的鸭业品牌，北京烤鸭享誉全球！

此外，从20世纪80年代起陆续引进火鸡、珠珍鸡、鹌鹑、肉鸽、鹧鸪、山鸡等特禽养殖。

八、养鸽

我国是家鸽的发源地之一，据鸟类学家郑作新报道（《农业考古》，1981年第2期），中国有13种鸽，它的野生祖先广泛分于我国北方和西北地区。北京地区养鸽情况，据光绪年间富察敦崇著《燕京岁时记》记载：当时京师的鸽的品种有39种，“寻常者有点子、玉翅、凤头白、两头乌、小灰为、皂儿、紫酱、雪花、银尾子、四块玉、喜鹊花、跟头花、脖子、道师帽、倒插儿等名色。其珍贵者有短嘴、白鹭鸯、白鸟牛、铁牛、青毛、鹤秀、蟾眼灰、七星、凫背、铜背、麻背、银楞、麒麟、斑丽、云盘、蓝盘、鹦嘴、白鹦嘴点子、紫凫、紫点子、紫玉翅、乌头、铁翅、玉环等名色”。旧时养鸽一是玩赏；二是信鸽；三是亦有吃的。现代养鸽除了信鸽及玩赏之外，养鸽成业者多为食用鸽。20世纪80年代即引进美国落地王鸽、法国落地王鸽，统称肉鸽，并建场养殖，进入流通。

第七节　鱼类结构的演化

一、食用鱼

在“北京人”的进化中经历了采集、渔猎时代。可见鱼是远古人类的食物之一。当然，那时的“渔”是捕捞自然水体中的野生鱼类。在自然界有水就有鱼，俗说“鱼水情”大概就出自这里。古往今来，有关北京地区的“鱼”与“渔”的记载：

汉·司马迁《史记》：“燕有渔盐枣栗之饶。”

北魏郦道元《水经注》：“北方有比目鱼，即此之特产也。”（“即此”即房山区长沟地区的胜泉河。据传，到20世纪30～40年代此鱼还存在）。

《光绪昌平州志·特产志》：鲤，“出沙河者佳。鳞金色，两年赤晕，味甘美，特异他处，官置网户守之。”“蟹虾，出沙河者佳。”清时鲤、蟹、虾，被誉为沙河三特产，曾享有盛名。另据传，明初朝廷把南沙河中的金翅鲤鱼作为皇家贡品。豆各庄至今仍流传着：“豆各庄三件宝，打鱼、摸虾、捞草”。

民国时期张春霖在《中国鲤类志》中记载有“北京鲤形目鱼类三十五种及亚种”。

民国时期王凤振（1936年）在《北平及其附近的鱼类》一文中记载有：“北平地区鱼类共五十种及亚种。”

现代，北京大学生物学系（1964年）在《北京动物调查》中记述到“北京鱼类二十三种。”

王鸿媛：《北京鱼类志》（1984年）：“北京地区已发现的淡水鱼类七十三种（占全国总数的约1/10），分属于十五个科（占全国总数的近1/2）。”

张仲葛：《金鱼史话》（载于《中国畜牧史料集》1986年）：“北京金鱼的商业化大生产是从国民时期，（天坛）金鱼池设有鱼场，每家鱼厂都讲究有几个池子。最大的鱼场是‘知乐鱼庄’、‘致乐鱼庄’和‘来顺鱼庄’等。”

殷守仁：《中国金鱼鉴赏与文化》：“自金海陵王择址建都，绵延八百年的建都史，……在北京这片龙脉之地，……孕育出宫廷金鱼这朵人间奇葩。”至清代“道光年间金鱼品种达到高峰。”道光二十八年（1848年）出版了《金鱼图谱》；元代在北京南城天坛建金鱼池，成为当年北京金鱼业的聚集地，“最多时，有50多个金鱼品种。”至1935年，北京的金鱼品种有了极大的增长，据许和时年所著《金鱼丛谈》记载，“当时的金鱼品种已达七十几种”。“到1958年发展到154种之多；到20世纪80年代已有200余种。”清朝皇帝乾隆把赏鱼作为日常休闲的必要活动，乾隆二十一年（1756），在圆明园居157天，来金鱼池喂金鱼达72次之多。

《北京志·农业卷·水产业志》(2003年):“据调查,北京地区天然鱼类有84种。”该志在《北京鱼类种类及其分布表》中共列出89种(包括引进的)。它们是:细鳞鱼、沼池公鱼、大银鱼、鳗鲡、多鳞铲颌鱼、鲤、鲫、银鲫、白鲫、唇䱻、花䱻、麦穗鱼、华鳈、黑鳍鳈、东北颌须鮈、点纹颌须鮈、棒花鮈、细体鮈、棒花鱼、蛇鮈、鳅鮀、青鱼、鳟、草鱼、中华细鲫、花江鲂、洛氏鲂、瓦氏雅罗鱼、鳡、马口鱼、䱗、宽鳍鱲、赤眼鳟、似稣、䱗、贝氏䱗、鳊、红鳍鲌、寡鳞飘鱼、团头鲂、戴氏红鲌、翘嘴红鲌、蒙古红鲌、细鳞斜颌鲴、银鲴、黄尾鲴、逆鱼、中华鳑鲏、彩石鲋、须鱊、大鳍刺、鳑鲏、短须刺鳑鲏、斑条刺鳑鲏、兴凯刺鳑鲏、白河刺鳑鲏、鲢、鳙、北鳅、达里湖高原鳅、尖头高原鳅、北方须鳅、花斑副泥鳅、东方薄鳅、黄线薄鳅、中华花鳅、泥鳅、大鳞泥鳅、鲇、黄颡鱼、瓦氏黄颡鱼、乌苏里拟鲿、青鳉、中华多刺鱼、黄鳝、鳜、黄黝、普栉鰕虎鱼、圆尾斗鱼、乌鳢、中华刺鳅、罗非鱼、虹鳟鱼、淡水白鲳、梭鲈、香鱼、胡子鲶、斑点叉尾鮰、鲟等。

在古近代,北京地区有渔民、有渔业,但不成产业。历史上北京地区水资源极为丰富,河、湖、渠、塘很多,许多农民忙时务农,闲时就到河湖抓鱼摸虾、捉蟹,向天然水域渔利,收获多了就上市出售。据史料记载,清末宣统年间(1909—1911年)全市有40个行业,鱼行列其中。

新中国成立后,前期上市水产品主要靠外埠调拨进市,供应市场。密云水库建成后,开始放养草鱼、鲢,进行水库增殖捕捞。1966—1977年,水库捕捞量占同期淡水鱼总产量的50%以上。到1983年,京郊淡水鱼上市商品量4 714吨,占全市水产品销售总量的7.8%。1984—1990年期间新建、改建商品鱼基地面积近10万亩,1990年全市淡水鱼总产量达51 083吨,池塘产量占87.3%。到1995年,全市淡水鱼总产量80 501吨,上市商品鱼66 176吨,占北京市内销售量的37%。1985—1995年,按1990年不变价,渔业产值从5 706万元上升到40 347万元。渔业产值在农业总产值中的比重由1.18%提高到4.46%;渔业劳动力占农林牧渔劳动能力和的比率从0.8%上升到2%;渔业人均产值从8 151元提高31 036元。

引进鱼品:

昌平区利用小汤地热水资源,于20世纪60年后期引入罗非鱼,并试验与保种,之后到1995年,全区罗非鱼养殖面积达6 000亩,总产量达250万千克,平均亩效益1 200元。

1988年,昌平区引进繁殖成功革胡子鲶鱼。到1993年全市革胡子鲶鱼养殖面积达3 000亩,总产量达12万千克。

1994年,顺义区后沙峪镇引进试养罗氏沼虾,当年面积15亩,到1995

年扩展到81亩，总产量7 650千克。

1989年，朝阳区引进淡水白鲳，到1994年扩产到2 173.9亩，年产量达24.7万千克。

1993年，大兴区采育乡引进甲鱼，到1995年繁殖到1 600多只。

1977年，本市着手在昌平十三陵水库试养罗非鱼获得成功，1987年在11个水库中开展网箱养鲤，总面积41.5亩，其中养成鱼33亩，生产鲤鱼139.9万千克，平均亩产4.28千克。平谷区海子水库养鲤5亩，产鱼32.5万千克，平均亩产6.5万千克，其中采用机械化投饵的一亩网箱产7.5万千克。到1995年，网箱养鱼面积由1989年的114.8亩（历史最高）下降到44.3亩（受污染水源的影响），年产量由475.4万千克下降到255.4万千克。

1984年，房山区十渡镇在七渡村试行利用河道山泉流水养鱼——鲤、草鱼、虹鳟等。其中3池、300米^2，当年收获成鱼2 375千克，纯收入2 100多元，1987年年产成鱼8 520千克，获利16 879元。到1992年，房山区流水养鱼面积达到76亩，产鱼20万千克，最高亩产3万千克。十渡镇的河西村，成为京郊流水养鱼专业村，全村135户，其中流水养鱼专一户达34家，占全村总户数的25%。

此外，京郊海淀区于1979年试验稻田养鱼，朝阳区于1970年试验工厂热水养鱼等，都有所见效。

北京鱼类种类及其分布

1. 细鳞鱼 *Brachymystar lenok*

分布：怀柔县汤河上游的山溪中有细鳞鱼分布，在雨季洪水期有时可游入怀柔县喇叭沟门附近。

2. 池沼公鱼 *Hypomesus olidus*

分布：水库增殖引进品种之一。目前已成为海子水库、密云水库定居鱼类。

3. 大银鱼 *Protosalanx hyalocranius*

分布：水库增殖引进品种之一。分布于平谷县海子水库、西峪水库。

4. 鳗鲡 ***Anguilla japonica***

分布：在拒马河、永定河及密云水库均有捕获，但数量稀少。

5. 多鳞铲颌鱼 ***Varicorhinus***

分布：多鳞铲颌鱼有入泉穴蛰伏越冬习性，在北京地区仅分布在拒马河。

6. 鲤 ***Cyprinus carpio***

分布：北京主养品种之一，分布于河库、湖泊和池塘。

7. 鲫 ***Carassius auratus***

分布：北京养殖品种之一，分布于北京地区所有河库、湖泊和池塘。

8. 银鲫 ***Carassius auratus gibelio***

分布：20 世纪 70 年代，北京从黑龙江引进。现已成为各水库的经济鱼类

之一。

9. 白鲫 *Carassius auratus cuvieri*

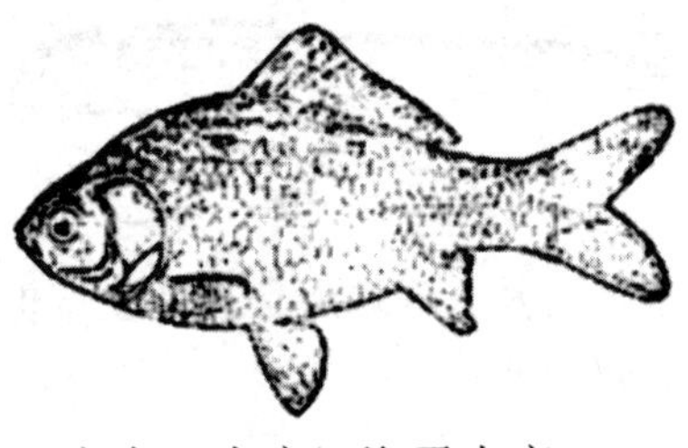

分布：1979 年移入北京密云水库、海子水库。

10. 唇鲭 *Hemibarbus labeo*

分布：分布于怀柔水库、密云水库及白河。

11. 花鲭 *Hemibarbus maculatus*

分布：主要分布在潮河、白河、永定河、拒马河流域。

12. 麦穗鱼 *Pseudorasbora parua*

分布：北京各水域均有分布。

13. 华鳈 *Sarcocheilichthys sinensis*

分布：北京各水域均有分布。

14. 黑鳍鳈 *Sarcocheilichthys nigripinnis*

分布：北京的拒马河、汤河、怀柔水库、密云水库均有分布。

15. 东北颌须鮈 *Gnathopogon mantschuricus*

分布：北京潮白河、拒马河的支流均有分布。

16. 点纹颌须鮈 *Gnathopogon wolterstorffi*

分布：北京拒马河水域有分布。

17. 棒花鮈 *Gobio rivuloides*

分布：潮河、白河水域均有分布。

18. 细体鮈 *Gobio tenuicorpus*

分布：拒马河有分布，数量稀少。

19. 棒花鱼 ***Abbottina rivularis***

分布：北京地区各水域均有分布。

20. 蛇鮈 ***Saurogobio dabryi***

分布：永定河有分布，数量稀少。

21. 鳅鮀 ***Gobiobotia pappenheimi***

分布：仅潮河水域有分布，数量稀少。

22. 青鱼 ***Mylopharyngodon piceus***

分布：北京养殖品种之一，在池塘、水库中放养。在天然水域中分布很少。

23. 鯮 ***Luciobrama macrocephalus***

分布：20 世纪 60 年代引长江鱼苗混入。在密云水库有极少分布。

24. 草鱼 ***Ctenopharyngodon idellus***

分布：北京水库、湖泊、池塘主养品种之一。天然水域有少量分布。

25. 中华细鲫 *Aphyocypris chinensis*

分布：北京地区极少分布，几乎绝迹。

26. 花江鲅 *Phorinus czekanowskii*

分布：主要分布在北京北部怀柔、密云等山区溪流中。

27. 洛氏鲅 *Pharinus lagowskii*

分布：北京地区主要分布在密云、怀柔、延庆、门头沟等山区溪流中，平原地区极稀少。

28. 瓦氏雅罗鱼 *Leuciscus waleckii*

分布于官厅水库。

29. 鳡 *Elopichthys bambusa*

分布：20 世纪 60 年代引长江鱼苗混入，密云水库、海子水库、怀柔水库、官厅水库均有少量分布。

30. 马口鱼 *Opsariichthys bidens*

分布：拒马河、潮河、白河中均有分布。

31. 鳤 *Ochetobius elongatus*

分布：20 世纪 60 年代引长江鱼苗混入，密云、怀柔水库有少量分布。

32. 宽鳍鱲 *Zucco platypus*

分布：北京北部山区水域分布较多，东部和南部水域较少。

33. 赤眼鳟 *Squalioburbus curriculus*

分布：在 20 世纪 60 年代以前，北京各天然水域均有分布，70 年代以后较少。

34. 似鱎 *Taxabramis swinhonis*

分布：北京东郊、南郊天然水域均有分布。

35. 䱗 *Hemiculter leucisculus*

分布：北京各水域均有分布。

36. 贝氏䱗 *Hemiculter bleekeri*

分布：北京各水域均有分布。

37. 鳊 *Parabrumis pekinensis*

分布：北京养殖品种之一，大中型水库、池塘、湖泊均有分布。

38. 红鳍鲌 *Culter erythropterus*

分布：北京各河流、水库均有分布。

39. 寡鳞飘鱼 *Pseudolaubuca engraulis*

分布：北京各天然水域均有分布。

40. 团头鲂 *Megalobrama amblycephala*

分布：北京引进养殖品种之一，各水库、池塘、湖泊均有分布。

41. 戴氏红鲌 *Erythroculter dabryi*

分布：20 世纪 60 年代引长江鱼苗混入，在密云水库、怀柔水库中有分布。

42. 翘嘴红鲌 *Erythroculter ilishaeformis*

分布：北京各大河流、水库均有分布，密云水库数量最多。

43. 蒙古红鲌 *Erythroculter mongolicus*

分布：北京各大河流、水库均有分布，密云水库数量最多。

44. 细鳞斜颌鲴 *Plagiognathops microlepis*

分布：引进养殖品种之一，怀柔水库、密云水库有分布。

45. 银鲴 *Xenocypris argentea*

分布：北京各河流、水库均有分布。

46. 黄尾鲴 *Xenocypris davidi*

分布：十三陵等水库有分布，但数量不多。

47. 逆鱼 *Acanthobrama simoni*

分布：北京各河流、水库均有分布。

48. 中华鳑鲏 *Rhodeus sinensis*

分布：北京平原地区的水域中均有分布。

49. 彩石鲋 *Pseudoperilampus lighti*

分布：北京各水域均有分布。

50. 须鱊 *Acheilognathus barbatus*

分布：北京怀柔一带的平原地区水域有分布，数量稀少。

51. 大鳍刺鳑鲏 *Acanthorhodeus macropterus*

分布：北京各水域均有分布且量大。

52. 越南刺鳑鲏 *Acanthorhodeus tonkinensis*

分布：仅在昆明湖有分布，数量稀少。

53. 短须刺鳑鲏 *Acanthorhodeus barbatulus*

分布：怀柔一带的平原地区水域中有分布，数量少。

54. 斑条刺鳑鲏 *Acanthorhodeus taenianalis*

分布：北京仅怀柔一带水域有零星分布。

55. 兴凯刺鳑鲏 *Acanthorhodeus chankaensis*

分布：北京各水域均有分布。

56. 白河刺鳑鲏 *Acanthorhodeus peihoensis*

分布：北京白河水域有少量分布。

57. 鲢 *Hypophthalmichthys molitrir*

分布：北京主要养殖品种之一，在水库、池塘、湖泊中均有分布。

58. 鳙 *Aristichthys nobilis*

分布：北京主要养殖品种之一，在水库、池塘、湖泊中均有分布。

59. 北鳅 *Lefuacostata*

分布：北京的静水和水流缓慢的水域有分布，数量不多。

60. 达里湖高原鳅 *Triplophysa dalaica*

分布：北京主要分布在永定河水域。

61. 尖头高原鳅 *Triplophysa cuneicephala*

分布：北京主要分布在永定河水域。

62. 北方须鳅 *Barbatula barbatulanuda*

分布：北京的北部和西部山区溪流中较为常见，在南部平原水域则分布

较少。

63. 花斑副沙鳅 *Parabotia fasciata*

分布：北京的北部和西部水域分布较多，南部水域分布稀少。

64. 东方薄鳅 *Leptobotia orientalis*

分布：仅有拒马河水域有分布。

65. 黄线薄鳅 *Leptobotia flavolineata*

分布：仅拒马河水域有分布。

66. 中华花鳅 *Cobitis sinensis*

分布：北京各种水域均有分布。

67. 泥鳅 *Misgurnus anguillicaudatus*

分布：北京各种水域均有分布。

68. 大鳞泥鳅 *Paramisgurnus dabryanus*

分布：北京各种水域均有分布，但数量少。

69. 鲇 *Silurus asotus*

分布：北京各水域均有分布。

70. 黄颡鱼 *Pelteobagrus fuluidraco*

分布：北京各水域均有分布。

71. 瓦氏颡鱼 *Pelteobagrus vachelli*

分布：仅有拒马河水域有分布。

72. 乌苏里拟鲿 *Pseudobagrus ussuriensis*

分布：仅有拒马河水域有分布。

73. 青鳉 *Oryzias latipes*

分布：北京各水域均有分布。

74. 中华多刺鱼 *Pungitius sinensis*

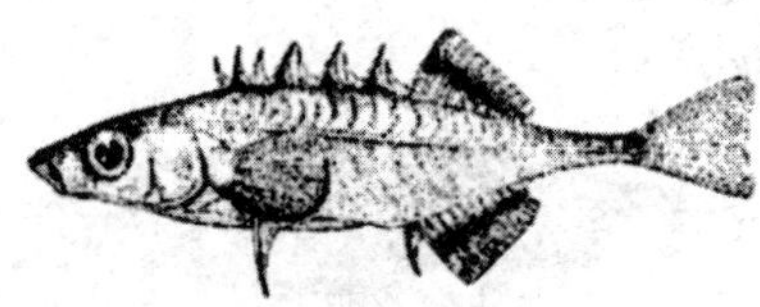

分布：北京颐和园附近的池塘、沟渠及官厅水库附近的坑洼中有分布。

75. 黄鳝 *Monopterus albus*

分布：北京平原水域均有分布。

76. 鳜 *Siniperca chuatsi*

分布：北京各水库、湖泊均有分布，数量较少。

77. 黄鲂 *Hypseleotris swinhonis*

分布：北京永定河水域有分布。

78. 普栉鰕虎鱼 *Ctenogobius giurinus*

分布：北京各水域均有分布。

79. 圆尾斗鱼 *Macropodus chinensis*

分布：北京平原水域有分布。

80. 乌鳢 *Channa argus*

分布：北京各水域均有分布。

81. 中华刺鳅 *Mastacembelus sinensis*

分布：北京在河湖中有零星的分布。

82. 罗非鱼 *Tilapia mossambica*

分布：引进的热带养殖品种之一，主要分布于平原池塘养鱼区。

83. 虹鳟 *Salmogairdneri*

分布：1964 年从朝鲜引进的冷水性鱼类养殖品种之一，主要分布于山区冷泉水资源丰富地区。

84. 淡水白鲳 *Colossoma brachypomus*

分布：北京引进的热带鱼类养殖品种之一，主要分布于平原池塘养殖区。

85. 松鲈 *Lucioperca*

分布：1995 年从新疆引进的淡水养殖品种。适宜大水面养殖，现处于池塘试养阶段。

86. 香鱼 *Plecoglossus altivelis*

分布：1994 年从日本引进，在怀柔水库放养。

87. 胡子鲶 *Clarias fuscus*

分布：1992 年从湖北引进，为通州池塘养殖品种之一。

88. 斑点叉尾鮰 *Ictalurus punctatus*

分布：1980 年从湖北引进，是北京池塘养殖品种之一。

89. 鲟 *Acipenser sinensis*

分布：1995 年从德国引进，是池塘养殖名贵品种之一。

二、观赏鱼

北京观赏鱼有三大类：一是宫廷金鱼；二是锦鲤；三是热带鱼。

金鱼——水中的鲜活艺术品。目前有近 250 个品种。从外形和主要特征上，大体可分为草种金鱼、文种金鱼、蛋种金鱼、龙种金鱼四大类。据研究指出：金鱼是由鲫鱼变种经长期人工造育而来。任昉（531—557）在《述异记》中记载："晋桓冲游庐山，见湖中有赤鳞鱼，即此鱼也。"张仲葛在《金鱼史话》一文中写道："可知金鱼的野生祖先'金鲫鱼'，是最早在我国晋朝（265—419 年）时发现的，到了隋唐时期就已有了养鱼供观赏的习尚，只是到了宋朝（960—1278）才被正式养作观赏鱼，并进行金鱼家化的遗传研究"。李时珍在他《本草纲目》中写道："金鱼有鲤、鲫、鳅、鳘数种，鳅、鳘尤难得，独金鲫耐久，前古罕知。自宋始有畜者，今则处处人家养玩矣"。岳柯（1214 年）在《桯史》中提到，所养的鱼中能变金色的，以鲫鱼最好，鲤鱼次之。金鲫鱼最古的家乡：一是浙江嘉兴的"月波楼"下，据《浙江通志》卷一百零二，嘉兴府："秀水县月波楼下为金鱼池，唐刺史丁延赞得金鲫鱼于此，后为放生池"。另一是杭州西湖的"六和塔"下的山沟中和南屏山下净慈寺对面的兴教寺池内，也有金鱼发现。

到了南宋，宋高宗赵构迷恋于玩养动物，特在杭州建造德寿宫，宫内辟有饲养鲫鱼的池子。在他的影响下，士大夫们也纷纷相继造池养鱼。明代刘侗、于奕正《帝京景物略》："金故有鱼藻池……池泓然也，居人界而塘之，柳垂覆之，岁种金鱼以为业。鱼之种，深赤曰金，莹白曰银，雪质墨章，曰玳瑁。"

余钊《北京旧事》载："养金鱼在中国已有两千多年的历史。北京城饲养金鱼也有几百年之久。在金中都时期就在崇文门地区建立了金鱼池"。这大概就是北京地区饲养金鱼的开始。之后"元代在太液池等饲养金鱼。明朝时养金鱼的风气更盛。位于天坛北边的金鱼池占地几十亩，有一百多个养鱼池，清朝时金鱼池的居民仍然以饲养金鱼为业"。

北京地区在继南宋杭州六和塔金鱼基础上，培养出独具特色的"宫廷金鱼"，成了元、明、清的贡品和享誉中外的观赏鱼。

北京金鱼经历数百年的养殖，逐渐形成自己的独特风格。金鱼养殖品种发展到 200 余个，归属为草种、龙种、文种、蛋种金鱼四大类。

北京金鱼主要品种一览表

草金鱼 Common Goldfish:

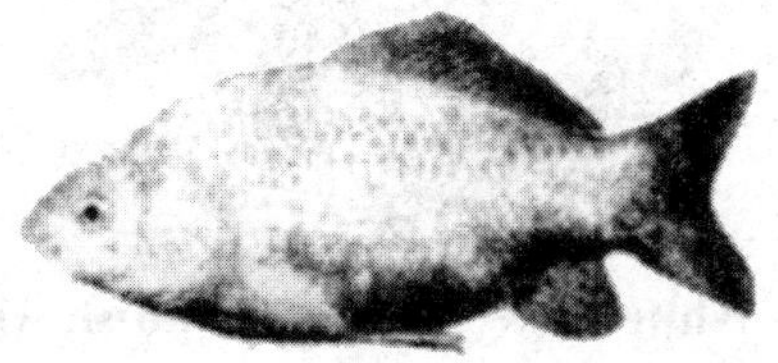

金鲫鱼 Gold Crucian Carp

紫草金鱼 Chocolate Goldfish

红白草金鱼 Red and White Common Goldfish

红白透明鳞草金鱼 Red and White Matt Common Goldfish

白草金鱼 White Common Goldfish

红顶透明鳞草金鱼 White Matt Common Goldfish with Red Ccp

白透明鳞草金鱼 White Matt Common Goldfish

红龙睛草金鱼 Red Common Goldfish with Dragon Eyes

红草金鱼 Red Common Goldfish

红翻鳃草金鱼 Red Common Goldfish with Curled Opercula

红黑翻鳃草金鱼 Red Common Goldfish with Curled Opercula

五花草金鱼 Calico Common Goldfish

红长尾草金鱼 Red Comet

红顶草金鱼 **White Common Goldfish with Red Cap**

红黑草金鱼 **Red and Black Common Goldfish**

红白长尾草金鱼 **Red and White Comet**

红黑白草金鱼 **Tri-color Common Goldfish**

红黑长尾草金鱼 **Red and Black Comet**

红蓝白草金鱼 **Tri-color Goldfish**

五花长尾草金鱼 **Calico Comet［Shubunkin］**

文种金鱼 Fantail Goldfish：

白和金 **White Wakin**

红和金 **Red Wakin**

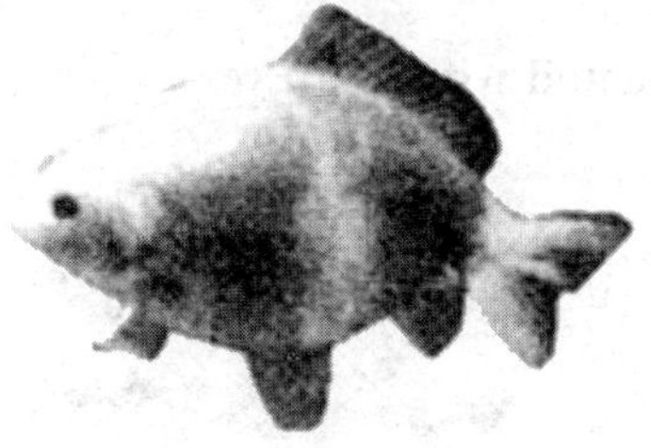

红白透明鳞和金 **Red and White Matt Wakin**

五花和金 Calico Wakin

红文鱼 Red Fantail

五花文鱼 Calico Fantail

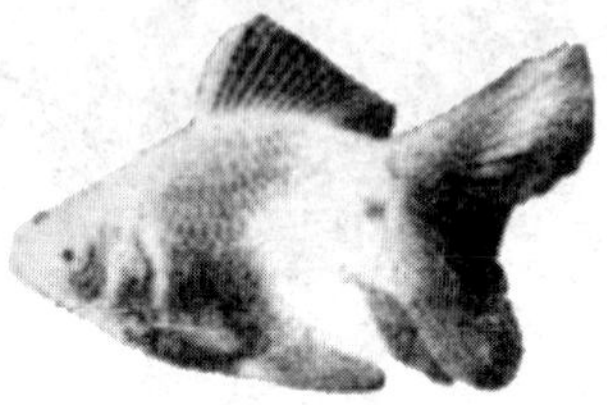

红眼白文鱼 White Fantail with Red Eyes

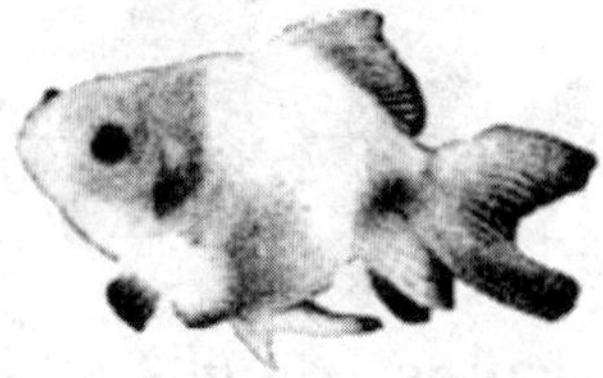

红白透明鳞短尾文鱼 Red and White Matt Fantail with Short Tail

黑白宽尾文鱼 Black and White Fantail with Broad Tail

黑白绒球文鱼 Black and White Fantail with Pompons

红文鱼翻鳃 Red Fantail with Curled Opercula

白琉金 White Ryukin

红琉金 Red Ryukin

红顶白琉金 White Ryukin with Red Cap

红头黑琉金 Black Ryukin with Red Head

蓝琉金 Blue Ryukin

紫琉金 Chocolate Ryukin

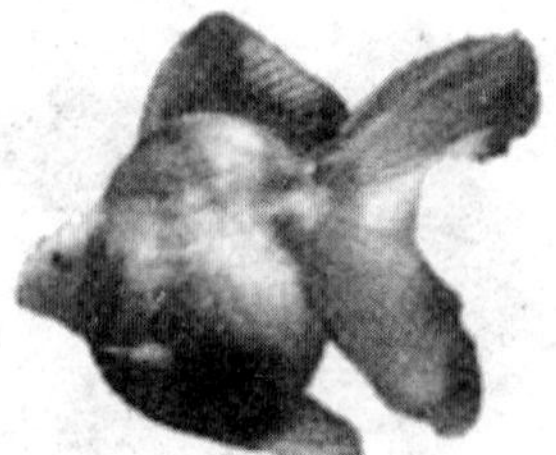

红白琉金 Red and White Ryukin

红白透明鳞琉金 Red and White Matt Ryukin

白顶红琉金 Red Ryukin White Cap

白透明鳞长尾琉金 White Matt Ryukin with Long Tail

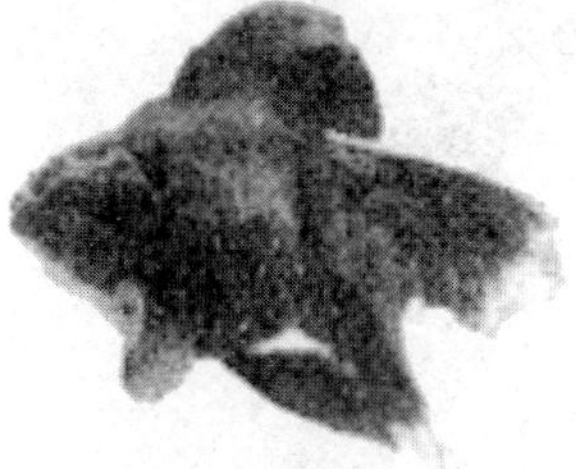

黑长尾琉金 Black Ryukin with Long Tail

红长尾琉金 Red Ryukin with Long Tail

紫黑长尾琉金 Chocolate Ryukin with Long Tail

青珍珠鳞 Green Pearlscale

白珍珠鳞 White Pearlscale

红珍珠鳞 Red Pearlscale

蓝珍珠鳞 Blue Pearlscale

红黑珍珠鳞 **Red and Black Pearlscale**

五花珍珠鳞 **Calico Pearlscale**

黑眼白珍珠鳞 **White Pearlscale with Black Eyes**

红黑白宽尾珍珠鳞 **Tri-colour Pearlscale with Broad Tail**

青珍珠鳞翻鳃 **Green Pearlscale with Curled Opercula**

红鳍白高头 White Oranda with Red Fins

红白透明鳞高头绒球 Red and White Matt Oranda with pompons

红顶白高头白绒球 White Oranda with Red Cap and pompons

红白高头珍珠鳞 Red and White Crown Pearlscale

红长尾高头珍珠鳞 Red Crown Pearlscale with Long Tail

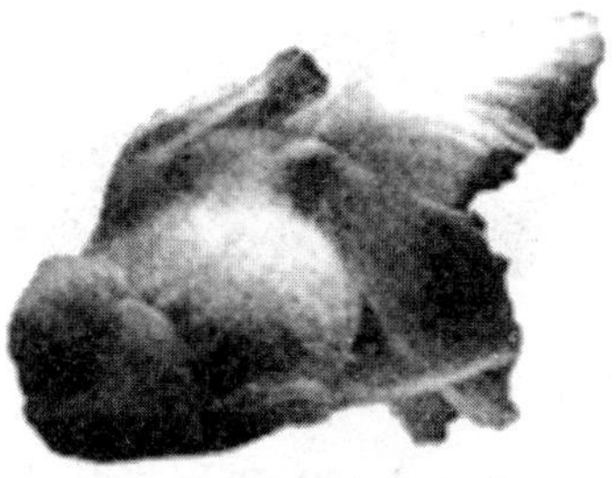

红狮头 Red Tigerhead

五花狮头 Calico Tigerhead

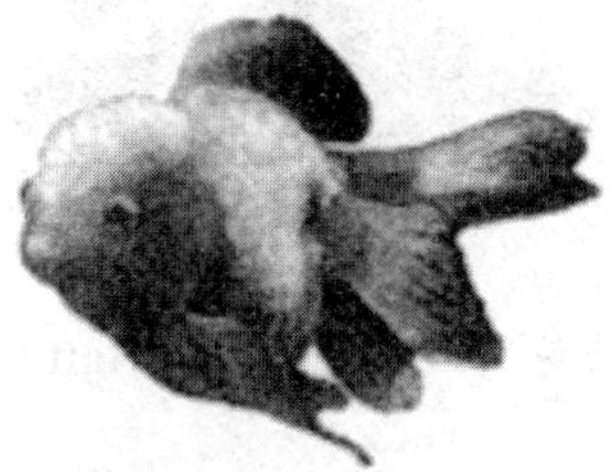

白顶红狮头 White Cap Tigerhead

红头紫狮头 Chocolate Tigerhead With Red Head

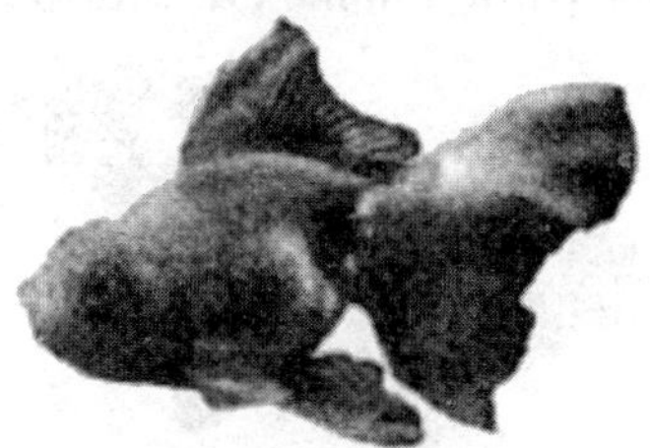

红宽尾狮头 Red Tigerhead with Broad Tail

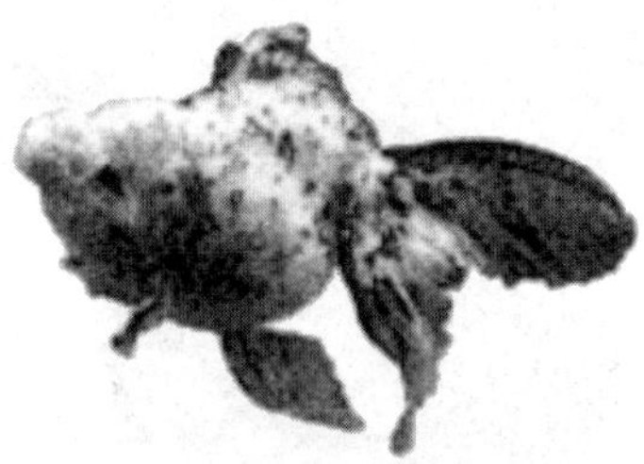

五花狮头绒球 Calico Tigerhead with Pompons

红白宽尾狮头绒球 Red and Tigerhead with Broad Tail Pompons

红白文透明鳞望天眼绒球 Red and White Matt Celestial-eye with Dorsal Fin and Pompons

红白文水泡眼 Red and White Bubble-eye with Dorsal Fin

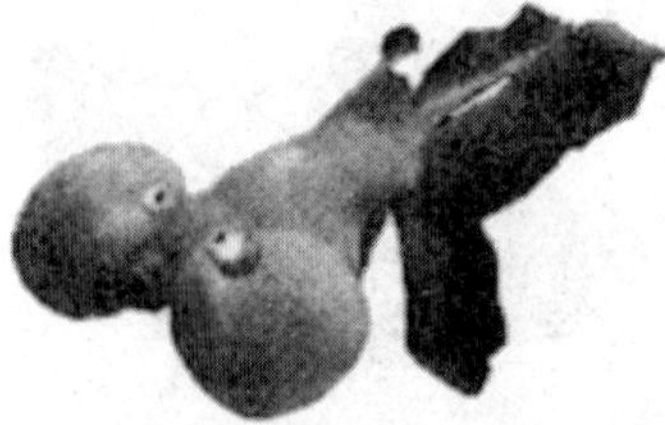

红文望天眼水泡 Red Celestial-eye with Dorsal Fin and Bubbles

五花文蛙头 **Calico Frog-Head with Dorsal Fin**

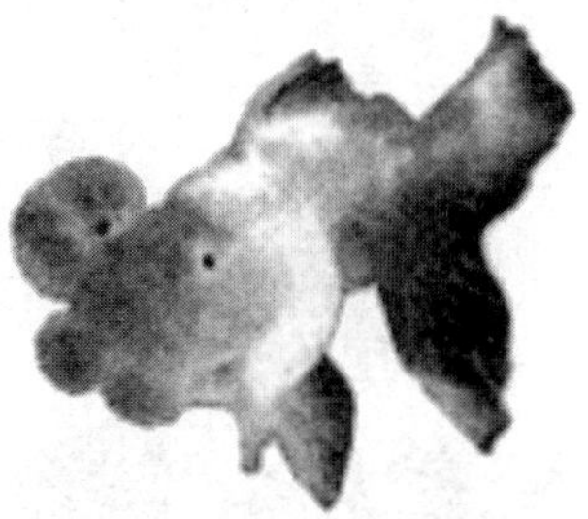

红文颌泡水泡眼 **Red Bubble-eye with Darsal Fin and Two Bubble on Lower Jaw**

龙睛金鱼 Fantail Goldfish:

红龙睛 **Red Moor**

红白龙睛 **Red and White Moor**

五花龙睛 Calico Moor

白龙睛蝶尾 White Moor with Butterfly Tail

红头白龙睛蝶尾 White Moor with Butterfly Tail

紫白龙睛蝶尾 Chocolate and White Moor woth Butterfly Tail

红黑白龙睛蝶尾 **Tri-colour Moor with Butterfly Tail**

十二红龙睛蝶尾 **White Moor with Twelve Red Patches and Butterfly Tail**

五花短尾龙睛 **Calico Moor with Short Tail**

黑长尾龙睛 **Black Moor with Long Tail**

红白长尾龙睛 Red and White Moor with Long Tail

紫蓝长尾龙睛 Chocolate and Blue Moor with Long Tail

红黑白长尾龙睛 Tri-colour With Long Tail

红龙睛绒球 Red Moor with Pompons

红白龙睛绒球 Red and White Moor with Pompons

五花龙睛绒球 Calico Moor with Pompons

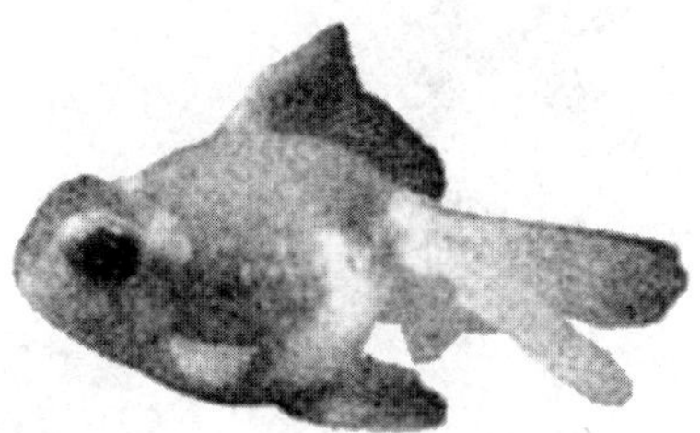

红白龙睛高头珍珠鳞 Red and White Moor with Oranda and Pearlscale

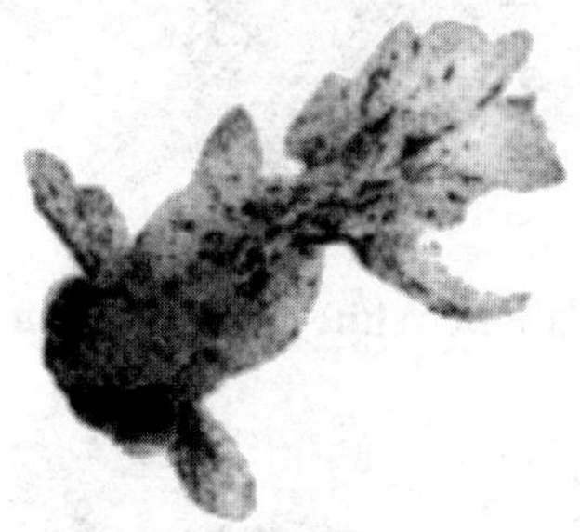

五花龙睛绒球 Calico Moor with Orand and Pearlscale

紫龙睛高头红绒球 Chocolate Moor with Oranda and Pompons

红龙睛颌泡 Red Moor with Two Bubble on Lower Jaw

红头白丹凤 White Egg-fish with Red Head and Phoenix Tail

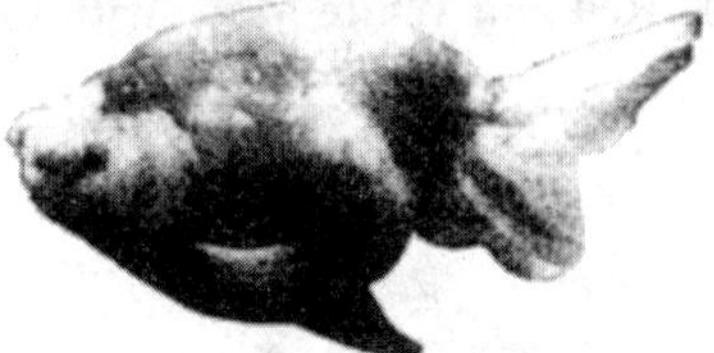

红白透明鳞蛋绒球 Red and White Egg-fish with Pompons

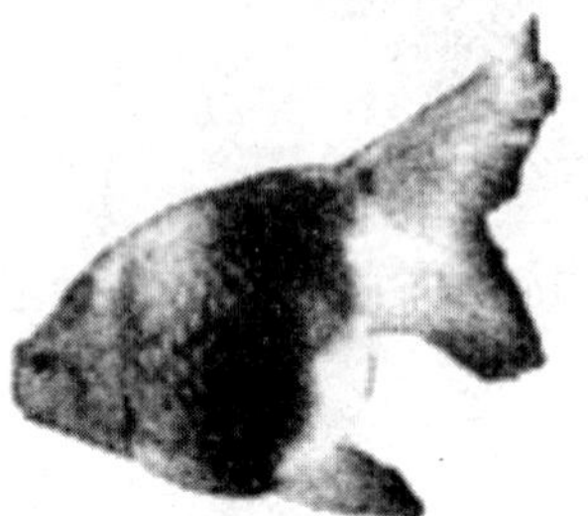

红白蛋珍珠鳞 Red and White Egg-fish with Pearlscale

红顶白蛋高头 White Goosehead with Red Cap and Oranda

红顶白高头丹凤 Wihte Egg-fish with Red Cap Oranda and Phoenix Tail

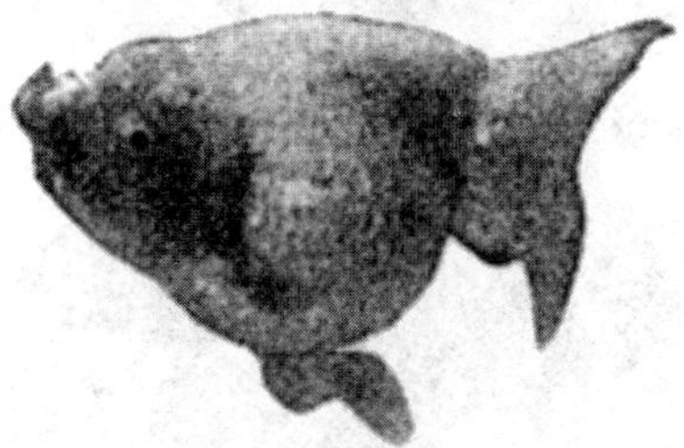

红顶高头绒球 Red Egg-Fish with Oranda and Pompons

红透明鳞虎头 Red Matt Lionhead

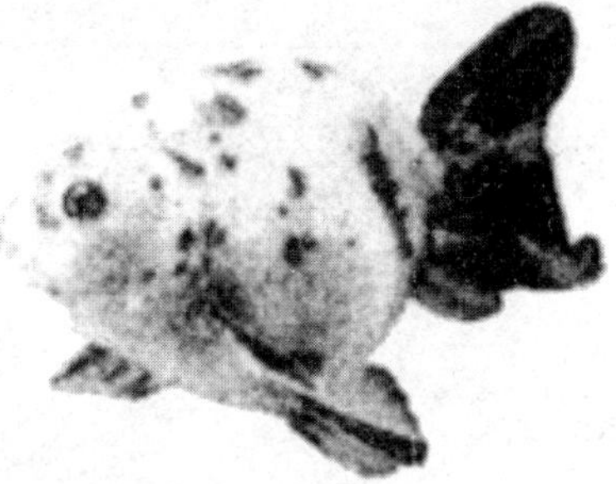

五花虎头 Calico Lionhead with Phoenix Tail

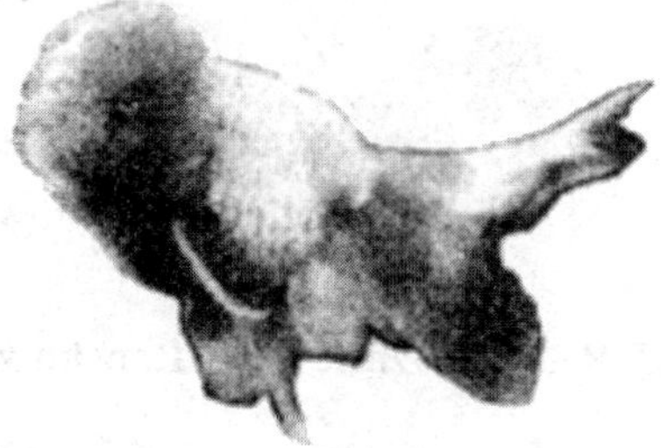

红虎头丹凤 Red Lionhead with Phoenix Tail

红白虎头丹凤 Red and Ehite Lionhead with Phoenix Tail

红白透明鳞虎头丹凤 Red and White Matt Lionhead with Phoenix Tail

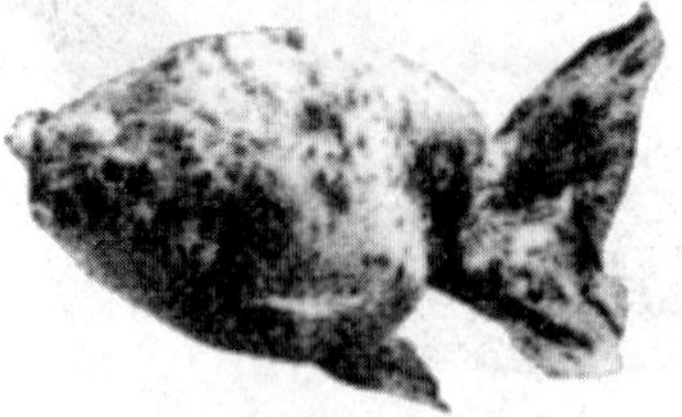

五花虎头绒球 Calico Lionhead with Pompons

青兰寿 Green Ranchu

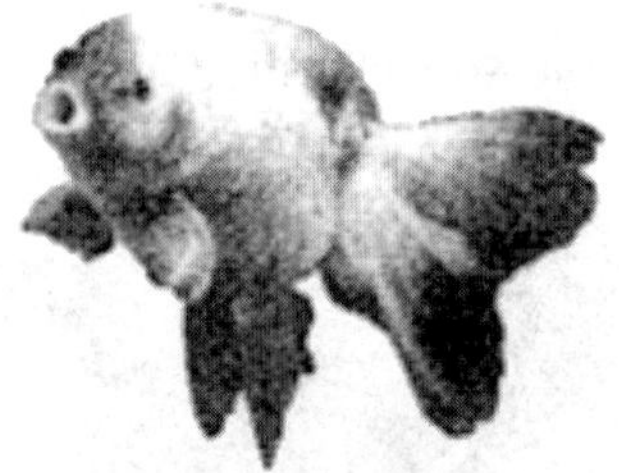

红白透明鳞长尾兰寿 Red and White Matt Ranchu with Long Tail

红望天眼 Red Celestial-eye

红水泡眼 Red Bubble-eye

墨水泡眼 Black Bubble-eye

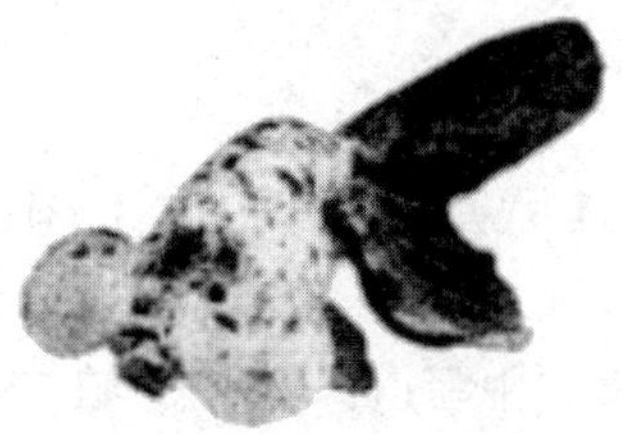

五花水泡眼 Calico Bubble-eye

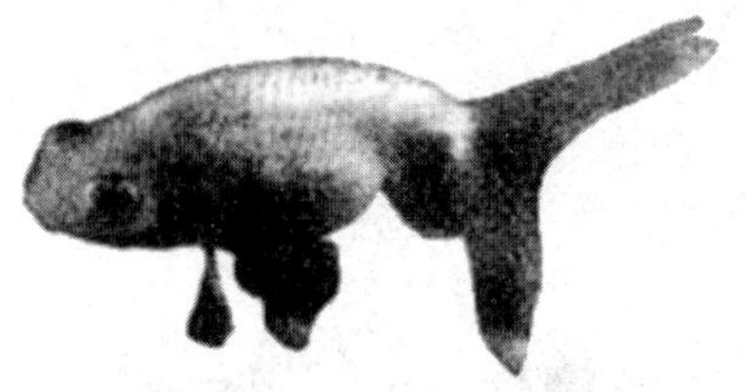

红蛙头 Red Frog-head

红白透明鳞蛙头 Red and White Matt Frog-head

锦鲤——水中活宝石，寓意吉祥。现有13类126个品种。北京从20世纪90年代由日本引进，之后朝阳、通州等区县锦鲤养殖发展起来。品种有：红白锦鲤，其体色是白底之上有红色斑块，红白相间，清晰明快；大正三色：体色有红、黑、白三种颜色，故称“大正三色”；昭和三色：体色以大块墨色为底色，有分部匀称的红、白色斑。

北京观赏鱼养殖在全国占有重要地位，2009年全市观赏鱼养殖面积达1.5万亩，占全市池塘养殖面积的23%。通州、朝阳两区的观赏鱼连片养殖面积居全国之首，大兴、平谷、顺义、房山等区县也有养殖，全市年生产观赏鱼2.5亿尾。

本市养殖的上好金鱼品种有：鹅头红、鹤顶红、齐鳃红、王字虎头、四球、十二红、狮子头等；珍稀品种有：龙背虎头、珍珠蛤蟆头、龙睛珍珠、皇冠珍珠等，在国内外独领风骚。

朝阳区黑庄户建有观赏鱼交易中心，另有华声天桥、中蔬大森林、莱太、玉泉营等70多家观赏鱼市场。外销到英国、美国、德国、意大利等二十几个国家。

第八节　玩　　虫

余钊先生在《北京旧事》中写道：“斗蟋蟀在中国至少也有七百多年的历史，南宋末年的奸臣贾似道就十分嗜好斗蟋蟀，被人称为‘蟋蟀宰相’。《聊斋志异·促织》一文中记载：“宣德间，宫中尚促织之戏，岁征民间。”可见明朝宫廷内斗蟋蟀成风，以至于向民间征集上等蟋蟀作为赋税。到了清代斗蟋蟀的风气就更盛了。不仅王公贵族玩蛐蛐，官僚政客玩蛐蛐，商人艺人玩蛐蛐，连平民百姓、市井小儿也玩蛐蛐，真可说是一项全民性的活动。在北京历史上一直存在两种主要玩虫，一是蝈蝈——它体型较大，全身豆绿色十分漂亮，人们宠爱它主要是听它的叫声，以叫取悦；二是蛐蛐——它好斗，人们观其斗而取乐，以其取胜而骄傲。这两种玩虫都是天然产的，通常有一些专业商贩或乡村农村适时捕捉进城卖。蝈蝈主要产于山区灌木草丛之中，是否有品种之分，未见资料和民间传说，进市都是清一色的，养着听其叫声取悦。

蛐蛐则有品种之分。余钊先生在《北京旧事》中写道："蛐蛐有黑、白、红、青等各种颜色；也有急性、慢性之分。"《帝京景物略》说蟋蟀的颜色"以青为上，黄次之，赤次之，黑又次之，白为下。"

老北京蟋蟀市场上的名种有："油利达""蟹壳青""枣核形""金琵琶红""沙青""沙绀""土蜂形""土狗形""螳螂形""蝴蝶形"等。

北京地区玩虫产地：蝈蝈遍布山区草丛，人们上山听声去捉；蟋蟀被人们认可的佳种产地有：西山福寿岭、寿安山、黑龙潭，南北一二十千米以内都产佳种，尤以北山的绵山以东七十二山头及关沟一带更佳。十三陵地带内所产蟋蟀在各地之上，所以北京著名的蟋蟀贩子如蛐蛐赵、蛐蛐文子、蛐蛐景子，每年都要到这些地方掏蛐蛐。再就是永定门外五里，胡家村产促织（蟋蟀），"善斗，胜地产"。《促织经》曰："虫生草土者，身软；砖石者，体刚；浅草瘠土者，性和；砖石、深坑及地阳向者，性劣，若是者穴辨……首项肥，腿胫长，背身阔，上也。不及斯次，反斯下也"。（明代刘侗等《帝京景物略》）。

在斗蛐蛐盛行的清代，有些权贵富豪爱好者，除了购买好斗的蛐蛐，还雇人饲养蛐蛐。这种需求之盛当然也就给百姓中一些人增添了挣钱的机会。

第五章　农业的土与肥的演化

常言道："万物土中生，有土斯有粮"；"肥料是植物的粮食"；"庄稼一枝花，全靠肥当家"……可见土与肥对农业生产来说是至关重要的。自古以来，人们都在孜孜不倦地研究它、认识它和应用它，并持续地改造它和培育它，以期"地力常新壮"，保障农业生产持续稳定发展。

土与肥作为最基础的生产力要素是被广大农业劳动者长期使用的，并在生产实践中对其进行不断的改良与创新，以提高它们的综合生产能力。但如何把实践中的经验或感性认识上升为理论，转化为技术再用以指挥生产实践，则不是每个劳动者都能做到的，常常是由少数善于钻研，敏于探索的学者们在"厚积薄发"的基础上揭示与获得的，并不断有所发现、有所发明、有所创造、有所前进。尽管农业的地域性很强，但理论是可以传播和借鉴的。农业的发生发展是在实践、认识、再实践、再认识的过程中前进的。因此，在认识"北京的土与肥"时，引入土与肥古今之论是必要的。

第一节　土 之 论

土是农作物生长、发育、繁衍的首要条件。土涉及土地和土壤，前者在农业出现之前是单纯的自然物。在农业（包括林业）出现之后，既存在天然之物又存在与人工干预的复合之物（土地）——即如人工林地和耕地等。这里主要讲耕地及土壤部分。

一、关于土的认知：

《周礼・地官・司徒》曰："草人，掌土化之法，以物地，相其宜而为之种"。

《荀子・王制篇》曰："相高下，视肥硗，序五种，省农功，……治田之事也"。

《韩非子・难二》曰："节四时之适……察于土地之宜"。

《管子・立政》："相高下，视肥墝，观地宜，……使五谷桑麻，皆安其处"。又说："桑麻不植於野，五谷不宜其地，国之贫也。"

《氾胜之书》曰："凡耕之本，在于趣时和土"；"得时之和，适地之宜，田虽薄恶，收可亩十石。”

《齐民要术·种谷》曰：“顺天时，量地利，则用力少而成功多。”

《左传》成公二年：“先王疆理天下，物土之宜而布其利。”

西汉司农郑玄：“土宜谓九榖稙稺所宜也”。

《礼记·月令·孟春之月》“王命布农事，善相丘陵，阪险，原隰，土地所宜，五谷所殖，以教道”。

《陈旉农书》曰：“农事必知天地时宜，则生之蓄之，长之育之，无不遂矣”。

马一龙《农说》曰：“合天时、地脉、物性之宜，而无所差失，则事半而功倍矣”。他还说：“知其所宜，避其不可为，力足以胜天矣”。

汉代郑玄注《周礼·地官》云：“以万物自生焉则言土”“以人所耕而树艺焉则言壤”。

从这些古籍论述中我们可以领略到我国古代农学是很注重“三宜”（因时、因地、因物制宜）的，直至今天这些唯物主义的农学思想对我们今天指导农业生产也是有参考价值的。“因地制宜”的思想也就决定了古代农业生产必然是很注意多种经营的。人们也很注意从“宜生、宜农”出发来谋划自己的生计。在新石器早期，由于生产力和抗预自然灾害（特别洪水）能力极为低下，为了避灾、安生，人们总是寻求依山傍水的河岸台地、山前高地等安居务农。这样做，不怕洪水冲击，既可安居，又可务农；农业生产收获，不足以维持生活，还可以上山采集、狩猎，下水捕鱼为生。随着社会的发展，生产力的不断提升和人们认识自然、利用自然的能力的不断增强，远古人类也随之由高地台地逐渐移回平原。由此，人们对土的认识出现新的飞跃，出现了土壤地理。

根据孔颖达疏《禹贡》“任土作贡”；“九州之土，物产各异，任其土地所有，以定贡赋只差。既任其所有，亦因其肥瘠多少不同，制为差品”。郑玄云：“任土谓定其肥硗之所生，是言用肥瘠多少为差也。”《禹贡》这寥寥数言，则论述了各州土壤，确为中国的土壤地理作了创始（《中国农学史》）。《禹贡》所列九州土壤分别是：冀（含北京地区）为白壤，即现代的盐渍土；兖州的为黑墳，即现代的灰棕壤；青州的白墳、海滨广斥，即现代的灰壤、海滨盐渍土；徐州的赤埴墳，即现代的棕壤；扬州的塗泥，即现代的湿土；荆州的塗泥，即湿土；豫州的壤、下土墳壚，即现代的石灰性冲积土；梁州的青黎，即现代的无石灰性冲积土；雍州的黄壤，即现代的淡钙土。

《周礼》中土壤的分类：《周礼》按色泽和性质将土壤分为騂刚、赤缇、墳壤、渴泽、咸舄、勃壤、埴垆……等九种。可见战国时期对土壤学的知识，已有了相当基础。

二、土的分类

《周礼》对土地已作出三种分类：

依地势而分。《周礼》里土地有五地十等之分，即山林、川泽、丘陵、墳衍、原隰等，这主要是按地势高低来分的。郑玄解释道："积石曰山，竹木曰林，注渎曰川，水锺曰泽，土高曰丘，大阜曰陵，水崖曰坟，下平曰衍，高平曰原，下湿曰隰"。与今日的概念核对，《中国农学史》认定："山—山地；丘陵—丘陵地；原—高原；林、坟、衍—平地；隰—低地；川、泽—水面。"

依土地的肥沃度分。《周礼》中提出两种分法：一是分不易之地，一易之地和再易之地；另一是上地、中地、下地。郑玄注："上地谓肥美田也，……下地……田薄恶者所休多"。《管子・地员篇》概括土壤肥力的优劣分为"渎田、赤垆、黄堂、赤埴、黑埴"五类。

依土地的利用情况分。《周礼》曰："一曰三农，生九谷。二曰园圃，毓草木。三曰虞衡，作山泽之材。四曰薮牧，养蕃鸟兽。"郑玄注："三农，原隰及平地……树果蓏曰圃；园，其樊也。虞衡，掌山泽之官，主山泽之民者。泽无水薮；牧，牧田；皆畜牧之地"。

根据国土资源部土地利用方类标准："土地利用有八种类型：耕地、园地、林地、牧地、草地、水域（以上为农用土地，占总面积的83.5%），其次为城建用地、工矿和交通用地，还有部分土地尚未利用。"

三、土地等级

在土地分类基础上出现土地分等。《周礼》将田地分上地、中地、下地；而《禹贡》则又就上、中、下三等内细分三，二者所分的等级，即三等九级。《禹贡》将田地分上上、上中、上下、中上、中中、中下、下上、下中、下下。

四、土壤

西汉郑玄司农云："以万物自生焉则言土""以人所耕而树艺焉则言壤"。近代土壤科学对土壤的认识比我国古代对"土""壤"的认识更深入具体，认为"土壤者，谓地壳。所由成，盖岩石细末与有机物若干，混淆为一者"（池田政吉《土壤学》，山本宪译，引自《中国近代农业科技史稿》，中国农业科技出版社，1996年）。

直到晚清时期，中国传统的土壤知识、耕作经验等在农业生产中所占主导地位。但随着近代科学的传入，近代土壤科学也开始发迹。傅范初在《农学报》上发表文章指出："日光与空气，俱能增土内生长之力也"。因此，他主张"凡面土已得日光空气之益者，可覆于下，而将底土反上，则底面俱受其益"。

这种做法的依据是："反上则土内之质，与空气内之氧气合，而得变化之力。将含铁土内三氧化二铝、二氧化硅见空气，则含氧化铁之质，能食足氧气。又能使土内三氧化二铝、二氧化硅见空气，而食空气中所含之氨，此三氧化二铝与二氧化硅与氨甚有爱力。在土内本与氧化钾、氧化钙、氧化钠合者，反上而能见空气，能将空气内氨恣食，以备日后肥田之用。"（傅范初、耕田今立法，《农学报》）与之同期的中国务农会创始人之一罗振玉指出："考农事以辨土性为第一，能辨土性方知土中所缺者何元素，所饶者何元素，然后施肥，乃有把握"（罗振玉《农学报》卷首语，1910 年）。因此，他在国内首推近代土壤学中的定量分析、因土施肥等方法。

到民国时期，成立了一系列专门研究土壤的机构，在北京的中央农事试验场、国立北京农业大学等单位都开展了土壤学教学与研究工作。1930 年北平地质调查所考察了我国东部地区，绘制了 1∶840 万土壤图，1931 年出版了《土壤调查报告》，1931 年中央地质调查所谢常合等人对河北省三河、平谷、蓟县土壤进行了调查，同年该所还对中国北部（包括河北省）土壤 pH 进行了研究，经过对 150 份土样化验，均为弱碱性，pH 在 8.05～8.62；1936 年，梭颇汇集了中国数年来土壤调查成果，著成《中国之土壤》一书，其中包含有北京所在的河北省。

现代《辞海》农业分册（上海辞书出版社，1928 年）云："［土壤］地球陆地上能生长植物（包括作物）的疏松表层。它具有肥力，肥力是土壤的特殊本质"。作物生长好坏，土壤肥力起着决定性作用。土壤的组成物质复杂，固体、液体、气体都有，它们之间相互联系，互相制约；组成物质不同，表现的土壤性质不同。土壤的发生、发展的过程受着自然条件和人为因素的影响。土壤是有发展历史的自然体，是人类劳动对象，是农业生产的基础，而农业土壤更是劳动的产物。合理地改造、利用土壤，可使土壤定向发展，提高土壤肥力，保持"地力常新壮"和提升作物产量。对农业来说，土壤是人类最直接的生产力要素或劳动对象。

北京市农林科学院农业综合发展研究所李红 2007 年在《北京都市型现代农业"221 行动计划"郊区资源底牌调查报告》中对土壤的定义为：土壤是分布在陆地表面具有肥力、能生长植物的疏松表层，由岩石风化而成的矿物质、有机质及水分、空气等组成，是地理条件和自然生态地理环境的组成部分，是动、植物生长的重要物质基础，也是人类赖以生存的重要环境因素。

（一）土壤分类

西汉初年的《管子》按照土壤的性质进行分类，列出了十八种名称。清代《知本提纲》则根据土壤质地提出："轻土、重土、刚土、柔土"等五类。1941

年由朱莲青、马溶之、李庆逵等，在以梭颇的分类基础上补充了一些新资料，制定出《中国土壤暂行土壤分类表》。该分类表将中国土壤分为6个土纲：淋溶土、钙层土、殖成土、水成土、盐成土、幼年土，以下细分为土类、亚类、土科、土系、土组，其中把紫色土、水稻土作为土类加以突出。这个分类表体现了1949年以前中国土壤学的发展水平。

现代的《辞海·农业分册》从土壤成因上将其分为：

（1）自然土壤。自然成土因素（母质、气候、生物、地形、时间等）的综合作用所形成，尚未受到社会生产活动影响的土壤。它的特点是生长自然植被。只具有自然肥力。主要分布于原始森林地区、自然草原、沼泽地区，是可开辟的土壤。

（2）农业土壤。在自然土壤的基础上，通过人类社会生产活动（耕种、施肥、灌排、土壤改良等）和自然因素的综合作用而形成的土壤。其中以人的社会生产活动起主导作用。

（3）森林土壤。在森林植被下发育而成的土壤。

《中国近代农业科技史稿》："根据土壤生成的性状可将土壤分成原生土和输土两大类；而根据土壤物理学性质，可将土壤分为砂砾、砂土、黏性土、壤土、石灰土、泥炭质土、灰化土等八大类"。

（二）土和壤

春秋以前，中国已有"百谷草木丽乎土"之说《周易·离· 辞》。

到春秋战国时期，土和壤的概念才开始形成。《周礼》"土宜之法"中，已有"辨十有二土"和"辨十有二壤"之说，将土和壤作了明确的区别。"十有二"指的是十二种类别的意思。《周礼》曰："辨十有二土之"，是为了"以相民宅，而知其利善，以阜人民，以蕃鸟兽，以毓草木。以任土事"；而"辨十有二壤之物"，是为了"知其种，以教稼穑、树艺"《周礼·地官·大司徒》。前者说的是为了因地制宜安排农林牧渔生产，所以说的土是泛指的土地；后者说的是种植业内部因土种植，所说的壤是指农田土壤。

郑玄曰："以万物自生焉，则言土；土，吐也。"即万物自生自长的地方叫土，或即自然土壤。

"以人所耕而树艺焉，则言壤；壤，和缓之貌。"意即人们进行耕作、栽培的地方叫做壤，也就是耕作土壤。由此可见，在春秋战国时期，"土壤"这个概念在我国已经形成了。

夏纬英先生《管子·地员篇教释》把其中"九州之土"详细划分为三等18种90品，叙述了18种土壤的质地，所宜谷物、草木、果品以至渔产、畜产等，并对其自然生产力作了比较，更加明确地指出了不同地势的不同土壤和它的植被之间相互依赖关系，是中国最古的有关生态地植物学的著作。

（三）土壤耕作理论的发展

春秋战国之前，已有“百谷草木丽乎土”之说。到春秋战国时期，土和壤的概念开始形成。

春秋战国时代有了土壤分类知识。其方法有二：一是以土壤质地和色泽分，《禹贡》对九州土壤分为白壤、黑坟、白坟、斥、赤植坟、涂泥、壤、垆、青黎、黄壤等十种；二是按土壤肥力分，《禹贡》将土壤分为上、中、下三等，每等又分上、中、下三级；《周礼》将地分为上地、中地、下地三等，亦以土壤肥力分；《管子·地员篇》记有全国18类土壤（具体土名从略，可见梁家勉主编《中国农业科技史稿》）。

春秋战国时期，对全国土壤分布情况已有了相当认识，出现了“土壤地理记载”。当时北京腹地幽州记为白壤。

认识到植物生长与土地的关系，即如《管子·地员篇》中所写：“凡草土之道，各有穀造。或高或下，各有草土（物）”。据近人（夏纬英）研究，所谓“草土之道”是指“草与土是有相关的道理”。“穀造”亦即“次第”，土地高低不同，生长的植物也不一样。

秦汉时期：北方地区出现轮作复种和间作套种的萌芽。《吕氏春秋·任地》中记载有“今兹美禾，来兹美麦”就是一种轮作方式；《荀子·富国》中记载有“分是土之生五谷也，人善治之，则亩益数盆，一岁而再获之”。指的也是复种。

北方出现防旱保墒耕作技术，西汉时期，氾胜之在北方广泛推广“凡耕之本，在于趣时和土、务粪泽、早锄早获”，以及适时耕作、因时耕作、因土耕作，以达到改善土壤结构，使土壤疏松，以利保墒防旱。为防止冬旱与寒冷对越冬作物的伤害，倡导冻前镇压弥缝，并注意积雪保墒。

魏晋南北朝时期：这期间主要得益于《齐民要术》的指导，北方地区出现了：

耕—耙—旱作技术体系。《齐民要术》针对北方“春既多风”（《耕田》），“春多风旱”“四月亢旱”（《种葵》），“春雨难期，必须藉泽”。说的是春季雨少，多风多旱。为保丰收，《要术》提出了保墒防旱的耕作技术体系—包括耕、耙、压、锄等环节。其中关键技术之一是耙的出现。《齐民要术·耕田》说：“再劳地熟，旱亦保泽也”。

在耕作操作上提出了耕地以燥湿得所为佳—光耕好，再耙耱，“凡耕高下田，不问春秋，必须燥湿得所为佳”。注意“秋耕欲深，春夏欲浅”（《齐民要术·耕田》）。“廉”就是犁条要窄小，保证地耕得细而透，在这基础再细耙耱；

“锄不厌数”，“锄者，非止除草，乃地熟而谷多，糠薄，米息。锄得十遍，便得八米也”。“锄麦倍收，皮薄面多”。

宋元时期：在耕作方法上又有新的发展：

实行分缴内外套翻耕法，这是北方耕地方法上一个重大发展。王祯在《农书》中介绍道：“所耕地内，先并耕两犁，墢皆向内，合为一胧，谓之‘浮疄’。自浮疄为始向外缴耕，终此一段谓之一‘缴’，一缴之外又间作一缴。耕毕，于三缴之间歇下一缴，却自外缴耕至中劐作一墒，盖三缴中成一墒也。其余欲耕平原，率皆仿此。”此法现今北方仍有沿用。

多耙、细耙被提到重要地位。细耙地在北京地区农业生产确据关键的意义。

中耕技术转细化。“耘苗之法，其法有四：第一次曰撮苗，第二次曰布，第三次曰擁，第四次曰複（俗曰添功），一功不至，则稂莠之害，秕糠之华入之矣”。这表明旱地至少中耕四次。

其用器有创新，王禛《农书》说：“其所用之器，自撮苗后，可用以代耰锄者，名曰‘耬鋤’，其功过鋤功数倍，所办之田，日不啻二十亩。”

明清时期：土壤耕作的基本原则又有所创新。正如马一龙《农说》所言：“合天时、地脉、物性之宜，而无所差失，则事半而功倍矣”。马一龙说的“天时”即节令、气候等状况，即时宜；“地脉”即指肥瘠、原隰等，即地宜；“物性”即指“繁殖之道，即植物生长发育规律（道）”。清代杨屾将“耕道”概括为“通变达情，相土而因乎地利，观候而乘乎天时”。杨屾的这一表达除包含有时宜、地宜外，还包含着“物宜”。

明清时期对土壤耕作原理又有进一步认识——比较系统地论述了土壤耕作的基本任务是调节水、肥、气、热。如杨屾说：“土啬水寒，犁破耖拨，藉日阳之暄而后变；日烈风燥，雨泽井灌。得水阴之润而后化”（杨屾《知本提纲·农则耕稼》）。根据这一原则，在耕作方法也有所改进——提出“浅—深—浅”的耕作方法。《知本提纲》指出：“初耕宜浅，破皮掩草；次耕渐深，见泥除根（翻出湿土，犁净根茬）；转耕勿动生土，频耖毋留纤草”。这段话是对“浅—深—浅”耕作法的概括。郑世铎的注解是：“转耕，返耕也。或地耕三次：初次浅，次耕深，三耕返而同于初耕。或地耕五次：初次浅，次耕渐深，三耕更深，四耕返而同于二耕，五耕返而同于初耕，故曰‘转耕’”。

晚清与民国时期：引入西方近代土壤学，1902 年在保定成立直隶农事试验场，开展“调查全省土壤”和“土壤试验”。随后，北京农工商部农事试验场相继开展土壤科学试验。1906 年，北京京师大学堂开设《土壤学》《土壤改良论》等土壤学方面的课程，培养近代土壤学人才，传播近代土壤科学知识，从而“开创了中国土壤科学的新纪元”（《中国近代农业科技史稿》）。使国人对土壤的认识由表及里。首先是明确了土壤的来源与土壤的组成："土壤者，谓地壳所由成，盖岩石细末与有机物若干，混淆为一者"（池田政吉《土壤学》，《农学从刊》第三册）。而《周礼・地官・大司徒》郑玄注所云："以万物自生焉则言土""以人所耕而树艺焉则言壤"的土壤认识显然有很大进步。其次，它强调研究土壤的重要性："审办各事之关系土壤者，为世间凡百作业之本。植物资大气与土壤以为养，然大气成分到处略同。故农家不必措意，土壤则不然。其成分性质及由来到处不同。母岩及其成生之形势亦大有同异。此农家精究土壤所以不可缓也。"。

使人们了解到土壤是怎样形成——物质与能量的转换的结果，即岩石经过温度升降、水的机械冲击、水的化学作用、大气作用、生物作用之后，再经过一系列过程转变为土壤。咸土母质的成分、化学成分在很大程度上决定了所形成的土壤的性质。

近代土壤科学揭示了土壤形成及土壤中的物质与能量的转换机理，如有机肥为什么能肥田？它在土壤中发生什么变化？……

进而明确了植物从土壤中摄取的无机元素，而最多的养分是氮、磷、钾三种元素，此外还有多种微量元素，如锌、硼、铁等。

揭示了土壤内在的物质运动规律、植物生育与土壤的关系及土壤分类的科学依据等。都是我国传统土论所不及的。

五、天、地、人

古代学者在论土中还就其生产力的形成论及到"天、地、人"三者关系。

《吕氏春秋・审时篇》："夫稼，为之者人也，生之者地也，养之者天也"。

《管子・八观》："谷非地不生，地非民不动，民非作力毋以致财。天下之所生，生于用力"。

《管子・五辅》把这三个因素称为"三度"，"所谓三度者何？曰：上度之天祥，下度之地宜，中度之人顺"。

《孟子・公孙丑下》："天时不如地利，地利不如人和"。

荀子认为要是国家富强，必须"上得天时，下得地利，中得人和"，只有这样才能"财货浑浑如泉源，汸汸如河海，暴暴如山丘"（《荀子・天论》）；反之，就会造成"天下敖然，若烧若焦"的恶果。如"天有其时，地有其财，人有其治，是谓之能参"（《荀子・天论》）。即是说，天有四时的变化，地有蕴藏的财富，而人有利用天时、挖掘地利的办法。荀子甚至还提出"制天命而用之"的光辉命题，是一种"人定胜天"的思想先驱。

第二节 北京之土

土的分级分等最早见于《禹贡》和《周礼》，在“九州压划”中田地分上上、上中、上下、中上、中中、中下、下上、下中、下下九等，其中北京所在的幽州田地等级为“中中”。“白壤”，即盐渍土。经人民长期的观察研究，北京历史上的“白壤”是有根源的：一是这里的平原曾是一片海洋，海水是含盐类的，后经地壳运动形成遍布湖泊的洪冲积平原，在经长期气候变化而形成陆地平原，在很长的历史时期里其地下水位仅离地表一至几米深，盐随水来，盐随水走，便形成盐渍性土壤；二是这里土的母质是石灰岩分化而成，土壤 pH 自然呈碱性。

《周礼·职方》讲到的“五地十等”——“山林、川泽、邱泽、濆衍、原隰之名物”郑云注：“积石曰山，竹木曰林，注渎曰川。水锺曰泽。土高曰丘。大阜曰陵。下平曰衍。高平曰原。下湿曰隰。”这“五地十等之分”在北京地质可说都有。《周礼》中队土地的肥沃度分为“上地、中地、下地”。郑司农注：“上地谓肥美田也，田薄恶者所休多”。应该说北京地质亦存在这三种情况。

除《禹贡》《周礼》之土论有涉幽州之地外，其他有关书籍语论难寻。新近的研究成果有：

1984 年《北京市农业综合自然计划》中列出本市等级：Ⅰ等地 2 659 285 亩，占总量（24 640 065）亩的 10.79%，特点：土质好，熟化程度较高，生产性能良好。

Ⅱ等地 2 195 385 亩，占总量的 8.91%。土质较好，生产性能较好，熟化程度较高。

Ⅲ等地 3 832 980 亩，占 15.56%，土质中等。

Ⅳ等地 4 322 655 亩，占 17.54%，土质较差，偏沙，坡度大等。

Ⅴ等地 7 179 654 亩，占 29.14%，土质差，不适宜种植业，适宜林牧业。

Ⅵ等地 3 415 515 亩，占 13.86%，土质很差，不适林业，教适牧业。

Ⅶ等地 416 625 亩，占 1.39%，土质很差，适于封山育草围沙。

Ⅷ等地 86 700 亩，占 0.35%，土质很差，适于封山育草围沙。

1984 年由北京市农业区划办公室印的《北京市农业综合自然区划》中写道：“北京市土壤共划分 8 个土类，21 个亚类，65 个土属，198 个土种”。1988 年公开出版的《北京市农业资源与区划图集》中则列定 7 个土类，18 个亚类，62 个土属。

7 个土类为：山地草甸土、山地棕壤、褐土、潮土、沼泽土、水稻土、风沙土。

18 个亚类为：山地草甸土、山地棕壤、生草棕壤、粗骨棕壤、淋溶褐土、普通褐土、碳酸盐褐土、褐土性土、潮褐土、褐潮土、潮土、沙姜潮土、湿潮土、盐潮土、草甸沼泽土、潴育水稻土、潜育水稻土、风沙土及其他土。

65 个土属：酸性岩类山地草甸土，硅质岩类山地草甸土，碳酸盐岩类山地草甸土，酸性岩类棕壤，硅质岩类棕壤，泥质岩类棕壤，基性岩类棕壤，碳酸盐类棕壤，酸性岩类生草棕壤，硅质岩类生草棕壤，基性岩类粗骨棕壤，泥质岩类粗骨棕壤，基性岩类粗骨棕壤，碳酸盐岩类粗骨棕壤，酸性岩类淋溶褐土，硅质岩类淋溶褐土、泥质岩类淋溶褐土，基性岩类淋溶褐土，碳酸盐岩类淋溶褐土，酸性岩类褐土，硅质岩类褐土，泥质岩类褐土，基性岩类褐土，碳酸盐岩类褐土，洪积物褐土，洪积冲积物褐土，黄土质褐土，红黄土质褐土，复碳酸盐褐土，红黏土质褐土，泥质岩类碳酸盐褐土，基性岩类碳酸盐褐土，碳酸盐类碳酸盐褐土，洪积物碳酸盐褐土，洪积冲积物碳酸盐褐土，黄土质碳酸盐褐土，菜园碳酸盐褐土，冲击物褐土性土，洪积冲积物褐土性土，堆垫物褐土性土，潮褐土，菜园潮褐土，洪积冲积物褐潮土，冲积物褐潮土，菜园褐潮土，砂质冲积物潮土，壤质冲积物潮土，黏质冲积物潮土，沙姜潮土，沙姜鸡粪土，湿潮土，硫酸盐盐潮土，苏打盐潮土，淤泥草甸沼泽土，潮土型水稻土，湿潮土型水稻土，潜育水稻土，风沙土，裸岩或卵石滩等。

以上土类《北京市第二次土壤普查报告》中对土壤分布有明显的地域分布规律：

草甸土，分布在海拔 1 900 米以上的阴坡，海拔 1 800 米以上的阴坡的山地平台、缓坡上，植被为杂草草甸。仅占全市土地总面积的 0.1%。

棕壤，占全市土地总面积的 7.2%，主要分布在海拔 800～1 900 米的中山山地。

褐土，占全市土地总面积的 55%，主要分布在海拔 800 米以下的广大低山区。

潮土，占全市土地总面积的 24.7%，主要分布在东南部及东部冲积平原。

粗骨土，占全市土地总面积的 7.3%，主要分布在北京低山丘陵的陡坡和顶部。

第二次土壤普查表明在全市 2 464.1 万亩土地中，土壤面积为 2 067.44 万亩（其中分布于平原地区的 963.0 万亩，分布于山地的 1 104.44 万亩），占总土地面积的 83.9%，耕地占土壤总面积的 30.9%，其中平原地区和山区耕地占土壤面积的比重分别为 65.4%和 17.8%。

第三节　土的农用

1. 任地与土地利用　现代所讲的土地利用，古时（先秦时期）则叫“任地”，包括土地利用、土壤改良及整地播种。在《吕氏春秋》一书中就有《任地篇》，讲述土地利用的原则。《篇》中首先提出“你能把低洼潮田必尽其污吗?”“你能把干燥的土地变得湿润吗?”等十个生产上的重要问题，接着提出了土壤性质：力与柔（坚硬与黏和）、息与劳（休闲与在茬）、棘与肥（瘠薄与肥沃）、急与缓（紧密与疏松）、湿与燥（湿润与干燥），这一系列矛盾，并指出这些矛盾在一定条件下可以互相转化，然后讲掌握物候、时令、适时耕作、生产，才能更好地利用土地。

2. 和土　战国时“和土”的五项原则：“力者欲柔，柔者欲力；息者欲劳，劳者欲息；棘者欲肥，肥者欲棘；急者欲缓，缓者欲急；湿者欲燥，燥者欲湿。”

3. 用好土地第一靠人　《吕氏春秋》审时篇说：“夫稼，为之者人也，生之者地也，养之者天也。”就是说要用好土地，种好庄稼首先靠人，其次靠地，再次是天时气候得宜。《荀子·富国篇》中说：“今是土之生五谷也。人善治之，则亩益数盆，一岁再获之。”

4. 因地制宜种植庄稼　《吕氏春秋·适威篇》说：“若五种之于地也，必应其类而蕃息于百倍。”意思是说栽培作物，必须按着各种土地条件能栽培的作物进行栽培，才能丰收高产，获得百倍于用种量的产量。

5. 采用适宜的用地方式　《任地篇》说：“下田弃甽”“上田弃亩”。就是说，将低洼地（下田）做成高垄和低沟，利用沟排水、高垄播种作物；将高地（上田）也同样做成高垄和低沟，在沟间播种作物，利用高垄挡风保墒；水地种植水生作物如水稻等；山地多宜植树造林。

6. 上田可行复种　《荀子·富国篇》说：“人善治之，……一岁而再获之。”《吕氏春秋》说：复种“今兹美禾（谷子），来兹美麦”。这是说今年丰收了好禾，接着种麦子，来年再种麦子。

7. 因地制宜实行休闲　《周礼·地官》：“不易之地，家百亩；一易之地，家二百亩；再易之地，家三百亩。”郑司农云：“不易之地岁种之，地美，故家百亩；一易之地休一岁乃复种，地薄，故家二百亩；再易之地休二岁乃复种，故家三百亩。”

8. 土壤耕作讲究程序　《吕氏春秋·辨土篇》：“凡耕之道，必始于垆，为其寡泽而后（厚）枯；必厚（后）其靹，为其唯（雖）厚（后）而及（括号中的字是由夏纬英所注）。”

《氾胜之书》："凡耕之本，在于趣时，和土，务粪泽，早锄，早获"；"得时之和，适地之宜"，可保持土壤墒情与肥力，即便是瘠薄之田，也能得到好收成。

9. 古代对精耕细作的要求　《吕氏春秋》引"后稷曰：①子能以洼为突乎？②子能藏其恶而揖之以阴手？③子能使吾土靖而甽浴土乎？④子能使保湿安地而处乎？⑤子能使藋夷毋淫乎？⑥子能使子之野尽为冷风乎？⑦子能使藁数节而茎坚乎？⑧子能使穗大而坚均乎？⑨子能使粟圜而糠薄乎？⑩子能使米多沃而食殭乎？"

这是《吕氏春秋·任地篇》所写下的当时农业生产所注意的十个实际问题。据《中国农学史》注释，其（1）～（3）问是：你能把低洼潮湿之地变得高爽吗？你能把干燥的土地变得湿润吗？你能使土地平整全面为水所浸浴淹没吗？皆是讲土地利用问题；（4）～（5）是问：你能使作物得到充分水分生长得很好吗？你能使杂草不蔓延而为害吗？皆是指整地灭草保墒的事；（6）～（10）：即问你能使地里的庄稼全面通风透气吗？你能使禾苗发棵分杈而茎秆坚强吗？你能使穗子大而健壮整齐吗？你能使籽粒饱满而糠皮很薄吗？以及你能使米粒肥美而吃起来有劲吗？则又是指匀苗施肥、中耕除草等田间管理技术措施而言的。这十问很巧妙地借着后稷的发问，提出土地利用、作物栽培的主要理论和要求，以及精耕细作的要意。

10. 趣时、和土　《吕氏春秋·审时篇》：要提高土地生产力，应遵循"凡农之道，厚（候）之为实"。《氾胜之书》："凡耕之道，趣时，和土""以时耕，一而当四，和气去耕，四不当一。"即使说根据气候条件及时进行土地耕作是精耕细作提高农业生产能力的关键。《审时篇》中还说："得时之麦，稠长而颈黑；二七为行，而服薄（禾羔）而赤色；称之重，食之致香以息，使人肌泽且有力；如此者不蚼蛆。光时者，暑雨未至，胕动蚼蛆而多疾；其次羊以节。后时者，弱苗而穗苍狼，薄色而美芒。是故得时之稼兴，失时之稼约。"用现代语言说，就是耕作及时的小麦，生长发育良好，植株健壮而虫害少，穗子大而小穗多，色泽深而麦粒重，皮薄而出粉率高，人吃了而耐饥有力。耕作不及时，过早与过迟的小麦则不同。早的，苗生太早，容易遭受病虫危害；晚的，苗生脆弱，结穗不能丰满；二者的色泽皆不好。结论是：得时的庄稼收成多，质量好；失时的庄稼收成少，质量差。

整地是和土的主要内容之一。古人倡导：一是深耕，《国语·齐语》说："及耕，深耕而疾耰之，以待时雨"；《孟子·梁惠王上》说："深耕易耨"；《庄子·则阳篇》："深其耕而熟耨之，其禾繁以兹"；《荀子·天论》："楛（恶）耕伤稼"；《韩非子外储说左上》："如是耕者且深，耨者熟耘也。"深耕不仅能"大草不生，又五螟蜮"，还可改良土壤，使"力者变柔""棘者变肥"……二是多耕多锄。古代农学中常见有“五耕五耨”之说。这五耕五耨并非耕锄各五次，而是强调耕、锄次数要多，即多耕多锄，更有效地促进土壤疏松、透气，使其熟化、保墒、消除病虫害。农谚说得好，“锄头有水，锄头有火”。即是说地旱时耕地、松土，能保墒；地阴时锄地能提低温；地湿时锄地可加快散墒。三是开沟作垄，“上田弃亩，下田弃甽”种植。周朝时期出现垄作法，西汉时出现代田法及区田法等。这“三法”在高地（旱地）、洼地（湿地）上发挥着四大作用：一是抗旱避涝的作用，洼地起垄种植，沟畦可排水；旱地起垄后种植于洼畦，利于保水（墒）抗旱；二是便于集中施肥和作物培土，便于培养地力；三是“亩”“甽”轮作，实行局部休闲涵养地力；四是增产增收。如赵过推广的代田法，“一岁之收，常过缦田一斛，善者信之”。据测算，代田法可比一般缦增产25%～50%。

11. 耕地和土必须抢墒 汉代《氾胜之书》：“春冻解，地气始通，土一和解。夏至，天气始暑，阴气始盛，土复解。夏至后九十日，昼夜分，天地气和。以此时耕田，一而当五，名曰膏泽，皆得时功。”为了确定春耕适期，《氾胜之书》还记载了氾胜之的实测方法：“春候地气始通：椓橛木长尺二寸，埋尺，见其二寸；立春后，土块散，上没橛，陈根可拔。此时二十日以后，和气去，即土刚。”

12. 提高农地耕作质量 为了提高农地的耕作质量与效率，唐代将犁改进为曲辕犁，这样的犁耕作起来既可调深浅，符合需要；又可翻土，使表层熟土翻到下面，生土翻到上面，以提高土壤的熟化层。此外，唐代还出现礰碍与耖、耙、碌、碡等，用于耙耱土壤，或镇压表层裂缝等。《农说》：“故犁锄者，必使翻耖数过，田无不耕之土。则土无不毛之病。”

13. 土有不用，治之得宜 宋代《陈旉农书·粪田之宜篇》：“土壤气脉，其类不一，肥沃硗确，美恶不同，治之各有宜也。”还指出：“若能时加新沃之土壤，以粪治之，则益精熟肥美，其力当常新壮矣。”原苏联土壤学家威尼士：“没有不好的土壤，只有拙劣的耕作方法。”

14. 风土之异，宜作人为 元代《王祯农书·地利篇》：“尝以大体考之，天下地土，南北高下相半。……然亦有南北高下之殊。”但“谨于种艺”和“种得其法”，仍可适地而获。

第四节 北京的农地利用

今北京地区属于古代幽州的腹地，在二三百万年前“北京小平原”还是一片海洋。随着漫长的日月消逝，在山体构造运动中岩石风化，受洪水冲击沉于大海，日积月累使沧海变桑田，形成了现今海拔低于100米的平原，但在古代这里绝大部分还为湖泊沼泽所覆盖。新石器时代的人们还无法开垦这片平原，他们只能在狭窄的山麓地带以及河流冲积的上部，如河崖台地、山前高地等土地上，从事原始锄耕农业。目前已发现的门头沟区“东胡林人”遗址和怀柔区的转年遗址，早在一万年前就出现农业和古人居落。而这里的“土宜”正是前者位于永定河支流清水河北岸，二级阶地上，后者位于白河岸边的二级阶地上。稍晚一点的平谷区上宅遗址，坐落在燕山南麓、泃河北岸二级台地上。直到黄帝时代“邑于涿鹿”仍“背倚涿鹿山，坐落在一块台地上”。（王东等《北京魅力》，北京大学出版社，2008 年）。因为这时的农业生产力和抗御自然灾害的能力都很低。只有依山傍水、居高临下，方可不失向大自然中继续采集、渔猎和规避洪涝灾害。

随着气候的改变，北京小平原的湖泊沼泽逐渐缩小，旱地扩大，古代人们随之向平原迁徙。有资料表明，从世界历史的范围来看，在河流平原或三角洲地带经营农业必须实行人工排灌，而排灌技术一般发生在文明出现之后（《世界上古史纲》上册，人民出版社 1979 年）。我国正是在大禹治水，开创出排灌技术之后，人们开始向低洼的平原地区推进，开始了平原地带土地与农业的开发。

从史料中可以寻访到远古时代时北京平原地最早开发的区域是拒马河流域，因为这里有两大有利条件：一是有早期的水利工程“督亢渠”可引水灌溉；二是接受中原农业文化较多。

在平原地区最早利用泽地或引水灌溉而辟地种稻的地区是房山区长沟镇，早在西周时期即已种植水稻，并一直延续至今。《燕山从录》记载道：“石窝东南，拒马河经铁岭岩而东，挟河东南贯注，开渠设闸，十余里睦禾相望。”到清咸丰年间《房山志料》载：“房邑西南广润庄、高家庄、南良各庄、长沟村四处营田二十六顷有奇。”

通过兴修水利、开垦稻作起步较早、面积最大的是东汉张堪任职渔阳太守“开稻田八千顷。”之后水稻用地面积因水利兴衰而有波动。新中国成立后曾于 1970 年发展到近百万亩。从 1972 年起因连年干旱，农业用水日益匮缺，水稻种植面积逐年减少，2012 年只剩 3 032 亩。

对湖泊泽地的利用历史悠久。丰台区的莲花池种植莲藕已有三千多年，其开发利用功能是生产莲藕，一度成为辽金的御用花园，如今成为湿地公园。古时京畿平原地区散落着一些面积较大的湖泊湿地，如通州的“延芳淀”，到辽期时这里水面很大，《辽史·地理志》称：“延芳淀数百里”。据《北京通史》记载：延芳淀处潮白河、温榆河、高梁河等诸河的下游，水源充足，且是北京地区地势最低的地方，海拔仅有 20 米，至今沼地亦颇多，芦苇丛生。当时，这里湖水荡漾，烟波浩渺，沿岸芦苇茂密，绿柳绕堤。水中莲菱飘香，鱼虾游弋。尤其是春季，常有成群的白天鹅栖息湖中，好显生气。辽攻占幽燕后便占此淀为游猎之地。直到元代还是皇家游猎盛地。元帝有“多猎瀔州海子林”的记载，这“海子林”便是延芳淀的旧址。金代利用此湖泊辟为园林，供皇帝游览——名曰“钓鱼台”，一直沿袭至今。故南苑一带（包括大兴部分地域）在平原之中有多条河流和多处湖泊，金代便在这里建立“建春宫”供皇帝游猎，至元代改称“下马飞放泊”，明代建为上林苑南海子，为御园，清代改建为南苑行宫。元明清三代以此为皇家乐园。新中国成立后这里由“南大荒”改造成良田，南海子湿地营造麋鹿园。

京郊历史上遗留下许多荒芜湖泊的沼泽，如延庆的康西湿地、顺义的汉石桥湿地等，如今被开发为生态涵养、可供观光的湿地公园；山区许多洼地被建成拦洪水库，共 88 座，总库容 93.77 亿米^3——这是事关国计民生的源泉；新中国致力保护河流，流域面积 10 千米^2 及以上的 425 条河中有防洪任务的河段长度为 458 698 千米，已治理的河段长度 139 391 千米；郊区有土壤侵蚀面积 1 600.93 千米，具有水土保持措施面积为 4 630 千米^2，其中工程措施 553 千米^2，植物措施 2 284 千米^2，其他措施 1 793 千米^2；历史上的山场曾是茂盛的天然原始森林，随着人类的繁衍侵袭，特别是封建王朝在京建都大兴土木，使广阔的原始森林化为乌有，到新中国成立只剩下寥寥无几的几片次生林。如今的青山再起，全靠人民的植树造林。山地开发发挥三大效应：一是积木成林；二是防风固沙：三是呵护生态，营造大地生机。

就农业而言，更大的土地利用在于广阔的平原和山间盆地。在原始公社时期，原始人类多利用河岸台地、山前冲积河滩高地种植黍稷、菽等旱粮作物；进入先秦时期，人们大部分移居平原地区，从禹起出现了排灌技术，具有了遇洪排水、遇旱引水灌溉的能力，平原地区的土地利用呈现两种形式：一是旱作——种植黍、稷、菽、麦等；二是引水种稻。这就是《周礼·职方》中所记载的“幽州……谷宜三种”。西汉司农郑玄注：三种“黍、稷、稻”。直至今，京郊山区仍沿袭种植黍、稷、荞麦、豆类等耐旱耐瘠作物。小麦、水稻在平原地区从西周起一直在种。但直到明清起才逐渐进入种植的主要作物行列。从明代后期先后引入玉米、甘薯两种高产粮食作物和棉花等经济作物，使京郊的土地利用由低效走向高效（在同等土地上玉米、甘薯的产量远高于小麦、黍、稷；棉花的经济收益远高于粮食作物）。

自古以来，京郊农民还因土制宜进行开发利用。大兴区庞各庄镇域的农民利用当地由永定河冲积扇形成的沙壤土，昼夜温差大的特点，从明代起就种植西瓜，并形成产品品质上乘，成为贡品，今获国家地理标志保护产品；丰台区花乡土地为沙壤，“泉甘土沃，养花最宜”。据资料显示，春秋战国时期这里即已种植花卉；到金代就成为北京最早的花卉集中栽培区域；到元代这里养花已有所发展；到明清时这里的花卉生产进入盛期。《日下旧闻考》写道：（丰台）“草桥众水所归，……十里居民皆莳花为业。有莲花池，香闻数里。牡丹、芍药载如稻麻。”其时已成为中国著名的花卉故乡，如今被称为“花乡”，成为京城重要的花业基地。

北京地区种菜的历史已有三千多年，早期的蓟城就得名于该地盛产蓟菜，直到清代，北京地区的民间每逢农历三月初三还要吃“蓟菜饺子”。真正人为利用土地栽培蔬菜的记载不晚于西汉。汉宣帝时（前 74—前 49）地方官渤海郡太守命境内每户农家都要按人口定量种植葱蒜蔬菜，秋冬季要储藏蔬菜。当时今日北京市南郊、大兴的采育就属其郡管辖。南北朝时，幽州城的“负郭”（近郊区）就已出现了专业菜农和菜商，唐代幽州（在授田制中包括授给种菜的园田）都督府已设有“农圃监”和“农圃丞”，负责管理幽州的园圃蔬菜生产。到元代广安门外到右安门外一带的菜户营地区，由于土质肥沃，水源充沛，逐渐变为菜田；到了明代由于城市人口大增，对蔬菜需求也大增，菜地遍四郊，并按距离远近和地力划分为三等：位于近郊的菜地地力好为上等；稍远和渐远的分别为中等和下等（张廷玉《明史·食货志》）。清代在南苑和菜户营地划地 6.28 万亩作为御用菜田；在城近郊区（丰台、海淀、朝阳）等发展民间菜园，供给平民消费。

新中国成立后，市政府先后在近郊四区及至远郊专门划定土地用作菜田，大致十几万亩逐渐扩展到 70 万亩。

20 世纪 70～90 年代，为缓解首都“吃鱼难”，利用天然坑塘、洼地、窑坑等“废地”，建设淡水鱼养殖基地 12 万亩。既地尽其用，又增加了市场鱼品供应和农民收入。后因水源匮乏，鱼塘面积减少。

进入 21 世纪以来，对土地农用更着眼于其生态功能，除了山区大范围推行退耕（地）还林（地）外，在平原地区划出百万亩土地植树造林，力求以其改善城市生态净化、美化、宜居。

第五节　肥之论

当代伟人毛泽东在《关于养猪问题的一封信》（1959 年 10 月 31 日）中讲道：“肥料是植物的粮食”。这是一句至理名言。在我国种稼施肥自古就受到农民、农家的重视。在原始社会时期没有文字，当亦不会有“施肥”的记载。但人们可从“刀耕火种”和撂荒易耕中感知其火种与撂荒易耕或后来毛传里写道的“田，一岁曰菑，二岁曰新田，三岁曰畬”都寓含着焚草（柴）施肥的本意。当然，人们直观上都认知焚烧林木杂草是为清除种稼的障碍。若仅为此，原始人们又何必来放弃已开垦的土地变荒再花力气去开垦新天地呢？因此，可以理解与认知原始人类撂荒、开荒的动机之一都在培养地力，使其成为“新田”“畬”田。

肥与粪：《辞海》农业分册中云：“肥料指直接或间接供给作物所需养分，改善土壤性状，以提高作物产量和品质的物质。”在我国古农书中称“肥料为粪、粪草、粪土、火粪、皮毛粪等。甚至绿肥也称粪，栽培绿肥称苗粪，野生绿肥称草粪，施肥称为粪田。”纵观人类种地施肥的历史，硝是从积造和使用人类粪尿开始的。我国商代甲骨文里有关于用“[illegible]”（即现在的“屎”字）上田的记载，说明早在三千多年前，“以粪肥田”在农业上已被广泛采用。史籍记载我国古代的“伊尹法”“后稷法”施肥，是用兽粪一类的有机肥料和附子一类的药物去浸种，使种皮外粘上一层肥与药，既可肥田又可消灾（病虫害）。

肥的历史：《荀子·富国篇》曰：“多粪肥田，是农夫众庶之事也。”

《礼记·月令》：“季夏之月，大雨时行，烧薙行水，利以杀草，如以热汤，可以粪田畴，可以美土疆。”郑玄注云：“此谓欲稼莱地（休闲田），先剃其草，草干烧之，至此月大雨流水潴畜于其中，则草死不复生，而地美可稼也。”这里讲的是在休闲地上除草制肥的技术。

先秦诸子论“粪田”（施肥）：

《老子·四十六章》：“却走马以粪。”

《韩非子·解老》：“积力于田畴，必且粪溉。”

《孟子·滕文公上》：“凶年粪其田而不足。”

《荀子·富国》：“掩地表田，刺草殖谷，多粪肥田，是农夫众庶之事也。”

《说苑·建本》：“孟子曰：人知粪其田，莫知粪其心。粪田莫过利苗得谷，粪心易行而得其所欲。”

这些记载反映战国时期人们已认识到施肥对增产和肥田的作用，对施肥的重视。古人认知的粪有两种来源，一是人与牲畜的粪便。《左传》昭公三年：“以粪除光人之敝庐。”另一种来源就是利用天然的草木腐殖质及其灰烬。《诗经·周颂·良耜》：“荼蓼朽止，黍稷茂止。”《礼记·月令》：“仲夏之月，……毋烧灰”，《睡虎地秦简·田律》：“春二月，……毋敢夜（择）草为灰”。

“宜而为之种。”郑玄注释，土化之法就是“化之使美”，即用粪肥改良土壤的意思。

《周礼·地官·草人》有具体的土化之法曰：“凡粪种，骍刚用牛，赤缇用羊，坟壤用麋，渴泽用鹿，咸潟用貆，勃壤用狐，埴垆用豕，强壏用蕡，轻爂用犬。”这段文字讲的是不同的土壤施用不同的粪。至于所说的粪是牲畜粪便还是它们的骨汁，人们认识不一。但可看出其“粪其地以种禾也”的道理，即倡导在不同的土壤上施用不同的畜粪或骨汁，也就是看土施肥。可见在春秋战国时期亦已出现因地制宜的施肥理念与技术。

秦汉时期，对土壤肥力高低和作物的生育与产量的关系已有明确的认识。如说“地力盛者，草木畅茂，一亩之收，当中四五亩之分。苗田，人知出谷多者地力盛”（《论衡·效力篇》）。而“地之硗者，虽有善种，不能生焉”（《汉书·贾邹枚路列传》载贾山《圣言》语）。并且认识到，土壤肥力是人力可以改变的。王充在《论衡·率性篇》中写道：“夫肥沃墝埆，土地之本性也。肥而沃者性美，树稼丰茂。墝而埆者性恶，深耕细锄，厚加粪壤，勉致人功，以助地力，其树稼与彼肥沃者相似类也。”

《吕氏春秋·住地》中亦写道：“地可使肥，亦可使棘”，“棘者欲肥，肥者欲棘”的思想开了后世——宋代陈旉“地力常新壮”理论的先河。

秦汉时期，在施肥方式上也有了进步，除了种肥外，这时出现了基肥和追肥，集中施肥法和溲种法亦见于记载。

宋元时期，对施肥在理论和开辟肥源上都有所创见。陈旉《农书》提出了“用粪犹用药”，“地力常新壮”的重要观点。王祯在其《农书》中专论《粪壤》，将肥料放在重要地位来研究总结与书写。书中说道：“田有良薄，土有肥硗，耕农之事，粪壤为急”，“粪壤者，所以变薄田为良田，化硗土为肥土也”。这都反映了宋元时期对肥料的重视和珍惜。王祯在《农书》中总结提出当时肥料有四类：即苗粪（厩肥）、草粪、火粪、泥粪等。这是中国最早出现的肥料分类。

在肥料的积制与保存方面有所创新：首创杂肥沤制，即“聚糠稿法”。沤制成的肥料，称之为“糠粪”。这是中国利用沤制技术造肥的开端（《中国农业科技史稿》）。再就是“饼肥发酵”“熏土造肥”“河泥利用”等都是史料中首见。在肥料保存上出现了设置“粪屋”，以防肥效流失，或在田头设置“粪窖”，借以保肥。

在总结施肥经验的基础上，宋元时期形成了一套合理用肥的思想——“粪药”说。这种思想最早见于陈旉《农书》：“相视其土之性类，以所宜类而粪之，斯得其理矣，俚谚谓之粪药，以言用粪犹用药也。”继后，王祯《农书》又进一步指出：“粪田之法，得其中则可，若骤用生粪，及布粪过多，粪力峻热，即烧杀物，反为害矣。”这种思想对于经济合理施用肥料和保证作物良好生长，都有重要意义，从而成为中国施肥技术上一次重大发展，并为合理施肥奠定了思想基础（《中国农业科技史稿》）。

明清时期，对于通过施肥来提高单位面积产量的认识更加深刻。清人杨屾，在《知本提纲》中提出：“垦田莫若粪田。”他的学生郑世铎在注中说：“常加粪沃”，瘠薄的土地可以变成良田；假若没有粪壤，则地力必然衰退，就必须“间岁而易田”。而多加粪壤之地，不仅可“一岁数收”，而且“地力新壮，究不少减”。杨屾还倡导“积粪胜如积金”这句谚语来强调积肥、施肥的重要。

杨屾和他的弟子郑世铎积累历史的经验，把肥料分为十大类：“曰人粪、曰牲畜粪、曰草粪、曰火粪、曰泥粪、曰骨蛤灰粪、曰苗粪、曰渣粪、曰黑豆粪、曰皮毛粪”（《知本提纲·农则耕稼》)。

该时期的《沈氏农书》特别强调猪羊积肥。其云道：“种田地，肥壅最为要紧……养猪羊尤为简便。”古人云：“种田不养猪，秀才不读书”，必无成功。则养猪羊乃作家第一著《沈氏农书·运田地法》。沈氏认为只有“栅（猪圈）中猪多”才会“囤中米多”。他说“养了三年无利猪，富了人家不得知。”这与京郊流行的“养猪不赚钱，只图猪粪能肥田”一个道理。

清人对大豆根瘤（土豆）已有详细观察，且把它与年景丰歉相联系。王筠《说文句读》卷十四中说：“豆之根有土豆，丰年则坚好，凶年则虚浮。”说明当时已认识到大豆根瘤的肥田作用。

在施肥方法上出现三大改进：一是在施底肥——“垫底”“坐兜”“胎肥”的基础上，注意“看苗施肥”；二是施肥把握“三宜”——时宜，“寒热不同，各应其候”；土宜，“土宜者，气脉不一，美恶不同，随土用粪，如因病下药”（《知本提纲·农则耕稼》)；物宜，“物性不齐，当随其情。……贵在因物试验，各适其性，而收自信矣”（郑世铎语）；三是用骨灰蘸秧根，明代宋应星《天工开物·乃粒》：“勤农粪田，多方以助之……土性带冷浆者，宜骨灰蘸秧根，石灰淹苗足，向阳暖土不宜也。”

晚清及民国时期，晚清时期，我国在继承传统的积肥、造肥、施肥技术的同时，开始引进、吸收了一些外来的肥料科学知识，化学肥料开始传入中国。

从《中国农业科技史稿》看，晚清时期仍盛行我国传统的即《知本提纲》中所概括的肥料“酿制十法”和十种肥料类型，还继承和发扬古代时宜、土宜、物宜施肥的“三宜”原则。同时打开国门大量引进、介绍西方农业科技成就，其中关于肥料方面的有日本的《肥料篇》《肥料论》《肥料效用篇》《人造肥料品目效用及用法》；美国的《厩肥篇》；英国的《农务化学问答》等。从近代肥料科学知识中，中国人进一步认识到肥料并不仅仅限于肥田，它至少有五方面作用：①供给植（作）物所需的养分；②保持土壤化学成分的适当比例，以适应植（作）物需用；③变土壤中的不可溶解成分为可溶解成分，以利作物吸收；④有利于改良土壤的物理性状；⑤能够将土壤中有害物质转化为无害物质。

丰富了对肥料分类与品种的认识。据日本有关肥料的分类的记录显示，比我国相关的传统知识要深刻、开阔得多，且反映出肥源的本质，显得更科学、更具体。如其所分四大类 38 种：动物性肥料 8 种，植物性肥料 12 种，矿物性肥料 5 种，杂肥 13 种。

1904年，化学肥料（又称人造肥料）开始传入中国，品种为硫酸铵。时年罗振玉在译文中写道："人造肥料有效益：功效宏一也；体积减便运输二也；可按各物之特性，而施以所嗜以要素三也；今欧美各邦，无不施人造肥料。中国各行省僻远之地，有因人口稀少，得粪为难，而田地日就瘠者，益购此化学肥料施之，以改瘠为良，其利可限量耶?"

1906年，济南市已有机构生产、推广化学肥料。

据原颂周《中国化学肥料问题》（《农报》1937年1月20日披露），1925—1935年，全国化学肥料消费量从1925年的2万吨增长到1935年的9.2万吨；其间引进的化肥品种比较齐全，有硫酸铵、过磷酸钙、硫酸钾、氯化钾、硝酸钠、石灰氮、硝酸铵、磷酸铵、三元复合肥等十余个品种。但在农业上比较广泛使用的，只有硫酸铵一种。

在1840年后，随着"西学东渐"，西方近代农业科学技术便开始传入我国。其中有德国化学家李比希创立的"农业化学"，其学说要点有"凡泥土之原质，各不相同，而农家须知何种土质能生何种植，如其泥土之原质与欲种之物不合，或缺所需之料，则必添补或加砂灰粉炭等质，使所种之物茂盛，或壅粪等料使所种之土肥沃，故农民能将泥土划分以知其可种何物，则不致有误。"这是用近代科学对土壤、肥料同作物生长关系的一个说明，也是最早传入我国的农业化学知识（《中国农业科技史稿》）。同时还传来了李比希提出的植物营养元素归还学说以及"作物产量受相对含量最少的养分所决定"这一"最小养分律"。再就是1950年英国学者布莱克曼提出的"限制因子定律"，后来苏联土壤学家威廉士提出的"任何一种植物生活因素都不能被其他任何因素所置换"定律和"一切植物生活因素都绝对同等重要"定律。这些论断，都揭示了这样一种规律，即影响植物生长的绝对不是一种因素，而是一组按照不同量值组合的因素，缺一不可，必须在不同水平上相适。根据控制原则，这种"相适"组合要素就是达标的最小要素。这一系列理论阐述，既发展了植物营养学说，又开拓了农业化学学科，把栽培耕作施肥科学技术推上了近代阶段。

李比希说："农业是一种技术，同时又是科学。它的理论基础应当包括对植物生活条件、生命元素起源和营养元素来源的认识。"这一论述，仅就施肥而言已将我国传统施肥之道引向崭新的发展方向。一些农科大学都设立常见农业化学学科，传授农业化学知识，培养农化人才。

至20世纪30年代以前，北京地区一直重视肥料的积造和施用，在农村一直流传着"庄稼一枝花，全靠粪当家"；"种地不上粪，等于瞎胡混"；"上粪一大片，不如一条线"；"地是摇钱树，粪是聚宝盆"；"种地不用问，勤锄多上粪"（因为那时种地全凭经验，作物品种多年不变，农民劳作就是按时耕种，收多收少全压在上粪多少。因此该句谚语中"种地不用问"当是经验之谈）；

“庄稼要好，粪足水饱”；“人靠五谷养，地靠粪土长”。这就是古代北京地区农民对施肥的认识。正因这样，一直沿着自积、自用肥料的传统习惯，并想方设法开辟肥源，除了养猪积肥，京郊一直流传着“养猪不赚，全靠粪肥田”等谚语，还注意在高秆作物（如玉米、高粱）地间种或混种一些豆科作物，既可有一定的收获，又能用共根瘤养地。还有农户年年换炕，用换下来的老炕土上田提高土壤肥力。从20世纪30年代以来，从引进、施用化肥（时称“肥田粉”）首引的化肥是硫酸铵，之后相继引进硝酸铵、氯化铵、氯化钾等。20世纪50年代以来，北京化工试验厂建成，开始生产碳酸氢铵，之后石景山钢铁厂生产硫酸铵。60年代化肥生产品种增多、产量扩大；70年代有8个县先后办起了“小氮肥厂”和19个“小磷肥厂”，年生产单飞（碳铵）32万吨，磷肥19万吨，供应北京地区施用。进入80年代，大量进口复合化肥。到90年代初，北京每年自产尿素肥已达20万吨。

在实际应用中，化肥既有作底肥、种肥，也有作追肥，并且形成分次施肥的建议。开始多以氮素化肥为主，一是开沟追施；二是随水追施，叶面喷肥（磷二氢钾）。为了弄清小麦、玉米土壤养分供给丰缺，1988—1992年北京土肥工作站组织各县（区）开展了小麦、玉米氮、磷、钾丰缺指标和钾肥推荐用量，提出了不同土壤肥力水平、不同目标产量下氮、磷的合理施用量，以及番茄、白菜配方施肥推荐量。

在小麦施肥上，北京市农林科学院小麦专家诸德辉先生以小麦生长各部分器官相互关系为理论基础，以环境条件和不同时期水肥效应为科学依据，以叶龄为判断生育期的形态指标，结合有关研究结果和不同生产条件的验证总结，提出了因地制宜运用“小麦叶龄指标促控法”的两套水肥促控法：一是双马鞍（W）促控法，适用于土壤有机质≤1.2%，全氮≤0.08%，有效氮≤60克/吨，有效磷≤20克/吨，有效钾≤80克/吨；群体结构接近或小于合理指标范围下限，地力中等或偏下地力，长势不够旺盛的一般麦田（图7）。

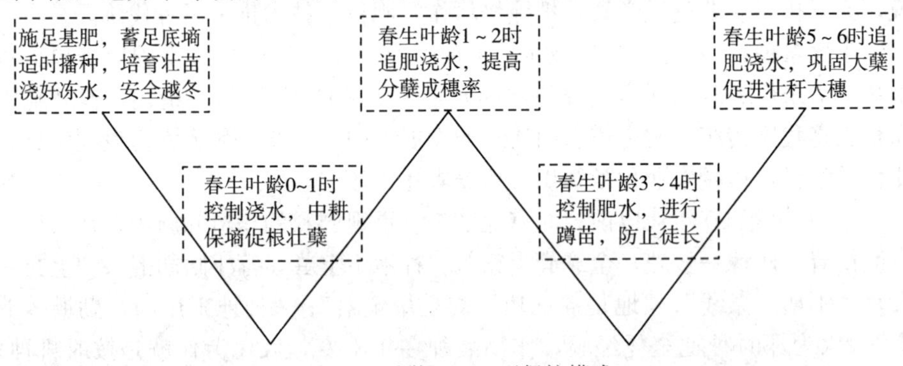

图7　双马鞍（W）型促控模式

二是单马鞍（V）型促控法，又称两促一控法，适用于土壤有机质≥1.5%，全氮≥0.1%，有效氮≥80 克/吨，有效磷≥30 克/吨，有效钾≥100 克/吨；群体结构接近或超过合理指标范围的上限，地力上等（相当于北京地区土壤肥力八级分类的三级以上水平），长势苗壮或偏旺的高产麦田（图 8）。

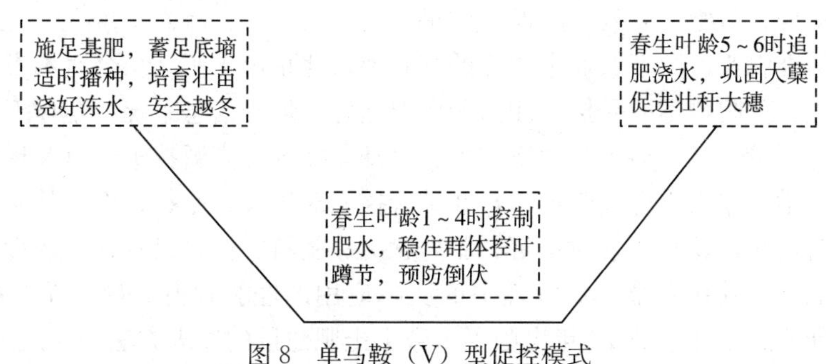

图 8　单马鞍（V）型促控模式

介于两种情况之间的中上等麦田可根据气候条件、品种特性和苗情长势，灵活应用两套不同的促控措施。

在现代农业发展中，农业用肥呈现品种多样化、施肥依据理论化、施用方法精细化，更加重视使用肥料的理性效果：

（1）农用品类多样化　有机肥由传统的人畜粪便、土炕土、圈厩肥、草木秸秆堆（沤）肥等，又增加了畜禽粪膨化处理、沼气发酵后的沼液、沼渣、秸秆直接粉碎还田以及草炭腐殖（植）肥、菌肥等。由畜牧养殖业的兴旺发达，过去的饼肥、酱渣肥等现在不见了。化肥方面由单一的 N、P、K 肥，又增加了 N、P 复合肥，P、K 复合肥，以及多种微肥，如硼肥、钙肥、锌肥、稀土等。

（2）施肥依据理论化　①讲究因地、因时、因作物制宜，综合“三宜”和生产指标而决定施用谋略；②按照作物的生育规律对营养元素的需求种类、元素间的配置与适期决定施肥；③按照“三益”——经济效益、生态效益、社会效益的综合平衡施肥；④要遵循养分归还说、最小养分律、各种营养元素同等重要与不可替代率、肥料效应报酬递减率、生产因子的综合作用等理论。这些理论的宗旨全在于增产、增收，呵护生态，节约成本，保持农业所需能量的平衡供给，作物正常生育，维系良好的生态环境。

（3）施肥方法精细化　20 世纪 70 年代末，北京市农业科学院土壤肥料研究所与双桥农场科技站等单位协作研制出液氮施肥机，并研究确定了小麦、玉米、水稻施用液氮的适期、数量、深度和增产效果；80 年代，北京市农林科学院作物研究所，研究成功“作物营养平衡诊断与调节系统”，制定出栽培作物养分动态模型，可迅速查影响高产优质的主要限制因子，开列调控施肥配方，促进养分平衡，实现高产优质。土肥所还对潮土类养分丰缺指标进行研究，并提出氮、磷丰缺指标和冬小麦的推荐施肥量。20 世纪 90 年代后期到 21 世纪初期，北京市农林科学院以赵春江研究员为首的科技团队研究利用“3S”系统监测调控实行“精准施肥”，在国内率先采用高技术手段进行科学施肥，收到了精准、节肥、高效、环保的效果。

在精准农业、数字农业中国化的基础上，北京市土肥站结合对本市土肥工作的管理、土肥科学的弘扬，在深刻研习遥感、地理信息系统、全球卫星定位系统、计算机技术、通讯和网络技术、自动化技术等高新技术，以及现代土壤学、肥料学、作物学等基础科学，并结合探索对土壤、肥料、作物从宏观到微观的实时监测，及其实现对土壤、肥力状况、肥料、作物以及相应环境定期信息的获取，及其在土肥工作管理中的实际应用的经验提升，提出了“数字土肥”的新概念，并于 2012 年出版了《数字土肥建设的原理方法与实践》一书。书中列定的数字土肥工作框架与建设内容模型见图 9。

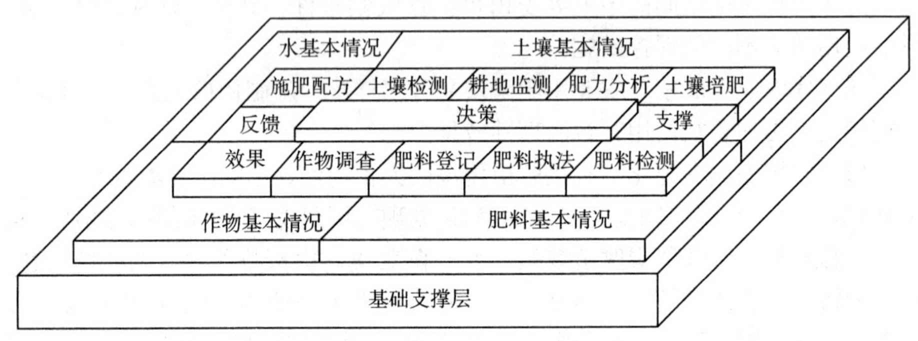

图 9　数字土肥四层工作模型

这一理论与方法的实践必将推动当代土壤改良、与科学用肥攀登一个新的台阶！

水肥一体化：水是农业的命脉，肥是作物的“粮食”，而肥依水而运作被作物吸收。传统的施肥、浇水是分开进行，无形中影响肥料的利用效果与效率。21 世纪以来，北京市农业技术推广站试验成功“水肥一体化”与“重力滴灌”相配套，在节约浇水的同时进行渗透式施肥，既节肥、省工，还有效地提高了水肥耦合效应。

（4）重视肥料肥使用多重效果　传统的施肥时代，一般多采用大水大肥的办法，只期“肥多粮多”，不顾及肥多既可造成浪费，还会影响环境。如今进入知识经济时代，人们施肥不仅期待“粮多”、增产增收，还要保护良好的生态环境，惠益于社会。

现代肥料分类：现代肥料分类比古代要科学、复杂得多。

从所含主要营养元素分有：按其在植物体内含量的多少，可分为大量元素（碳、氢、氧、氮、磷、钾、钙、镁、铁等）、微量元素（硼、锰、铜、锌、钼、稀土等）和超微量元素（碘、镭、铀等）。它们主要是从水、空气、土壤和肥料中取得。

按照酸碱度来分有：酸性肥料，如硫酸铵、过磷酸钙等；碱性肥料，如碳酸铵或碳酸氢铵、氨水、草木灰等；中性肥料，如尿素、硫酸钾、氯化钾等。

按原料类型有：有机肥，包括农家肥——指在农村中收集、积制和栽种的肥料，如人畜粪尿、厩肥、堆肥、绿肥、泥肥、土炕肥、草木灰、秸秆还田、商品有机肥等；化学肥——由工厂通过化学反应所制成无机肥料和从矿物中提取的各种微量元素肥料，如硫酸铵、碳酸氢铵等。

按肥料所含和可供的营养养分有：多元素肥料，如复、混化肥、有机肥、有机与无机复混肥等；单元素化肥，如碳酸铵、氯化铵、氯化钾等。

按见效快慢分有：速效肥，如各种化肥；缓效肥，如有机肥、磷矿粉等。

第六节　地　力　论

地本是天然所生，与地球同源同龄、与生俱来，至今已有 46 亿年的历史（陈光林，《干部科技读本》，齐鲁书社，2000 年）。直到距今一万年前，从原始人类发明了“刀耕火种”起，在人类的开发下出现了农地——通常称为农田。本文以下所讲的地与地力就专指农地及其地力。

地与地力：所谓农地即经人工开发、改良及培育而用于农业（大农业）生产经营的土地，通常称之为农地或农田。就农业而言，农地是马克思生产力论中三要素之一的“劳动对象”的基本因素，没有农地，农业生产便无法进行，即便是工厂化无土栽培，其生产活动的载体也离不开土地。而土地作为农业生产力要素，其生产力的提升在于土壤肥力亦即地力。因为土地是不可再生资源，而地力是可再生资源。自古以来，随着人们科学实验的深入发展，对地力或土壤肥力的认识由表及里、由浅入深不断深化与升华。

在秦汉以前，人们对地力有所认识，但尚无明确的“地力”称谓，已朦胧地提出一些表意词：

郑玄注《周礼》云：“不易之地岁种之，地美，故家百亩；一易之地，休一岁乃复种，地薄，故家二百亩……”。这里讲的“不易之地岁种”是连年种植，“一易之地，休一岁乃复种”是讲的耕种一年休一年。为什么？因“不易之地”地美，而“一易之地”地薄，其“美”与“薄”反映的或表达的是地力好与差。

《礼记·月令》中讲道“粪田畴，可以美土疆。”这里讲的是给农田施肥，可以调高地力或土壤肥力。

《荀子·富国》曰："多粪肥田"，其"肥田"就是增强地力。

《吕氏春秋·任地篇》云："地可使肥，亦可使棘"，其肥、棘表示着地力的高低。

《齐民要术·耕田》曰："凡养田之法"的"养田"即培养地力。

《广志》曰：种苕"蔓延殷盛，可以美田"，意即是说苕是绿肥作物，种苕可以培养地力，或即提高土壤肥力。

《禹贡》将土壤分为上、中、下三等，每等又分上、中、下三级，其依据就是土壤肥力。但书中无"土壤肥力"之说，只以上、中、下表述。

到了秦汉时，对土壤肥力（或地力）高低和作物的生育与产量的关系有了明确的论述。

王充在《论衡·效力篇》中写道："地力盛者，草木畅茂，一亩之收，当中四五亩之分。苗田，人知出谷多者地力盛。"从"苗田，人知出谷多者地力盛"中可知所谓"地力"就是土壤肥力，因为"地力盛"的前提是"苗田"——古代谓之以绿肥肥田。王充在《论衡》中还说，"土地有肥沃的，也有瘠薄的，……肥沃的土地使作物生长壮茂，瘠薄的土地如能精耕细作、厚加粪壤，用人工办法以助地力，也同样可以获得丰收。"

宋代陈旉在其《农书》中明确提出："用粪犹用药"，"地力常新壮"的重要观点。

清代《耕心农话》（1852 年）讲道：深耕配合增施有机肥料，以增加土壤有机物质，可以改善土壤结构并能提高土壤肥力一倍。此外，又指出适时抓紧春耕的田，也能提高土壤肥力二倍（曹隆恭《肥料史话》农业出版社，1981 年）。

《辞海》不仅清晰地提出土壤肥力（即地力）的表述词，还对其内涵作了科学的解释。土壤肥力（或地力），即"土壤能满足植物生长、发育所需要的水分、养分、空气、热量等因素的能力。是土壤的物理、化学和生物特性的综合表现，也是土壤对于土壤母质的基本特性。"

《辞海》对土壤肥力按其形成动因分成两类——由母质、气候、生物、地形、时间等自然因素形成的肥力，叫"自然肥力"；由耕种、施肥、灌排、土壤改良等人为因素形成的肥力叫"人工肥力"。这两种肥力中作物能即时利用的，叫"有效肥力"；不能即时利用的，叫"潜在肥力"。潜在肥力在一定条件下可转化为有效肥力。

中国农业的历史实践表明，农田土壤肥力在精耕细作的培养与改良下是可以"常新壮"的，现代的沃土工程就是运用现代科学技术及手段深入揭示农作物的需肥规律，并按照作物生育需求科学配置肥力要素，实行精准施肥，不断改良土壤结构和理化性状，实现地力可持续发展。

土壤肥力因素：近现代科学研究揭示，土壤肥力因素有水分、养分（肥）、空气、热量四种。这四因素既是作物生长发育不可或缺的因素，也是保持作物生育所需良好生态环境的因素。沃土工程就是科学运用、优化配置这四因素，不断提高和保持土壤肥力，实现“地力常新壮”。

地力的培养：西欧因耕作没有施肥习惯，从古以来就出现“地力消失”的说法，到资本主义时代又变为“地力递减论”。而我国和西欧相反，耕作一贯重视施肥，并且形成一种信念，认为通过精耕细作和施肥、改良土壤，可以不断地补充被作物吸走的肥力，并且注意根据生产目标相应的提高地力，以保持“地力常新壮”。正如格拉斯在其所著的《欧美农业史》中所云：“中国农夫的劳力，长而苦；他在气候适宜的地方，每年种两季或三季作物；他采用大规模的灌溉和排水法；他把凡是可以得到的植物与人类所产的肥料，都放到土壤里去；他把两种以上的作物，同时种在一起；他把田地结结实实地种满，使他的农场像鱼鳞一般。……那是聪明的集约耕作制度，使这个国家不致枯竭。”而在欧美“保存地力，使之永远适于耕种，是一件难事。”拉丁民族的发源地拉丁姆，曾经是小农民的耕地，后来是垦殖的场地，现在是干燥的荒地。西西里、撒地尼亚和北非洲的迦太基区域，从前曾经是世界著名的谷仓，但是，现在怎样？地力消失已成严重问题。

从格拉斯的观察结论中可以认定，地力消长事在人为，中国的实践与理论表明“用”“养”结合是地力不竭之道；只“用”不“养”是强盗逻辑，地力必衰致失。

北京地区作为中华民族发祥地，又是炎黄亲历之地，这里的精耕细作与中原地区是相通的——从考古发掘的史迹已发现北京地区的农业文化具有多元性——中原“仰韶文化”、东北“红山文化”、西北“游牧文化”的集结地，历史上诸子百家的论著中所涉及的农事之言，就其背景多为北方（黄河流域、中原地带）。有关各地农事经验之言必会随着书籍传播、农民迁徙、社会培训、交流而致北京地区。从今日可见的“余光”中似可“反照”北京地区古往今来培养地力的典例：

原始时代的“刀耕火种”与“抛荒休耕”。“刀耕”是人类辟土为壤开创农业的第一步；“火种”是人类辟土为壤撂荒养地、“以垦草莽”培养地力的第一作。

“古者剡耜而耕，磨蜃而耨”（《汜淮南子·汜论训》）。

夏商西周时期，开创“协田”制，即采用三人一组用耜来挖地耕种，进一步提高了耕作水平和效率。

“耦耕”法：《诗经·周颂·载芟》写道：“载芟载柞，其耕泽泽，千耦其耘，徂隰徂畛。”

撂荒养地：《公羊传·宣公十五年》：“司空谨别田高下善恶，分为三品，上田一岁一垦，中田二岁一垦，下田三岁一垦。”因地质、地力不同对其使用和撂荒的时长不同，目的全在养地。

夏禹治水：“尽力于沟洫”揭开了原始的排灌技术（《史记·夏本纪》）。

春秋战国时期，人们已开始认识深耕细作的重要性：

《庄子·则阳》：“浑其耕而熟耰之，其禾繁以滋。”深耕熟耰可疏松土壤增强土壤的通透性，提高土壤保水或散墒及通气能力。

《荀子·富国》：“多粪肥田，是农夫从庶之事也。”倡导施肥、培养地力，是农民应做的事。

出现了小型水利工程。《诗经·小雅·洞酌》：“洞酌彼行潦，挹彼注兹，可以濯溉。”“滮池北流，浸彼稻田。啸歌伤怀，念彼硕人。”据史料记载，北京地区早在西周时即已种植水稻，当时必有水利工程。

在春秋时期，北京地区已经开始制造和使用铁制农具并配以牛耕，为大规模垦荒和深耕熟耰创造了条件（《国语·晋语》）：“宗庙之牺，为畎田之勤。”

战国时期创造了当时世界上最先进的耕作制——垄作法。将土地开成一尺来宽的垄和沟，高地比较旱，就把庄稼种在沟里（“上田弃亩”），低地比较潮湿，将庄稼种在垄上（“下田弃甽”），比美国出现垄作整整领先了两千年！

秦汉时期：西汉赵过推广“代田法”——将土地开成一条深宽各一尺的沟和垄。第一年把庄稼种在沟里，随着禾苗生长，不断将两边垄上的土铲下来为禾苗雍根；第二年在原来是垄的地方开沟，依法种植。这样既使禾苗防风抗旱，又能在同一块地里充分利用和培养地力。结果是“用力少而得谷多”，“岁收常过缦田每亩一以上，善者可过二斛以上”（《汉书·食货志》）。

氾胜之推广“区田法”，并倡导“趋时，和土，务粪泽。”这是培养地力不可缺少的农家要务。

魏晋南北朝时期：形成了“耕—耙—耱”一整套以保墒防寒为主要内容的耕作措施。

宋元时期：宋时，陈旉在《农书》提出“土壤气脉，其类不一，肥沃硗埆，美恶不同，治之各有宜也。”“相视其土之性类，以所宜粪而粪之，斯得其理矣，俚谚谓之粪药，以言用粪犹用药也。”

元时王祯《农书》曰：“粪田之法，得其中则可，若骤用生粪，及布粪过多，粪力峻热，即烧杀物，反为害矣。”这是倡导合理施肥能保证作物良好生长。

明清时期：土壤耕作的基本原则有新的发展。

马一龙《农说》：耕作的基本原则应是“合天时、地脉、物性之宜，而无所差失，则事半而功倍矣。”马一龙所说的“天时”指节令、气候等，即时宜；“地脉”指肥瘠、原隰等，即地宜；“物性”指“繁殖之道”，即作物生长发育的规律性。

清代杨屾：农业要讲究“耕道”——即善“通变达情，相土而因乎地利，观候而乘乎天时”(《知本提纲·农则耕稼》)。概括简言之：耕道就是讲究“时宜、地宜、物宜”。

近现代：对地力的认识与培养已由经验进入科学试验的飞跃。

1897年，罗振玉、徐树兰等人在《务农会略章》中写道：“古人农事最重，周官所载，任土辨物，理教粲然。后世以农为贱业，于是有农事无农学，一切辨土宜、兴水利、制肥料、防螟螣等事，虽叩之躬亲南亩者，亦茫然不能措对，不知其法，遑论其理。”为了改变这种状况，他们决定引进西学，“俾中国士夫，咸知以化学考地质、改土壤、制肥料，以机器省工力，精制造之法理”。

在学习西方土壤学中认识到植物从土壤中摄取最多的养分是氮、磷、钾三种元素。其中磷、钾主要来源于土壤中的无机物，而氮则主要来自以各种形式进入土壤的有机物，这些有机物为土壤中的物质与能量的转换提供了基础。

近代土壤科学明确提出土壤肥力的四大因素：水、肥、气、热(《中国近代农业科技史稿》)。

《史稿》引用日本学者池田政吉语：“盖植物长育，必待细胞新生，细胞新生，必待矿物质与大气物质和合。”这里指出了土壤肥力与植物营养转化的机制。

现代地力培养中的重大突破：

大规模的平整土地、开荒造地和治理盐碱地。

大规模地兴修水利，修建水库88座，总库达93.77亿米^3，发展农田灌溉与排涝事业，使农田基本做到旱涝保收。

大力发展肥料产业及科学用肥，广开肥源，实行有机肥与无机肥结合和测土配方施肥，普遍推广精准施肥。

持续实施“沃土工程”，把地力培养列为农田基本建设中重要内容，常抓不懈。

开展土壤普查，因地、因时、因物制宜实施产业布局，调整与优化产业结构。

广泛实施深耕与免耕覆盖轮换的耕作制，改良土壤结构，提高肥力。

大面积采用设施栽培，提高自然热能利用率和效率，在北纬40°地区实现农业周年生产、地力不竭。

普遍推行科学施肥，全面致力面源污染，保护用地、养地的良性生态循环。

培养土壤化学与肥料科学人才，深入开展植物营养与资源及沃土科学研究、技术转化与应用，为科学种田提供地力支撑。

农业土地生产潜力评价：对农用土地生产潜力的评价自古有之，只是评价视角与水平有异。

《禹贡》按土壤肥力的直观因素将其分为三等九级，即上、中、下三等，每等又分上、中、下三级。

郑玄注《周礼》中有："不易之地岁种之，地美，故家百亩；一易之地，休一岁乃复种，地薄，故家二百亩，再易之地三百亩。"这里讲的古代在分配土地时，以八口或五口为准，地美（即肥地）者，可以连年耕种，一家就得分给三百亩。这种情况表明，当时土地生产能力是按地力好、中、差递减，亦即土地生产力是随着地力提升而递增的。

《公羊传·宣公十五年》："司空谨别田之高下善恶，分为三品，上田一岁一垦，中田二岁一垦，下田三岁一垦。"这虽是讲的"田之高下善恶，分为三品"，但亦寓意着对不同品位农地生产潜力的评估——上田可连年种植，中田、下田种一年，则须休闲一至二年，以涵养地力。

汉代赵过倡导的"代田法"的生产潜力是"用力少而得谷多"，"岁收常过缦田每亩一以上，善者可过二斛以上"（《汉书·食货志》）。

新中国成立后：1979—1983 年，北京市用现代科学技术手段对京郊农业资源进行了调查与评估，其中对土地生产力的评估结果是，由于土、水、热分布不协调，致使土地生产力不平衡。

西部山区常年粮食产量一般为 200 千克左右，较高者为 200～300 千克。

北部山区一般为 300～400 千克，局部地区大于 400 千克；平原地区一般均大于 400 千克，山前暖区可达 500 千克左右；

草地多属中下等，全市平均亩产鲜草为 230 千克，平均 11.5 亩草场养一只羊。（资料引自《北京市农业综合自然区划》1984 年 1 月）。

2007 年，北京市农林科学院综合发展研究所李红在《北京都市型现代农业"221 行动计划"郊区资源底牌调查报告》中对京郊山区耕地作物生产力作出评价，指出："小麦自然生产潜力的空间分布，平谷、密云和怀柔平原部分的自然水土生产潜力最高，分布在 2.6～3 吨/公顷，其次是房山、昌平的平原部分，分布在 2.2～2.6 吨/公顷，各区县山前丘陵台地和延庆盆地位于第三，分布在 1.5～2.2 吨/公顷。对玉米、谷子等作物的不同地力状况下的生产潜力也作出了评价。"

1994 年，北京市农林科学院作物研究所在《粮食高产理论与对策的研究报告》中指出："根据联合国 FAO 生态区域法计算，北京市平原区只要热量充足，生产条件较好，技术水平较高的地方基本都具有亩产 1 000 千克以上的光温水土潜力，一季春玉米可实现亩产 1 000 千克产量水平。小麦、玉米、水稻的光温水土潜力分别为 518 千克、725 千克、673 千克。”在进一步提高科学种田水平条件下，今后它们分别还有 32%、56%和 42%的增产可挖。

1964 年，中国科学家竺可桢在《论我国气候的几个特点及其与粮食作物生产关系》一文中引用中国科学院植物所副所长汤佩松《从植物的光能利用率看提高单位面积产量》（《人民日报》1963 年 11 月 12 日）的结论指出汤先生“从植物生理眼光来计算得出华北地区最高水稻产量为 2 500 市斤（每亩）。同文中介绍中国科学院化工冶金研究所所长叶渚沛从土地肥力来计算单季稻最高产量可达 2 494 市斤。”

第七节　京郊土地生产力水平的潜力

1949 年粮食作物耕地面积 654.4 万亩，亩产 63.8 公斤*，到 1995 年粮食亩产达到 668.4 公斤；粮食作物复种指数：1949 年为 112.3%，到 1995 年则为 167.5%；1994 年全市吨粮田面积达 70 万亩以上。

宋秉彝先生在《现代化吨粮技术与实践》中记载道：“经联合国 FAO 生态区域法测算出来的作物生产力潜力，北京地区光温水土潜力可使小麦亩产达 518 公斤，夏玉米 691.84 公斤，麦花稻亩产 600.26 公斤，春玉米 692.84 公斤，春稻 722.9 公斤。小麦、玉米和水稻的产量潜力分别占 32%、56%和 42%（北京市农林科学院赵春江等）。这样算来，小麦、玉米两茬耕地粮食亩产达 1 209.85 公斤，小麦、水稻两茬可达 1 118.27 公斤。在郊区高产田试验中，小麦极端最高亩产 550 公斤，玉米 700 公斤，麦花稻 550 公斤。”

就单项作物生产力来说：

小麦：可查到的资料：1928 年，顺义、怀柔两县平均亩产最高为 100 市斤（50 公斤），各县平均为 82.5 斤（41.25 公斤）；1949 年，全市小麦平均亩产 62.0 斤（31 公斤）；1978 年达到 452.0 斤（276.0 公斤）；2012 年，在北京市农业技术推广站小麦高产创建竞赛中，出现 253 亩亩产 1 155.6 斤（577.8 公斤）——房山区窦店村二农场。

玉米：从 1949 年到 20 世纪 70 年代大致是每 10 年亩产提高 50 公斤；进入 80 年代，平均每年亩产提高 10 公斤。1991 年亩产突破 400 公斤，1995 年亩产提高到 426.6 公斤，比 1949 年增长 6 倍。2012 年，在高产创建竞赛中有 100 个高产户，玉米平均亩产 651.7 公斤，其中春玉米亩产 778.9 公斤，夏玉

* 公斤为非法定计量单位。1 公斤=1 千克。

米亩产 588.4 公斤。

水稻：1949 年，平均亩产 106 公斤；1945 年为 220 公斤；1965 年为 346 公斤。

综上所述，地力的形成就农地来说有两个因素：一是自然风化，二是人工注入。自然地力在人类无注入的使用下必然出现西欧“逐渐枯竭”的问题。但农地的自然地力与人工注入力结合，便会“地力常新壮”，这就是中国农业可持续发展的历史经验。而“地力常新壮”的根本动力是来自人们自身生产力的不断解放与发展，农民每获得一定程度的“休养生息”，农业便会有所发展，特别是社会主义中国的建立，人民当家做主，农民自身生产力的解放与发展，就带动地力的提升——典型标志就是单位面积产量的大幅提高——由过去的几十斤提高到两千多斤！

第六章　北京农业的非物质文化

关于文化，我国古代人们的认识是文治与教化。《易经》说："观乎天文，以察时变；观乎人文，以化成天下。"这是中国关于文化的最早的解释。英国人类学家爱德华B泰勒在1871年出版的《原始文化》一书中把文化定义为："复杂的整体，包括知识、信仰、艺术、道德、法律、习俗以及其他人的作为社会成员必须习得的能力和习惯。"美国社会学家O. 迈克尔·沃森在《论文化》一文中谈及文化的内容时指出："从社会学意义上来肯定文化概念就要涉及除了生物特征以外的一切人类活动。"今天我国学者宋原放先生主编的《简明社会科学词典》（上海辞书出版社，1984年）中解释道："人类在社会发展过程中所创造的物质财富和精神财富的总和。"指出："文化是一种社会现象，它以物质为基础；每一个社会都有同相适应的文化，并随社会物质生产的发展而发展，随新社会制度的产生而改变，有它自身的客观规律，不以人的意志为转移。文化的发展具有历史的连续性，并以社会物质生产的发展为基础。"从这论述中，可以看出：就文化形态而言，有泛文化——即是物质性与精神性的"总和"；亦有狭义的即"精神性"的一面。就其表现而言，有内隐性和外溢性的一面。

从哲学观之，除自然物外，凡由人类创造的物质如农业产品——农、林、牧、副、渔等方面及其衍生物——粮、棉、油、麻、丝、茶、糖、菜、烟、果、药、杂等及其加工品……都是由人类的智慧创意经创造性劳动而转化来的。哪怕是一件最原始的旧石器也是根据人类采摘与渔猎的需要而打制出来的，没有人的付出智慧与劳动而存在的仅是石块，而不是石器。狗尾草本是野生禾本科杂草之一，经人工长期的栽培、选择与培育，才使其从瘦弱的野生植物演化为穗大、粒多、丰产、可口的粟，即由野生的植物演化为家种的作物；野鸡→家鸡、北豺→家犬、野猪→家猪，天下一味的野生酸枣演化出千姿百态、风味各异、甘美上乘的诸多名枣，如郎家园大枣、密云小枣、西峰山的尜尜枣，以及具有很高观赏作价的"瓶儿枣""葫芦枣""磨盘枣""龙爪枣""茶壶枣"等。画家把农业动植物如牛、马、鸡，大白菜、茄子、荷莲，柿子、石榴等等泼墨画在纸上，就成高尚的艺术品，如徐悲鸿的"八骏图"；齐白石的"大白菜""虾"；黄胄的"雏鸡"；清代高凤翰《自题牡丹图》及唐代诗人刘禹锡的《赏牡丹》；南宋《出水芙蓉图》及唐代诗人王昌龄的《采莲曲》，清代李鱓以柿为素材的《事事如意》及李益的“柿叶翻红霜景秋，碧天如水倚红楼”诗；清代杨晋《石榴花图》及韩愈的《榴花》诗；清代朱耷的《鲤鱼图》及章孝标的《鲤鱼》诗；明代孙隆的《芙蓉白鹅图》及骆宾王的《咏鹅》诗；清代任熊的《柳鸭图》及杜甫的《花鸭》诗；唐代韩滉《五牛图》及元结的《将牛何处去》诗等。文人们把物经抽象创作跃然纸上，就成为常人所说的艺术文化（属于狭义的精神文化）。农民们则把创意（精神文化）栽植在大地上，转化为农业物质财富，当属于物质文化——因为它是人类智慧的结晶。

北京农业与“北京人”的生存与发展结下了不解之缘，在中华民族的生存与发展和文明进程中有着不可替代的作用。北京农业文化是通过一定的物质形态、文化形式和文化心理表达出来的，大致包括农业创新，如古代的采集渔猎业→原始农业→传统农业→现代农业，既是产业创新，亦是农业文化创新与演化，还包括农业的科学性、农业的实用性、农业的审美性和象征性等诸多方面。关于农业的物质文化已如前面所述，以下点就北京农业的精神文化进行典例追踪：

一、农业的遗迹文化

北京农业最典型的遗迹文化要算考古发掘出土的与农业相关的石器、铜器与铁器遗迹文化。这里有着连续不间断的旧石器文化早、中、晚期遗迹，亦有新石器文化的早、中、晚期遗迹，还有相继存在的青铜器和铁器文化遗迹；有距今1.8亿～1.3亿年前的硅化木文化（现为延庆县千家店镇硅化木地质公园）。这些不只是历史上的遗迹，更闪耀着本地区的农业历史文化与文明（表1）。

二、农业的科学文化

尽管北京地区农业科学试验活动独立于农业生产过程很晚：1840年以后开始“西学东渐”，传入近代试验科学；1906年清政府在北京开办农事试验场，开创了本市地域内第一所科研、推广独立机构，聚集了一批相关的科技人才。但在这之前，本市的农业科学试验活动是伴随在农业生产实践活动之中，农民是创新的主体——他们发明了原始农业、创造了传统农业、创新了现代农业。这里有一万多年前人们为发明新石器而创造的“切、钻、琢、磨”新技术；有综合创新的“万年陶”；这里是北豺和野猪驯养成狗和家猪的发源地；这里在距今四十万年前就发明了用火；在6 500～7 000年前就创造了以猪为底本的陶艺品——陶猪头；在3 000～4 000年前，刘家河遗址中就出现了有铁刀铜钺，表明那时人们已开始懂得以陨石炼铁；早在公元前14世纪前后的商代，北京地区已开始出现了使用铁器；早在原燕都蓟城一带就存在有陶井（大约在战国到汉代)；魏国时期，房山长沟地区就发明利用“水磨”；明朝后期北京地区选育出“北京鸭”，清朝后期选育出“北京油鸡”等。这些都是劳动人民在生产劳动中结合实际的创造与应用。

三、农业的实用文化

大致有三个层次：一是农谚。它是多少世纪以来广大农民在农业生产实际中积累和总结出来的生产经验。其内容丰富，语言简练，通俗易懂，利于传诵，且具适用性。北京市农业局原副局长董四留同志于1988年编印了《北京农谚》，集纳了京郊：勤俭持家、农时节气、气象天时、土壤肥料、耕作管理、粮棉油菜、造林种果、禽畜饲养八个方面，四十五个条目，近两千条谚语。这谚语在一定历史时期内用于生产就是经验性技术，传于民间就是文化的一种形态。第二个层次就是农书。据本人的搜寻未见有古人撰写出版有关北京农业的综合农书和专业农书，只搜寻到现代人写的农业史志类综合本及古今农业史书籍共14本（不完全搜索）；专业著作（主流性）40本（不完全）；古今涉及北京农业的非农书近百本（不完全）。这类农书多是涉农者搜索，总结他人的经验经综合成书，有的是自己的实践成书。第三个层次是科研著作。

苏联大文豪高尔基说过：“书籍是人类进步的阶梯”！可以说农书是农业文化的罗辑形式或表现，是农业文化的精神性升华。

四、农业的审美文化

农业的功能自古以来存在三大方面，即经济功能，古人即言“民以食为天”，现代人言“农业是国民经济的基础”“粮食是基础的基础”，可见生产食物是农业的第一功能。第二是观赏功能，即现代人说的生活功能（农业吸引市民旅游观光)。古代王公贵族，文人墨客就经常到农村游观，取兴吟诗作画，以抒发情怀。清代乾隆路过海淀青龙桥时，满目稻田，便吟诗道：“十里畦稻秋早熟，分明画里小江南。”乾隆在草桥赏花结束，兴致吟道：“冬雪春霖金虽好，嫣红姹紫看夹道。”当代陈毅元帅观看雪花青松便赞道：“大雪压青松，青松挺且直。要知松高洁，待到雪化时。”诗言志，展示了诗人的无产阶级革命家的情怀。民主革命者夏明翰在那白色恐怖下，观金鱼，激起对白色恐怖的愤怒，而留下诗句：“鱼且能自由，人却为囚徒。”宋朝叶绍翁观《杏花》有感道：“春色满园挂不住，一枝红杏出墙来。”宋代王安石观杏后：“独有杏花如唤客。谊墙斜日数支红。”再就是生态文化——为人类提供宜居氛围和社会经济和谐协调发展的理论。

五、农业的象征性文化

农业生物中存在着丰厚的象征性的文化底蕴，可给人们以深刻的感悟，启迪与激励。松柏可常年傲立于山巅，不畏风吹雨打，不畏严寒、雪压，终身常青挺拔，国学祖宗孔子曾言道："岁寒然后知松柏。"唐代田园诗人白居易观松感悟道："寒松纵老风标在。"现代诗人郭沫若看了天安门广场的青松苍柏，惊叹道："一城花雨山河壮，满野松风天地香。"游人漫步海淀紫竹院和怀柔红螺寺时，即可感悟与品味到"修竹饮清闲"的清闲、"不因风折节，聊为雨低头"的幽默和"大雪压竹枝，虽低不沾泥"的风骨，"斑竹一枝千滴泪"的忧伤，"三经风来竹有声"的喧闹，"间看入竹路，自有问山心"的执着。看，竹林的万种风情，给了人们多少无限遐想！看着古老银杏的洁净、素雅，给人以不受风尘干扰佛心意境，因之人称它为"中国的菩提树"，并植于古庙、庭院以及园林；毛泽东同志以梅花"俏也不争春，只把春来报。待到山花烂漫时，她在丛中笑。"展现了革命的胸怀大略。苏轼在"竹外桃花三两枝，春江水暖鸭先知。"把鸭对春回大地的灵感领悟十分到位。荷生于污泥之中，而露出水面的花与叶是那么光洁，温文尔雅。北宋诗人周敦颐观后写道："出淤泥而不染，濯清涟而不妖。"此名句一出，荷花便成为"君子之花。"古有游客在乡间看到"豆角开花藤连藤。"而感悟到"朋友相处心连心"的道理。毛泽东同志在新中国成立后第一次回到家乡，发出的第一感受就是"喜看稻菽千重浪，遍地英雄下夕烟!"

农业的象征性文化是丰富多彩的，如何挖掘体现全靠人们用灵感去观察、感悟、感受、领略与理想。如杨树是个平凡不过的树种。可革命家陶铸则从它随境而生的特点，和人们把它的枝条插到那儿就在那儿生根开花结果的习性中，悟出了共产党人的高贵品格应当是像杨树那样，党叫他到那里就到那里生根开花，于是他就写出《白树礼赞》。这是我们在挖掘农业文化中值得效发的。

六、农业的祭祀文化

北京是中国古代祭坛文化的集大成者，现存有九大皇家祭坛，其中与农业有直接关系的就有三个坛，即：社稷坛、先农坛、先蚕坛，在天坛里还有祈谷坛。

天坛，是明清两朝皇帝（1421—1911 年）祭天祈谷的祭坛，占地 4 000 亩。坛中有祈年殿，也是祈谷坛的中心大殿，是春天实行祈谷典礼的敬天祭神场所。整个结构，象征天人合一，殿内装饰处处体现天象，如一年四季，十二个月，十二个时辰，二十四节气，二十八星宿等。

社稷坛：坐落在中山公园内，是明清两朝皇帝祭祀土神、谷神的祭坛，也是国家领土与农作收成的象征，是当时非常重要的国家祭祀大礼。该坛是明永乐十八年（1420年）按照《周礼》“左祖右社”定制建成，总面积360多亩。坛台正方形，台上铺五色土：东方青色土，南方红色土，西方白色土，北方黑色土，中间为黄色土。象征阴阳五行，“普天之下，莫非王土。”明、清皇帝在每年立春时鞭打春牛祭拜管农业的神，还要在春耕前由皇帝带领文武百官到社稷坛的一亩三分地上进行一番耕地种地的耕耤典仪。

先农坛，又叫三川坛，是明清两朝帝王祭祀先农，山川、神祇、太岁诸神的地方，以祭祀先农之神为主。这里有祭祀先农的祭坛，还有皇帝亲耕的一亩三分地，观耕台，祭拜值年之神——太岁神的太岁殿等。先农即最先教民耕田之意。先农坛周围六里占地1 700亩。坛内设有演耕田、观耕台、天神台、神仓、太岁坛等，是我国祭祀等级最高的古代祭农场所。

旧时，历代皇帝为表示对农业生产的重视，在每年春分前后的一个良辰吉日——亥日，率众臣驾临先农坛。明人沈榜《宛署杂记》中曾记载道：每年的皇耕盛典由顺天府筹备，要准备好耕种和农具，再找些有经验的老农并给他们进行礼仪培训，届时搭建五彩大棚，要先将耕田整成松软的沃土。在皇帝扶犁亲耕时，顺天府尹扬鞭在牛旁，由几位老农协助扶犁牵牛，在那“一亩三分地”上象征性地“三推三迈”耕犁几个来回，用此示范性的耕耘，以劝天下从农重农。然后皇帝登上观耕台，观看众大臣扶着犁继续耕耘播种。

这种皇耕演礼，虽有皇朝作秀，自立亲民重农之嫌，但皇朝重农楷模的作用，却在民间有效深远的影响。旧时北京的农家百姓在春耕到来之前，也都要在当地土地庙前进行祭天祭地、祭先祖，以求风调雨顺五谷丰登。

坛中“一亩三分地”的来历：清朝入关后对农业生产很不熟悉，就曾在中南海丰泽园内划出一块地为农田，皇帝亲自关注，按农时春节播种，以便掌握农业生产情况，也借以显示皇帝对农业生产的重视。康熙等皇帝曾多次在这里亲耕种田，并作出规定这块地要一代一代传下去。后经丈量，这块地是一亩三分。

先蚕坛，是清代所建，康熙时坐落在中南海西苑丰泽园左侧，到乾隆时重建于北海后门的东面。先蚕坛建设构想是出于我国古代男耕女织的习俗，先农坛是皇帝们劝耕之所，那么先蚕坛就是皇后嫔妃们躬桑之地。先蚕坛周长161米，坛中有祭坛一座（理既存），坛东为观桑台，台的三面原来栽有桑树和柘树。院内有浴蚕池，屏风上有蚕织图，有蚕所27间，还有蚕神殿及牲亭和进亭等配道。

旧时，先蚕坛是祭祀、采桑的劳动场所。每年采桑之时，皇后躬桑要嫔妃、公主及亲王大臣和文三品武二品官以上夫人陪同。在采桑时，掌仪司要先做好桑畦和工具的准备工作。皇后用金钩，嫔妃用银钩，其余用铁钩取桑叶放于朱筐中。在视观台下举行仪式后，西面首行第一株为皇后采桑位，其余按官级类推，礼毕，蚕妇将桑叶送到蚕石，行礼后，皇后升宝座回宫。

先皇、先人们的这些活动，是为倡导崇尚劳动，丰衣足食。古人云：天子亲耕于南郭以供业（古代谷类的总称）盛，皇后亲蚕于北郭以供纯服。他们认为，天子之尊非莫为之耕也，而必躬耕以供庙之粢盛。后妃之贵非莫为之蚕也，而必躬蚕，以为祭祀之服饰。显然这是为了达到率先垂范的目的。其实旧时真正养蚕人是劳苦大众，而不是那些生活在皇宫里养尊处优的贵夫人，有诗曰：“昨日入城市，归来泪满襟。遍身罗绮者，不是养蚕人”就是实证。

应该说古代农业祭祀文化的主导思想是积极的——正面倡导重农，期盼天地，保佑五谷丰登。

耕织图：250 年前在玉泉山脚下有座清代的清漪园。这里稻田棋布，桑叶葳蕤，机梭声闻，野鸥乱飞，乾隆皇帝将清漪园中这处极富江南水乡风貌的景区命名为——耕织图：一幅洋溢着男耕女织淳朴韵致的天然图画！这一改，使本来皇家乐园变为农业文化园景，以彰显皇家亲农、重农。1860 年毁于英法联军的野蛮劫火。直至 21 世纪初，经人民政府批准，耕织图重归昔日皇家园怀抱，终又闪耀于昆明湖畔。

图 10　曾为皇家御用稻田

耕织图虽承接于清朝皇家园景，但渗透着劳动人民的智慧与血汗，蕴涵着北京农业的文化与文明。连同上面写道的先农坛的耕耤文化，北海内的先蚕坛的蚕桑文化，可以说是当今人们公认的世界城市所没有的，是北京传统农业文化中的瑰宝（图 10）。

七、古代的贡品文化

自古以来，北京的地域不大——北京市地域面积只占全国的0.17%，而仅从现代媒体和史料披露的，东汉以来被封建王朝宫廷相中而进入御膳的农业贡品就有60多种。因它们既具地方特色，又具有上乘风味品质，深得皇家及社会青睐，并得下了脍炙人口的非物质文化，以下举例不在产品（物质），而在于展示它们显现出来被人们有所表述的文化理念。

京西稻：由特定的环境生产出特定风味品质的稻米。《永宪录》中记载有康熙年间，“其供御膳曰御稻米，出京师西山”；《泽民要录》又说：“京西稻米唯玉泉山抱榆泉更佳，膳米于是需焉”。玉泉山水水质清凉清澈，以其灌溉稻田，加之周边土壤肥沃，所产稻米粒粒饱满。光润透明，蒸饭富有油性，清香可口，熬粥呈茶绿色，故有“京西稻米香，炊味天知晌，”之说。《北京青年报》（2008年10月24日）所登《京西稻异地种植》一文中指出：京西稻“种植历史可追溯到西晋，在京种植历史已有千年。”到清康熙年间，“京西稻”始定为“贡米”。

著名的“京西稻”是劳动人民世世代代，用自己的勤劳和智慧培育出来的优良水稻产品。早在明代，诗人王直就写下了传承不已的诗文：“玉泉东汇浸平沙，八月芙蓉尚有花。……堤下连云杭稻熟。江南风物未宜夸。”称这里是“都下福地”，赛过江南，是盛产稻米的好地方。到清朝慈禧太后当权的时候，稻田全部都被皇家霸占，稻农辛苦一年，最后连一碗京米粥都喝不上。他们无奈地反映出“京西稻米香，种地不养娘。要想吃碗饭，去当讨饭郎。”这就是在旧社会劳动人民对“京西稻”的悲惨感受与反击。

据现在所知，古代京郊至少有六种贡稻米：海淀的“京西稻”、房山的“御塘稻”（由清代康熙皇帝亲赐）、顺义北小营东府一带的“清水稻”、怀柔的“渤海所稻”、平谷的“龙泉务稻”及“延庆贡稻”等。它们不仅被皇家所爱吃，还被皇家或社会所赞颂。《潞水客谈》中写道：“西山大石窝所收米最称嘉美。”

《顺义县志》记载：清水稻“米粒如英。晶莹透明；成饭后呈青蓝色，新鲜喜人，饭性偏粘，而饭粒松软；冷饭即使再热七次，犹如新成之饭，饭香如故。”并被誉为“一家煮饭十家香。”

心里美萝卜：以原产于大兴西红门的心里美萝卜为著称，其萝卜上面青色下面白色，剖开之后其内是鲜艳的紫红色，艳丽如花，极惹人喜爱。它的皮薄、肉脆、汁多。一次清代慈禧路过西红门时，西红门行宫管事端上一盘切好的心里美萝卜，让老佛爷解渴。慈禧尝之心喜，便专指西红门萝卜进宫。从此，只要西红门的菜农给宫里送心里美萝卜，什么时候叫城门什么时候开。由此，老北京流传一句俗话，叫“西红门的萝卜——叫城门。”

黄土坎鸭梨：原产密云县黄土坎村，已有600多年的历史。相传清代乾隆皇帝尝之，顿时眼前一亮：“好个金黄如玉，许许生耀的果中仙品！”细品之，连称“梨中之王。”一经金口，黄土坎鸭梨便名扬天下，享誉四海。

金把黄梨：产于大兴县梨花村，明代万历皇帝尝后封庞各庄镇梨花村产的鸭梨为“金把黄梨”。万历二十一年，应选“贡梨”进奉皇宫，并以“南村的鸭梨金把黄”应对明代万历皇帝所作的“北庄萝卜葱心绿”的上联。如今梨花村尚存一株400多年的“贡树”，仍在开花结果。

磨盘柿：生产于房山在张坊镇地区，至今已有600多年历史。古《房山县志》曰：“其大如拳，其甘如蜜。”相传，明成祖朱棣封其为御用贡品。自古被称之为“色胜金衣美，甘逾玉液甜。”如今因规模扩大，并形成特色产业，被农业部定位“磨盘柿之乡。”

香白杏：产于门头沟区龙泉务村，是京郊杏中名品，是清代贡品。有诗云：“满园春色关不住，一枝红杏出墙来。”

栗：北京地区以怀柔、密云、昌平为主要产区，栽植历史悠久，品质优良。三国时陆玑称：“五方皆有栗，唯渔阳（今密云区境内）范阳（今涿州）栗甜美味长，他方者竞不及也。”司马迁在《史记》记载有：“唐代怀柔板栗即被选为贡品。”清代赵翼在《陔余丛考》中写道：“今京师（即北京）炒栗最佳，四方荐不可及。”清代有首北京风情诗写道：“栗香市前火，菊影古园霜。”古代以栗为题的诗很多，其中杜甫有两句有趣的诗：“庭前八月枣栗熟，一日上树能千回。”

麻核桃：俗称山核桃，京郊种植历史悠久，以玩为主，故又称“玩核桃”。京郊已发掘出2 500万前的核桃孢子花粉，种植历史也有两千年。人们玩核桃与健身相结合，玩的方法是：揉、搓、压、扎、捏、蹭、滚。民谣说：“核桃不离手，能活八十九。超过乾隆爷，阎王叫不走。”乾隆玩核桃后感悟道：“掌上旋明月，时光欲倒流。周身气血涌，何年是白头？”

樱桃：古时海淀香山樱桃沟和门头沟妙峰山樱桃沟盛产樱桃并成为辽以后各代的贡品，樱桃“先百果而熟。”被称为“春风第一枝，”自古以来“人多贵之”。田园诗人白居易诗云“……莹威昌华春，醍醐气味真。双株未穿空，似火不烧人。”

金边莲：产于清代康熙帝在昌平小汤山修建的汤泉行宫的荷花池，其中最有名的最具传奇色彩的要数“金边莲”。据乾隆帝《汤泉行宫八咏》记述：“温泉泻水碧池隈，菡芰长于五月开。”荷花花瓣的边缘是金色的，花开过后即可起藕。这里的藕长不到一尺，名为“五月鲜。”吃起来口感脆嫩甘甜，是供奉宫中的佳品。荷莲给人最深刻的感悟是其“出淤泥而不染，濯清涟而不妖。”

的文化内涵。

永宁豆腐：产于延庆永宁镇，已有近两千年的历史。这里的豆腐制作因工艺上的特色很受社会青睐。自古流行着："从南京到北京，要吃豆腐到永宁。"如今这里发展成立豆腐合作社，形成现代作坊。

以上产品所溢出而被人们领悟的文化语言虽短，却是非物的贡品文化的深刻表达的符号，一语道破了贡品的文化品位。

八、农业的品牌文化

品牌是对质地优良并具特色的农产品或其加工的品冠以既具特定含义又具生产经营者归属权益的文化标牌，其内涵寓意深刻，它是现代农业的标注，是产品质量的标定，是标准化的符号，是安全的标志，是信誉的表达，是流通中的诚信。可见品牌是农业文化的升华，是农业文明的社会化。有资料显示，京郊已有农业品牌产品 2 716 个，注册商标已达 4 500 多个。可见品牌文化已成为北京农业文化中的强势，它使北京农业文化外显品位高，内隐底蕴厚。顺义区经济品牌贡献率已达 80%以上。全区的中国驰名商标用于品牌建设的资金投入已达 3 000 多万元。据不完全统计，品牌企业所创造的属地财政税收入已占总额的 80%以上。

参 考 文 献

《世界上古史纲》编写组 . 1980. 亚细亚生产方式——不成其为问题的问题 [J] . 历史研究 (2): 3-24.

白鹤文，杜富全，闵宗殿 . 1996. 中国近代农业科技史稿 [M] . 北京：中国农业科学技术出版社 .

北京大学历史系《北京史》编写组 . 1985. 北京史 [M] . 北京：北京出版社 .

北京市地方志编纂委员会 . 2006. 北京志・农业卷 [M] . 北京：北京出版社 .

北京市房山区志编纂委员会 . 1999. 北京市房山区志 [M] . 北京：北京出版社 .

北京市统计局 . 1984. 欣欣向荣的北京——35 年来北京国民经济和社会发展概况 [M] . 北京：北京出版社 .

北京市种子管理站 . 2003. 北京种业五十年 [M] . 北京：中国农业科学技术出版社 .

曹子西 . 1994. 北京通史 [M] . 北京：中国书店出版社 .

侯仁之 . 1989. 北京史话 [M] . 上海：上海人民出版社 .

金元浦 . 2010. 北京：走向世界城市 [M] . 北京：北京科学技术出版社 .

曲泽洲 . 1990. 北京果树志 [M] . 北京：北京出版社 .

孙健 . 1996. 北京古代经济史 [M] . 北京：燕山出版社 .

王东，王放 . 2008. 北京魅力 [M] . 北京：北京大学出版社 .

阎崇年 . 2008. 中国古都北京 [M] . 北京：中国民主法制出版社 .

于德源 . 1998. 北京农业经济史 [M] . 北京：京华出版社 .

余钊 . 2006. 北京旧事 [M] . 北京：学苑出版社 .

张一帆，赵永志 . 2012. 北京农业上下一万年追踪 [M] . 北京：中国农业出版社 .

张仲葛，等 . 1986. 中国畜牧史料集 [M] . 北京：科学出版社 .

中共北京市委组织部 . 1999. 知识经济与首都经济发展 [M] . 北京：科学普及出版社 .

中国农业科学院中国农业遗产研究室 . 1959. 中国农学史（初稿）上册 [M] . 北京：科学出版社 .

作者不详 . 2009. 首都农业改革发展三十年 [M] . 北京：中国农业出版社 .

后 记

古人言："国以民为本，民以食为天。"这里强调的是农业是人类生息繁衍的物质基础。因为农业是世界上唯一与人类同呼吸，共命脉的生命科学生产。而由农业衍生出来的农业文化则是世界上唯一有圣灵的文化。她孕育着诗人、画家、游观者、哲人们挖掘不尽，感悟不完的哲理、格致与风尚……。可以说人类追求的许多哲学启迪（萌）、道德修养、人生励志、向往企盼等都领略于农业：孔子的"岁寒然后知松柏"；毛泽东赞梅"俏也不争春，只把春来报"；鲁迅先生的"俯首甘为孺子牛"；陈毅元帅的"欲知松高洁，待到雪化时"；徐悲鸿先生的《八骏图》；画家齐白石与作家老舍交往中的文品多是农业生物的题材，可说是"投桃报李"。齐老投给老舍的画都与农有关：一是《雏鸡出笼图》，二是《手摘红樱拜美人》，三是《三色菊花图扇》，四是《红莲礼白莲》，五是《芭蕉叶卷抱秋花》，六是《几树寒梅带雪红》，七是《蛙声十里出山泉》等。就连民间谚语也借农感悟："豆角开花藤牵藤，朋友相处心连心。"也有从农业文化中获取训诫的，毛泽东同志曾引用古人一副对联"墙上芦苇，头重脚轻根底浅；山间竹笋，嘴尖皮厚腹中空"来告诫全党、端正学风。

北京建城史至今已 3 060 年，其都市史 800 多年，而其先辈主人——"北京人"则距今 50 万～70 万年，其后裔创造的人类第一文明——农业文明距今 1 万多年。因此，蓑笠翁先生在《古都北京古在哪里?》一文中写道："偌大的中华大地上，再没有一座城市能够像古都北京一样，以其深沉博大、豪迈无比的气魄代表华夏民族的意志和形象"（《北京日报》2012 年 10 月 30 日）。

是的，就农业文明来说，从目前已发掘发现的，一城一地自古自今，具有连续，完整农业文明史的城市能与之比肩？就农业文明而言，亦如蓑笠翁先生所言："古都北京古在骨子里，它既看不见、摸不着，也说不清、道不明，却让你为之沉醉、着迷。正像一个人一样，当其精神的脊梁挺直的时候，外人仅凭直观是不易发现的”。

“以古为镜，可以知兴替。”中国是一个有五千年历史的文明古国。北京农业文明的主导地位直至1949年前夕。新中国成立以后工业文明方兴未艾，20世纪末知识文明初见端倪。但农业文明的印迹仍遍布城乡。更令人欣慰的是，随着社会的进步，农业文明的品位在提升，与整个社会文明、物质文明、精神文明、生态文明是相得益彰的。面向未来，因北京的地域不变，城市化在发展，农业的物质化将是有限的，最终可能只限于生态农业，而农业文明则是与时俱进的——因为人类的生活是离不开环境中富有生机与灵气的生态农业。北京走向世界城市，农业当伴行；传承农业文化，光大农业文明亦是不可或缺的。北京农业“三部曲”（即《北京农业上下一万年追踪》《北京农业的星光神韵》《北京农业的历史性演化》）的问世，积淀着古今劳者之果、智者之智，构成纵贯上下一万年的北京农业时空；沟通不同时代农业跨越式发展的拐点；钩捞出史海中农业的“星光月影”“诗文神韵”；勾勒出北京农业“继古开今”，“从滴水、细流、汇聚成北国南天”的历史长河；折射着北京物华天宝、人杰地灵，可供“寓居”市井的人们在茶余饭后“常思物力维艰”，“北京农业前有古人后有来者”！

梦游史海，深浅不一。对于缺乏专业知识的下海者来说，凭着横下一条心，遂梦想成真。如有谬误，敬请斧正。